Hans R. Queiser

»Du gehörst dem Führer!«
Vom Hitlerjungen zum Kriegsberichter

Ein autobiographischer Bericht

informationspresse – c.w.leske verlag, Köln

HERAUSGEGEBEN VON ROLF SCHLOESSER

Originalausgabe

© 1993 informationspresse – c. w. leske, verlag gmbh, Köln
Alle Rechte der Verbreitung, auch durch Film, Funk,
Fernsehen, fotomechanische Wiedergabe, Tonträger jeder Art,
auszugsweisen Nachdruck oder Einspeicherung und Rückgewinnung
in Datenverarbeitungsanlagen aller Art, sind vorbehalten

Lektorat Wieland Eschenhagen
Ausstattung und Satz Kalle Giese
Schrift Bembo, H. Berthold AG
Druck Color- und Werkoffsetdruckerei Richard Wenzel, Goldbach
Bindearbeiten Großbuchbinderei Monheim (R. Oldenbourg), Monheim
Printed in Germany 1993   ISBN 3-921 490-41-3

»Schlimmer ist nie ein Idealismus mißbraucht worden als das Vertrauen der deutschen Jugend von 1930.«
Paul Sethe

Vorwort	9
Erster Teil	
»Vorwärts, vorwärts, schmettern die hellen Fanfaren«	11
Anfang im Ende	13
Die kleine Stadt	16
Was auf den Tisch kommt, wird gegessen	20
Vom ABC-Schützen zum Wehrsportler	25
Schwarze Fahnen	37
Als die Synagoge brannte	61
»Blut und Ehre«	72
Krieg	86
Zweiter Teil	
»... wenn alles in Scherben fällt«	95
Ein Linsengericht	97
Wie ein Soldat funktioniert	99
Ernüchterung	101
Begegnungen	107
Enigma	111
Die alten Männer	113
Abwehrkreis	118
Gefährliche Träume	124
Kompanie ohne Kommiß	128
Zwischenbemerkung	136
Peer Gynt, Edvard Munch	138
Die Angst des Jagdfliegers	141
Die Angst des Kriegsberichters	152
Nicht zum Helden geeignet	158
Walter Henkels und Kurt W. Marek	160
»Wie grüßen Sie denn?«	171
Zwischenbemerkung	175
Die Höhle	176
Die Gärtner vom Schloß Werneck	181
Nicht der Mond	184
»Was soll werden mit mir?«	186

Silent killing, deutsch	188
Der Staatsschauspieler	192
Der letzte Akt	194

Dritter Teil

Nachspiel	199
»Dawaj raboti!«	201
Plennys Ende	231
Nachwort	235
Erläuterungen (siehe Editorische Notiz)	237

Editorische Notiz

Im Anhang sind die im laufenden Text gegebenen Anmerkungen – teilweise erweitert – noch einmal in alphabetischer Reihenfolge zu einem knappen Überblick über ideologische, organisatorische und technische Strukturen der NS-Diktatur zusammengefaßt.

Vorwort

Januar 1990, Montagsdemonstration in Leipzig. In der Menge drängen sich viele Jugendliche. Immer wieder erschallt der Ruf: »Deutschland, einig Vaterland!« Diese Forderung ist alt. Bereits die Nationalversammlung in der Frankfurter Paulskirche erstrebte 1848 die staatliche Einheit aller Deutschen. Für die nun abtretende Generation der kurz nach dem Ersten Weltkrieg Geborenen aber ist es unvermeidlich, sich ähnlicher Parolen zu erinnern, denen sie früher begeistert folgte, verblendet bis zur Blindheit gegenüber Menschlichkeit und Menschenwürde.

Hitler, von dem hier die Rede sein muß, und jene, für die sein Name steht, haben das Verlangen nach nationaler Identität nicht hervorgerufen. Sie haben es benutzt, hochgepeitscht und pervertiert bis hin zu Krieg und Völkermord. Man sagt, die Geschichte wiederholt sich nicht. Das mag ein Trost sein – gewiß ist es nicht. Ein deutscher Nationalismus in der Mitte Europas wäre heute erst recht ein gefährlicher Anachronismus.

Die Zeit, in der nur noch wenige die Frage »WIE WAR DAS 33 BIS 45, WIE KONNTE DAS GESCHEHEN?« aus eigenem Erleben beantworten können, ist nicht mehr fern. Dieser Bericht soll deshalb ein persönliches Zeugnis ablegen vom Irrweg einer Generation, von der die meisten, wie auch der Autor, ohne Schuld mitschuldig wurden. Während sie in Pimpfenuniform der Fahne folgten, wurden andere ihres Alters zu Ausgestoßenen, verloren ihre Angehörigen, fielen selbst dem Massenmord zum Opfer. Bei jenen, die – wie der Autor – schon als Jugendliche bei der Verführung ihrer Generation mithalfen, sollte sich deshalb zur Trauer die Scham gesellen.

Allgemeingültigkeit kann das Erleben eines einzelnen für jene Zeit nur begrenzt beanspruchen. Das Geschehen der Jahre 1933 bis 1939 wies trotz Gleichschritt und Uniform für die Mitmarschierer Unterschiede auf, die nicht selten auch regional bedingt waren. Und der Krieg bestand für jeden erst recht zuerst aus seinem individuellen Schicksal. Für alle aber gilt: Ihr jugendlicher Idealismus, ihre Suche nach Wärme in der Gemeinschaft, ihr Nacheifern von Vorbildern wurden raffiniert und skrupellos ausgebeutet. Allerdings war vielen von ihnen Nationalismus, Kritiklosigkeit und Autoritätsgläubigkeit bereits vor 1933 in Elternhaus und Schule anerzogen worden.

Nur wenige konnten in ihrem Umkreis besseres Wissen erwerben und mit ihm zu innerem Widerstand gelangen oder gar den Mut zur Aktion finden. Aber auch jene, die sich der Vereinnahmung durch den Totalitarismus des Hitlerstaates unauffällig zu entziehen suchten, mußten dann doch die Soldatenuniform anziehen. Nur zu vielen von ihnen war das gleiche Los beschieden wie ungezählten ihrer Altersgenossen, die einem »Führer« vertrauten, in dem sie den Verbrecher nicht erkannten, und die an ein völkisch verbrämtes »Großdeutschland« glaubten: Sie wurden vom Krieg verschlungen oder kehrten aus der Gefangenschaft nicht zurück.

Erster Teil

»Vorwärts, vorwärts, schmettern die hellen Fanfaren«

Anfang im Ende

Dem harten Winter folgte ein ungewöhnlich milder Frühling 1945. Tausenden von Menschen in dem Rest Ostdeutschlands, über den »der Führer« noch verfügte, erleichterte es das Schicksal nicht. Nicht den KZ-Häftlingen, die nach dem Westen getrieben und erschossen wurden, wenn sie entkräftet zusammenbrachen, nicht den flüchtenden Frauen, Kindern und alten Männern, wenn sie der Krieg einholte, nicht den Soldaten, wenn ihnen befohlen wurde, mit Gewehren Panzer aufzuhalten. Doch viele Flüchtlinge und viele Soldaten, die zu Fliehenden geworden waren, nahmen es schon dankbar hin, daß sie nachts unter freiem Himmel wenigstens nicht frieren mußten.

Der junge Leutnant und Ordonnanzoffizier im Stab des Fallschirm-Ersatz- und Ausbildungsregiments 1, Hans K., war sozusagen arbeitslos geworden, nachdem sich sein Regiment in den letzten Tagen des April aufgelöst hatte. Man hatte kurze Zeit an der Oder gelegen, zusammen mit Volkssturmeinheiten, für deren Gewehre aus allen eroberten Ländern es keine passende Munition mehr gab. Auf dem Papier hieß das eine Verteidigungslinie. In diesem Abschnitt herrschte noch Ruhe. In den Wäldern am anderen Ufer fuhr die Rote Armee ihre Artillerie erst noch auf. Doch nördlich, bei Schwedt, setzte sie schon über und hatte ein Bataillon des Regiments aufgerieben, das aus siebzehnjährigen Freiwilligen, Offiziersanwärtern, bestanden hatte.

Als die Rote Armee auch südlich die Oder überschritt und zum letzten großen Stoß ansetzte, wurde der Rückzug befohlen. Der Regimentskommandeur handelte auf eigene Faust und erteilte den Offizieren mit ihren Soldaten Handlungsfreiheit. Sie sollten versuchen, irgendwie die Elbe zu erreichen. Übrigblieb der Regimentsstab, aber unter dem Beschuß herannahender russischer Panzer löste auch er sich bald auf. Der Kommandeur bestieg mit einigen höheren Offizieren einen Schützenpanzerwagen und fuhr auf einer Straße davon, die er für noch passierbar hielt. Leutnant K., ein Nachrichtenleutnant und ein halbes Dutzend Soldaten und Unteroffiziere flüchteten zu Fuß und erreichten einen Wald, in dem sie den Einbruch der Nacht abwarteten. Ein Trupp junger SS-Untersturmführer, die dort Gegenstoß- und Heldentodpläne schmiedeten, konnte sie nicht mehr aufhalten. Nach dem Kompaß liefen sie zwei Nächte lang durch Wälder und sumpfige Wiesen, die Dörfer und Seen umgehend. Tagsüber verkrochen sie sich im Gebüsch.

Am Morgen nach der zweiten Nacht wurden sie von lauten Stimmen geweckt. Kleine Gestalten in erdbrauner Uniform, jede mit einer Maschinenpistole bewaffnet, standen um sie herum und freuten sich sichtlich über ihre Gefangenen. Ein deutscher Jagdhund aus der nahen Försterei, nun Quartier einer usbekischen oder anderen asiatischen Feldbäckerei der Roten Armee, hatte die Soldaten zu ihnen geführt. Das Häuflein ehemaliger Weltherrschaftsaspiranten landete zunächst einmal im Kartoffelkeller. Ihre Uhren und Lederkoppel hatten sie schon eingebüßt – sozusagen im Austausch gegen einen Wassereimer voll fetter Kapusta-Suppe und frisches russisches Brot. Dabei teilten ihnen ihre Bewacher freudestrahlend zwei Neuigkeiten mit. »Gitler kaputt!« lautete die eine, »saftra damoj!« die andere. Die erste berührte K. nicht im geringsten. Das war vorbei. Die zweite hätte er, als sie ihm mit »Jetzt geht's mit uns und euch bald nach Hause!« übersetzt wurde, gerne geglaubt, doch er befürchtete anderes. Aus dem »bald« wurden dreieinhalb Jahre – Zeit genug für K., Antworten zu suchen auf einige Fragen, die ihn spätestens bewegten, seit er sich an eine Sage erinnerte, die er als Kind zum ersten Mal gehört hatte, und die ihn schon damals seltsam beunruhigt hatte: die Geschichte von dem berühmt-berüchtigten Flötenspieler, der zuerst die Ratten und danach die Kinder hinter sich her ins Verderben gelockt hatte.

Daß Tiere und Menschen sich in Massen wie besinnungslos von einer Melodie und einem Menschen in ihr Verderben führen ließen, konnte er später, im Alter der ersten Skepsis, leicht abtun: Das war natürlich eine erfundene Geschichte! Wie solch ein Schwindel funktioniert, erfuhr der Achtjährige schon bald nach dem Auftritt des »Hypnotiseurs« auf einem Gesangsvereinsfest. Das angebliche Medium, ein Schneidermeister, verriet es ihm, als er dem Vater einen Anzug anmaß.

Gut ein halbes Dutzend Jahre später stieß der Schüler auf eine ernsthafte Deutung der Sage vom Rattenfänger von Hameln. Sie sei, so lautete diese Erklärung, im 13. Jahrhundert nach dem Kinderkreuzzug entstanden. Besessen vom ihnen eingeredeten Glauben, gerade ihnen, den Kindern, werde es gelingen, das Heilige Land zu erobern und damit die ewige Seligkeit zu gewinnen, liefen damals viele tausend Kinder in Frankreich und Deutschland den Eltern fort, zogen davon und verschwanden für immer. Ein solcher Hintergrund der Sage erschien dem Vierzehnjährigen glaubwürdig und verstärkte seine Abneigung gegen religiösen Glaubenseifer, – aber er wurde nicht gewahr, daß eben zu dieser Zeit eine wahnhafte Idee von ihm selbst Besitz zu ergreifen begann und er gemeinsam mit hunderttausend Gleichaltrigen einem Rattenfänger hinterherlief. Als er geboren wurde, lag all dies noch weit in der Zukunft – ein Dutzend Jahre.

Die kleine Stadt

Die Winzer an Mosel und Rhein waren mit dem Jahrgang 1921 sehr zufrieden. Bei der kleinen Stadt Oberstein, die von den Weinbergen des Moseltals durch die langgestreckten Höhenzüge des Hunsrück getrennt und vom Rhein aus mit der Eisenbahn in weniger als einer Stunde zu erreichen ist, wuchs schon lange kein Wein mehr. Als Fronknechte die beiden Burgen aufmauerten, deren Ruinen über dem ältesten Teil der Stadt auf steilen Felsen hocken, gab es auch hier Reben. In der »kleinen Eiszeit« im 17. Jahrhundert gingen sie zugrunde. Die Bewohner Obersteins, einer allmählich über ungezählte Treppen und steile Straßen aus dem engen Tal der Nahe auf die umliegenden Höhen quellenden Stadt, sowie die Menschen in den Gassen ihrer noch kleineren nahen Schwesterstadt Idar in einem Seitental der Nahe, gingen inzwischen einem anderen Broterwerb nach.

Anfang der zwanziger Jahre waren die beiden Kleinstädte noch zwei getrennte, auf ihre Selbständigkeit bedachte Gemeinwesen. Ihre Bewohner befehdeten sich mit gutmütigem Spott. Doch immerhin verband das Stationsschild auf dem Bahnhof ihre Namen schon mit einem Bindestrich. Die größere, Oberstein, wurde an erster Stelle genannt. Durch sie verliefen in halber Höhe der rechten Talseite die Gleise der Bahnstrecke, die Ende des 19. Jahrhunderts aus strategischen Erwägungen vom Rhein nach Westen vorgetrieben worden war. Daß der Name der größeren, an der Bahn und aus der Sicht der Passagiere zwischen zwei Tunnels gelegenen Stadt im Kursbuch an erster Stelle stand und die kleinere Schwester sich mit der zweiten begnügen mußte, war den Bewohnern der einen selbstverständlich, denen der anderen ein Ärgernis. Ein Dutzend Jahre später sollte sich die Reihenfolge im Bindestrichnamen – wie vieles andere noch – ändern.

Oberstein zählte 1921 mit einigem Stolz die ersten tausend Einwohner über die Zehntausendergrenze hinaus, während die andere ebensoviele Seelen noch von ihr entfernt war. Einem anderen Unterschied kam größere Bedeutung zu. Idar beherbergte nur kleine und kleinste Betriebe des hochspezialisierten Edelstein- und Mineraliengewerbes und die zur Rohstoffbeschaffung und den Verkauf der Produkte unentbehrlichen Kaufleute und Händler, die in guten Zeiten zu einigem Reichtum gelangen konnten. In Oberstein dagegen gab es ausgewachsene Fabriken mit einigen hundert Arbeiterinnen und Arbeitern, die seit je mit niedrigen Löhnen nach Hause gingen und in Krisenzeiten wegen der besonders konjunkturempfindlichen Industrie stets schnell arbeitslos wurden. Als der Jahrgang 1921 den Kinderschuhen entwuchs, wollten sie beides nicht mehr hinnehmen.

Dem kleinen Hans K. blieb die Bedeutung der »Umzüge« einiger hundert Männern und ihrer roten Fahnen unverständlich. Die Marschmusik ihrer Kapelle klang fremd und ungewohnt. Ein »Festzug« wie der des Gesangvereins und der Turner war das nicht, was er da von seinem Lieblingsplatz am Wohnzimmerfenster aus auf der Bahnhofstraße sah. Was das bedeutete, wollte er wohl von seinen Eltern wissen. »Das sind Kommunisten!« lautete die betont sichere Antwort. Dann zogen wieder andere Marschkolonnen mit anderen Fahnen und einheitlich grau oder gelbbraun gekleideten Männern am Fenster vorbei. Deren Musik klang Hans K. vertrauter. Ähnliche Melodien, bei denen es in den Beinen zuckte, spielte auch der städtische Musikverein.

Ein anderes Straßenbild, das schon Jahre früher an den Kinderaugen vorbeigezogen war, blieb genauer im Gedächtnis haften – vielleicht weil es sich so oft wiederholte. Seine beherrschende Farbe war ein stumpfes Himmelblau, und die Musik schmetterte laut und hell in einem aufreizenden Rhythmus: französische Besatzungstruppen, flache Helme, vor den Knien aufgeschlagene kurze Mäntel, Wickelgamaschen, schneller Schritt im Takt der Clairons. Was diese Soldaten hier zu schaffen hatten, reimte sich Hans aus Gesprächen der Erwachsenen zusammen. Da war vom Krieg die Rede, und »wir« hätten ihn »verloren«.

Ganz andere Fensterbilder fesselten den Fünfjährigen und auch noch den Achtjährigen stärker: die Fuhrleute, die mit ihren Pferden und Rollwagen vom nahen Bahnhof kamen, mit Lederschürze und Peitsche. Wenn sie vor der gegenüberliegenden Gastwirtschaft Bierfässer abluden, machten sie eine Pause, hingen den Pferden einen Sack vor und aßen dicke Schmalzbrote. Nach und nach bekamen sie motorisierte Konkurrenz. Anfangs rumpelten die Lastautos noch mit Vollgummireifen über das Kopfsteinpflaster. Mehr Lärm machte nur die »Elektrische«, wenn sie durch eine enge Kurve zum Bahnhof quietschte.

Eines Tages wurde die Gastwirtschaft umgebaut. Ihr Saal bekam einen großen Eingang mit schönen Steinplatten und Glaskästen an den Wänden. Über dem Eingang prangte auf einem Leuchtkasten: »Moderne Lichtspiele«. Bald warben auf der Fassade riesige Gemälde, meist die Köpfe einer Frau und eines Mannes, für das neue Kinoprogramm. Es dauerte jedoch noch geraume Zeit, bis aus dem kleinen Beobachter am Fenster ein eifriger Besucher wurde.

Lange kannte er die zwei Kinos der Stadt, zu denen sich nun der elterlichen Wohnung gegenüber das dritte gesellt hatte, nur von außen und die Helden der »Jugendvorstellung«, den Hund Rintintin, Pat und Patachon, Charly Chaplin, Tom Mix nur vom Hörensagen. Die Eltern befürchteten schlechte Einflüsse von einem Medium, das sie nicht kannten und lieber auch gar nicht erst kennenlernen wollten. Der erste »legale« Kinobesuch mit der Mutter war dann ein beinahe festliches Ereignis. Das einzige Kino der Schwesterstadt hatte als erstes auf die neueste Errungenschaft, den Tonfilm, umgerüstet. Es lief »Land des Lächelns« mit Richard Tauber. Der Schmelz des berühmten Tenors verfehlte bei dem jungen Kinobesucher allerdings seine Wirkung. Als er endlich Jugendvorstellungen besuchen durfte, begeisterte ihn Lilian Harvey, und »Emil und die Detektive« nach Kästners Kinderroman ging ihm nicht mehr aus dem Sinn.

Fast so interessant war es, Handwerkern zuzusehen – den Maurern, die den »Speis« in Bütten aufs Gerüst schleppten, dem Schuhmacher, der mitten in seinem Laden auf dem Schemel saß und die Nägel in die Sohlen der Jungenschuhe hämmerte, um sich herum ein scheinbares Durcheinander von reparierten oder zur Reparatur bestimmten Schuhen, so daß zu fürchten war, er werde die richtigen Paare nicht zusammenbringen; oder er schaute – aus respektvollem Abstand – dem Hufschmied zu, der in seiner offenen Schmiede ein Pferd beschlug.

Auch der Großvater väterlicherseits war Handwerker – »Gürtler«, wie es in seiner Heimat am Rande des Riesengebirges hieß, und Goldschmied, der mit seinem Handwerk von Nordböhmen bis nach Paris gekommen war und sich schließlich mit einem seiner Brüder in Oberstein niedergelassen hatte. Im Gegensatz zum Bruder – der hatte es durch Heirat zu einer kleinen Fabrik gebracht – mußte er zuletzt an seinem Werktisch dicht am Fenster der dunklen Küche seines kleinen Häuschens Heimarbeit verrichten, um die Rente aufzubessern.

Er war ein schweigsamer Mann, selten nahm er die lange Hängepfeife aus dem Mund. Wenn der Enkel ihn sonntags besuchte, nahm er ihn manchmal zu einem Spaziergang an die Hand. In seinem dunklen Feiertagsanzug ging er sehr aufrecht dahin, eine Hand auf dem Rücken. Später fand der Enkel, als er eine Zeitlang Briefmarken sammelte, der Großvater mit seinem kurzen grauen Haar und dem ergrauten Hängeschnurrbart gliche dem tschechoslowakischen Staatspräsidenten.

Daß der Enkel häufig im kleinen Haus des Großvaters zu Besuch war, lag an der Großmutter. Sie stammte von einem kleinen Dorf in der Umgebung. Noch als weißhaarige Greisin war sie eine schöne Frau. Wenn sie hinausging, eine Stunde weit durch die Felder und in den Wald, um Feldsalat, Pilze oder auch nur trockene Tannenzapfen für das Feuer im Küchenherd zu sammeln, nahm sie ihn manchmal mit. Unterwegs erzählte sie gerne Spuk- und Gespenstergeschichten, wie die von dem Goldschmied, der in dem Wald, zu dem sie unterwegs waren, von einem Räuber erschlagen worden war. Vielleicht war auch die Sage vom Rattenfänger von Hameln darunter. Später fiel dem Enkel auf, daß viele der von ihr noch benutzten, aber sonst schon fast ausgestorbenen Dialektworte, aus dem Französischen stammen mußten.

Manchmal begleitete Hans K. die Großmutter bei kleinen Einkäufen, bei denen sie mit jedem Pfennig rechnete. Deshalb ging sie hin und wieder in einen kleinen Laden mit einem winzigen Schaufenster, in dem von Knöpfen und Nadeln bis zu Stoffen und Kleidern alle Kurzwaren und Textilien zu bescheidenen Preisen angeboten wurden. Der Laden gehörte dem »Jud Rand«, wie die Großmutter sagte. Den Jungen beeindruckte der große, schwarz gekleidete Mann mit dem langen weißen Bart, weil ein Mann mit einem Vollbart eine sehr seltene Erscheinung war. Außer dem Hausarzt, dessen schwarzer Bart den kleinen Jungen eher ängstigte, hatte er noch keinen Vollbartträger gesehen. Der schneeweiße Bart des jüdischen Krämers hatte dagegen nichts Bedrohliches. Eher erinnerte er an den Nikolaus. Die freundlichen Worte, die der Jude an Hans richtete, machten ihn verlegen. Dieser Mann sprach so anders, weder den Hunsrücker Dialekt noch Hochdeutsch.

Was auf den Tisch kommt, wird gegessen

Die Besatzungszeit, in der Hans K. aufwuchs, historisch als Rheinlandbesetzung 1918-1930 registriert, berührte die Geborgenheit seiner Kindheit nicht. Lediglich das Bild der Soldaten prägte sich ein, die schwarzen Gesichter der Senegalesen, der rote Fez der Marokkaner. Von ihnen war in den Gesprächen der Erwachsenen oft die Rede. Der jüngste Bruder des Vaters, der als Elektromonteur viel unterwegs war und zu Hause einen scharf dressierten Dobermann hielt, erging sich in geheimnisvollen Andeutungen über einen marokkanischen Besatzungssoldaten, der eines Nachts von der Brücke in den Fluß gestürzt war – nicht von allein. Zu den Männern, die daran beteiligt waren – um was es ging, verstand Hans K. nicht –, schien auch der Onkel zu gehören.

Bilder und Farben vom Ende der Besatzungszeit überdauerten: Das erste Feuerwerk, im Sommer um die Zeit seines neunten Geburtstages, mit »bengalischer« Beleuchtung der beiden Burgruinen über der Stadt, und die vielen bunten Lämpchen in den Fenstern der Häuser. Um diese Zeit imponierte jener Onkel mit dem Dobermann dem Neffen auf ganz andere Art. In Großmutters Küche hatte er einen selbstgebauten, geheimnisvollen Apparat aufgestellt, auf dem kleine elektrische Birnen matt leuchteten und breite grüne Ringe sich bewegten, wenn der Onkel an Knöpfen drehte. An diesen schwarzen Kasten stöpselte der Onkel lange Schnüre mit Kopfhörern, aus denen zuerst jämmerliche Pfeiftöne, dann plötzlich Musik und Stimmen ertönten.

Ein halbes Dutzend Jahre später bewunderte der Neffe an diesem Onkel insgeheim und ohne es sich selbst so recht einzugestehen, wiederum etwas anderes. Obwohl der Onkel mit allen Leuten in der Stadt gut bekannt war, trat er in keine der zahlreichen Organisationen, geschweige denn in »die Partei« ein. Und er leistete sich gegenüber dem Neffen, der selbst auch eine Uniform – und gar mit »Führerschnur« – trug, manche respektlose Bemerkung über den einen oder anderen »braunen Bonzen« wie etwa: »Der ist der Arbeit immer in großem Bogen aus dem Weg gegangen!«.

Von den Notzeiten, die in den Jahren seiner Kindheit viele Menschen in der Stadt schwer trafen, wurde Hans K. kaum berührt. Der Vater hatte in seinem Beruf Erfolg. Vor dem Ersten Weltkrieg hatte er eine Banklehre begonnen, wenn auch gewiß nicht aus Neigung. Den Eltern war geraten worden, ihn auf die höhere Schule zu schicken und Lehrer werden zu lassen; aber dazu fehlte das Geld. Bei der Genossenschaftsbank und der Sparkasse brachte er es schon bald nach dem Krieg zu einer Vorstandsstellung, und die junge Familie – kurz vor Kriegsende hatte er, in Unteroffiziersuniform, geheiratet – zog in die Dienstwohnung im Gebäude der Bank. Beim Wohnungsputz half der Mutter eine Aufwartefrau, bei der großen Wäsche eine Waschfrau. Zu den größten Vergnügen des kleinen Sohnes, der das einzige Kind blieb, gehörte es, der Putzfrau zuzusehen, wie sie auf dem roten Linoleum des langen Flures mit Schrubber und Seifenlauge eine Eisenbahn malte. Beide, die Putzhilfe und die Waschfrau, eine Freundin der Großmutter, saßen zu Mittag mit der Familie am Tisch. Die Eltern fühlten sich nicht als »etwas Besseres«, jedenfalls zeigten sie es nicht. Über Vornehmheit und Großmannssucht hätte man in der Stadt weidlich gespottet. Hier war ein gesundes Selbstbewußtsein heimisch, das in der Geschichte des linksrheinischen Gebietes wurzelte und die Menschen auch vor zu großem Respekt vor staatlicher Obrigkeit bewahrt hatte.

Wo die Mutter herkam, verhielt sich das anders. Cottbus, eine knappe Schnellzugstunde von Berlin entfernt, gehörte zum preußischen Kernland. Dorthin war ihr Vater aus dem damals österreichischen, deutschbesiedelten Nordböhmen zugewandert. In einer großen Tuchfabrik hatte er als Kesselheizer angefangen und sich hochgearbeitet. Bei seiner Pensionierung leitete er die Kammgarnspinnerei. Seine Tochter, das einzige Kind, wurde kurz vor dem Ende des Ersten Weltkriegs von dem Unteroffizier aus der kleinen Stadt an der Nahe weit weggeholt in den Westen des Deutschen Reiches. Der drei Jahre später geborene Enkel Hans lernte seine Großmutter in Cottbus nicht kennen. Sie starb, als er ein Jahr alt war. Die späteren, wenn auch seltenen langen Reisen mit den Eltern zum »Cottbuser Großvater« in die Provinzstadt an der Spree wurden ihm zu aufregenden Ereignissen. Kein Wunder, daß zunächst Bilderbücher von der Eisenbahn, dann ein gutes Jugendbuch über diesen Gegenstand zu seiner frühen Lieblingslektüre gehörten.

Der Großvater in der fernen Stadt wurde von seinem Enkel heimlich aufs höchste bewundert. Er hielt ihn für einen bedeutenden und trotz der winzigen Wohnung in einer allerdings ziemlich vornehmen Straße für einen sehr wohlhabenden Mann – weniger wegen der Qualität seiner Anzüge als wegen des daheim unbekannten Baumkuchens und anderer Geschenke, die regelmäßig zu Weihnachten und zum Geburtstag bei den Eltern eintrafen. Und dann verdankte er einem Besuch des »Cottbuser Großvaters«, wie ihn der Enkel nannte, die erste Autofahrt – einen Ausflug an die Mosel mit dem einzigen Mietwagenunternehmer der Stadt am Steuer. Viel später erst erkannte Hans K., wie sparsam alle waren – der ferne Großvater und seine Eltern. Wünsche wurden ihm so selten erfüllt, daß er von sich aus darin große Zurückhaltung übte. Seine Kleidungsstücke mußte er, auch geflickt oder gestopft, lange tragen – eine Ewigkeit, so schien es ihm, als ihm das Äußere wichtiger wurde. Gegessen wurde, »was auf den Tisch kommt«, und getrunken wurde Kathreiners Malzkaffee. Sonderwünsche fanden keine, Leibgerichte nur selten Berücksichtigung. Eine Portion Eis von Lorenzo, dem einzigen »Eismann« der Stadt, dessen Großvater noch beim Bau der Eisenbahn gearbeitet hatte, war ein Ereignis.

Eine große Anziehungskraft besaß für ihn das kleine Haus der Großeltern an der steilen Straße. Dort gab es so vieles, was er nicht kannte. Das Klo hatte keine Wasserspülung, man wusch sich in der Küche, in der ein kleiner Eimer unter dem Wasserhahn stand, aus dem ein ganz, ganz dünner Strahl rann, weil Großmutter glaubte, so die Wasseruhr überlisten zu können. Warm war es im Winter nur in der Küche, wo Großmutter mit gesammeltem Reisig und Kohlen aus der Kiste das Feuer im schwarzen Herd unterhielt. Abends stellte sie eine Petroleumlampe auf den Tisch und zündete sie an, um Strom zu sparen.

Die sozialen Unterschiede, die wirtschaftliche Not in den Jahren seiner frühen Kindheit blieben Hans K. weitgehend verborgen. Die Bettler, die an der Wohnungstür klingelten und denen die Mutter lieber dicke Brotschnitten und Wurst gab als Geld, erregten sein Mitleid, die Erklärung der Mutter: »Das Geld würden sie nur vertrinken«, verwirrte ihn, doch er zweifelte nicht daran, daß alles, was die Eltern sagten und taten, richtig war. Ihre Autorität, vor allem die des Vaters, war unangefochten, wenn auch nicht mehr von der Art, wie sie, Andeutungen zufolge, offenbar noch von den Großvätern ausgeübt worden war. Einiges hatte sich nach dem Krieg im Umgang der Väter mit ihren Söhnen immerhin wohl geändert. Die Prügelstrafe war von der Regel zur Ausnahme geworden. Viele Väter halfen ihren Söhnen (noch höchst selten auch einer Tochter) dabei, Schwimmen und Radfahren zu lernen – das hatte in ihrer Jugend noch als Luxus gegolten, und solchen Sport mußten sie damals, wenn überhaupt, ohne Erlaubnis oder gar gegen den Willen ihrer eigenen Altvordern heimlich ausüben. Manche Väter wurden gar zum Vorbild. Hans K. erlernte so das Frühaufstehen noch vor der Schulzeit, weil der Vater im Sommer noch vor der Bürozeit mit ihm ins Freibad ging.

Bevor die Schulzeit begann, war die »Straße« im Alltag des behüteten Einzelkindes unwichtig. Seine ersten Freundschaften mit gleichaltrigen Jungen in der Nachbarschaft und die häufigen Besuche bei den Großeltern, die Hans K. bald alleine unternehmen durfte, brachten ihn mit Kindern zusammen, deren Direktheit und Härte ihm neu waren. Er erfuhr, daß es im Leben ein Recht des Stärkeren gibt. Die erste »sexuelle« Aufklärung, die ihm hier zuteil wurde, warf ihm allerdings nur neue Fragen auf, die er nicht zu stellen wagte, nicht den Gefährten und nicht den Eltern.

Mit Grausen sah Hans K., wie ein geistig behinderter und stark hinkender Mensch, ein stadtbekannter, harmloser Mann, traktiert, verspottet und zum Grimassenschneiden provoziert wurde, mit dem der Verfolgte sich der Plagegeister zu erwehren suchte, die sich nur um so mehr über ihn ergötzten. Ein echtes, aber nicht ungefährliches Kinderspiel war in der Stadt trotz mancher Proteste der Erwachsenen sehr beliebt. Dazu gehörte ein kurzes, an beiden Enden zugespitztes, rundes Stück einer gut daumendicken Haselgerte und ein Knüppel. Ein Schlag mit ihm auf eines der spitzen Enden der auf dem Boden liegenden Holzspindel katapultierte diese in die Luft, wo das wirbelnde Geschoß – ähnlich wie beim Schlagballspiel der Ball – im Fluge mit einem zweiten Schlag möglichst weit getrieben werden mußte. Dieses Spiel, genauer die geschlagene Holzspindel, hieß »Itzig«. Keiner der Spieler schien sich dabei etwas zu denken. Auch bei dem gleichlautenden Schimpfwort: »Du Itzig!« nicht. Was es bedeutete, erfuhr Hans K. erst geraume Zeit später, als das Schlagstockspiel längst ausgestorben war, der Verkehr auch die Nebenstraßen erfaßt hatte und er Juden, die Itzig heißen mochten, nicht mehr kennenlernen konnte.

Vom ABC-Schützen zum Wehrsportler

Die Schule wurde nicht zum Schreckgespenst. Zwar spielte sich der Unterricht noch frontal vor drei Reihen Zweierbänken ab, aber die in Hans K.s erster Grundschulklasse waren bereits mit moderneren Klappsitzen und aufklappbaren Pultflächen ausgerüstet.

Hans K. hatte Glück. Seine Lehrerin in den vier Grundschuljahren, verstand es, in ihm die Lust am Lernen zu wecken. Und daß Mädchen und Jungen gemeinsam unterrichtet wurden, war hier längst selbstverständlich. Eine Trennung jedoch war geblieben: Die Kinder katholischer Eltern, in der hauptsächlich evangelischen Stadt, hatten ihre eigene Schule.

Obwohl der konfessionelle Unterschied unter den Kindern auf der Straße keine Rolle spielte, war er Hans K. schon vor der Schule bewußt gewesen. Von der Mutter, die in einer konfessionell »reinen« Gegend aufgewachsen war, hatte er hin und wieder abschätzige Bemerkungen gehört – nicht über das andere religiöse Bekenntnis (was wohl damit zusammenhing, daß ihr eigenes nur sehr schwach ausgebildet war), sondern über die Menschen, die ihm angehörten.

1928 schien die Schule noch ein politikfreier Raum. Was auch nur entfernt mit Politik zu tun hatte, blieb draußen, versteckte oder gar offene konfessionelle oder politische Tendenzen kamen im Unterricht nicht vor. In den Klassenzimmern hing kein Kruzifix und auch nicht das Bild des 1925 zum Reichspräsidenten gewählten Hindenburg. Die »Heimatkunde« reichte nur bis in die weitere Umgebung und befaßte sich lediglich mit den geographischen Gegebenheiten und allenfalls ein wenig mit der Frühgeschichte. Diese Isolierung der Schule vom Alltag und von der Realität draußen vor ihrer Tür hatte vielleicht eine von den in ihrer Mehrheit sozialdemokratisch orientierten Lehrern gewiß nicht beabsichtigte Folge: Außerhalb der Schule waren die Kinder den bald an sie herantretenden nationalistischen Einflüssen ohne jegliche Vorbereitung und ohne eigenes Urteil ausgeliefert.

Die ersten Schuljahre brachten erste Freundschaften mit sich. Da waren der Sohn eines Schreiners und dessen väterliche Werkstatt mit ihren Holz- und Leimgerüchen oder ein anderer Schulkamerad, dessen Eltern einen, wie es damals noch hieß, Kolonialwarenladen besaßen. Der Weg in die Wohnung führte an der Rückseite des Ladens an der großen, offenen Heringstonne vorbei, aus der die Salzheringe mit einer Holzzange zum Verkauf herausgenommen und mit Schwung auf einen Bogen Pergamentpapier befördert wurden. Der Geruch erinnerte an das Schimpfwort »Heringsbändiger«, das manche Rauferei zur Folge hatte. Ein Stockwerk höher, wo in einer Veranda eine kleine Rösterei eingerichtet war, beherrschte der Kaffeeduft das Treppenhaus. Draußen aber begann die Zeit des Umherstreunens in der Natur, das »Räubern«. Hauptrevier war das zwischen steilen Hängen eingeschnittene Tal eines Baches, und seinem Lauf unmittelbar am Wasser zu folgen, war eine schwierige, spannende Expedition. Da gab es Jungen, die das Kunststück fertigbrachten, Forellen mit der bloßen Hand zu greifen. Hans K. fing am Ufer nur einen Feuersalamander und nahm dabei in der Aufregung ein unfreiwilliges Sitzbad in Kauf.

Längs des Baches wuchsen reichlich Haselbüsche, aus deren kerzengeraden Gerten Bögen und Pfeile zurechtgeschnitten wurden. »Wenn so ein Pfeil ins Auge geht!« hieß es besorgt zu Hause. Doch es ging alles gut, eine Kopfplatzwunde von einem Steinwurf nicht gerechnet. Der Schock kam bei einer ganz anderen Gelegenheit. Beim Spiel im eigenen Garten stürzte ein Schulkamerad so unglücklich vom Dach eines Schuppens, daß er einen Leberriß erlitt, an dem er im Krankenhaus starb.

Der Besuch der einzigen höheren Schule am Ort, der einem Gymnasium gleichgestellten Oberrealschule, war nach dem Ersten Weltkrieg nicht mehr in erster Linie vom Einkommen, von der sozialen Klasse der Eltern abhängig. Zwar kostete er noch einige Jahre »Schulgeld«, doch Ermäßigungen und Befreiungen waren an der Tagesordnung. Stärker ins Gewicht fielen die Ausgaben für die Schulbücher. Daß man zumindest die teuersten gebraucht von älteren Schülern kaufte, war allgemein üblich. Die Lehrer der Grundschule setzten ihren Stolz und ihren Ehrgeiz darein, begabten Kindern ungeachtet ihrer sozialen Herkunft den Übergang zur

Oberrealschule zu ermöglichen. Oft hatten sie freilich Mühe, die Eltern dazu zu überreden, und mehr als die Hälfte der Erstkläßler, der Sextaner, sollten die höhere Schule denn auch nach dem Willen der Eltern nur fünf Jahre bis zum sogenannten Einjährigen¹ durchhalten und nicht die vollen neun Jahre bis zum Abitur.

Die vertraute Atmosphäre der Grundschule zu verlassen, die vier Kindheitsjahre lang mit der gleichen Gruppe von Mitschülern ein erster Stützpunkt außerhalb des Elternhauses gewesen war, fiel nicht leicht. Sogar der Abschied von dem großen neuen Bau hoch auf dem Berg über der Stadt stimmte Hans K. wehmütig. Dieses Schulhaus, seine Geschichte in Vergangenheit und Zukunft, wurde zum Symbol für das Schicksal der Generation, für die es gebaut worden war. Nach dem Krieg war es als moderne, geräumige Volksschule in einem Komplex von drei Gebäuden geplant worden. Fertiggestellt, wurden alle drei von der französischen Besatzung zunächst für einige Jahre als Kaserne genutzt und erst kurz vor dem Abzug der französischen Soldaten freigegeben. Von den ersten Schülern, die dann dort die Bänke drückten, kehrten manche später in Pimpfenuniform² für ein Wochenende zu »Führerschulungen« wieder dorthin zurück. Ein paar weitere Jahre später trugen die Gebäude Feldgrau, waren Soldaten der Hitlerschen Wehrmacht eingezogen – vorübergehend, wie sich zeigen sollte; denn die fremden Soldaten kamen wieder. 1945 beanspruchte die französische Besatzungsmacht erneut den ganzen Komplex. Nachdem sie dann 1948 zum zweitenmal ausgezogen war, wurde dennoch keine Schule mehr daraus. Jetzt folgten auf die Soldaten keine Kinder, sondern gleich wieder Soldaten – diesmal erneut die eigenen.

Der Einschnitt im Leben eines Zehnjährigen, den der Eintritt in die Sexta der Oberrealschule bedeutete, machte sich auch äußerlich bemerkbar – an den Schülermützen. Gerade noch zwei Schuljahre –

1 *Einjähriges* Frühere Bezeichnung für die mittlere Reife an einer höheren Schule (Schulabgang nach Untersekunda beziehungsweise der 10. Klasse). Bis zum Ersten Weltkrieg brauchten Wehrpflichtige mit dem Einjährigen nur ein Jahr aktiven Wehrdienst zu leisten.

2 *Pimpf* ›»Halbwüchsiger«. Ursprünglich Schimpfwort, eigentlich »Furz« (lautmalend für »kleiner Furz« im Gegensatz zu Pumpf, Pumps und ähnlichem). Ursprüngliche Bedeutung bezeugt seit dem 19. Jahrhundert, die übertragene wenig später. Um 1920 Ausgangsbedeutung nicht mehr bekannt, das Wort kann deshalb in der Jugendbewegung mit nur noch wenig verächtlichem Beigeschmack verwendet werden.‹ (F. Kluge, Ethymologisches Wörterbuch der deutschen Sprache, 1989)

bis sie abgeschafft werden – sollten sie der Stolz der einen und ein Ärgernis für andere sein. Die der Sextaner war grasgrün wie die kleinen Anfänger selber, eine unkleidsame Farbe und gar nicht zu vergleichen mit den weißen Mützen der Oberprimaner, jener von ferne bewunderten Halbgötter. Hinzu kam, daß die Sextaner nicht wagen durften, ihren Mützen mit brutalen Maßnahmen die Steifheit zu nehmen. Verknautschter Schick war der Oberstufe vorbehalten. Die sechshundert Schülermützen, die jedes Jahr zu Ostern gebraucht wurden – jeder Aufsteiger wollte natürlich gleich die neue Klassenfarbe tragen – bedeuteten nachgerade einen wirtschaftlichen Faktor. Sie waren zum überwiegenden Teil das Werk des einzigen Mützenmachers der Stadt und der Grundstock seiner Existenz. Als die Schülermützen 1933 als »Rangabzeichen« in Verruf gerieten und verschwanden, fürchtete man ernstlich um sein wirtschaftliches Wohl. Doch die Mützenkrise ging schnell vorüber: Alsbald wurden so viele braune und auch schwarze Mützen für Erwachsene benötigt, daß der Meister den Bedarf längst nicht mehr decken konnte. Die Stunde der konfektionierten Bedeckungen für Köpfe mit konfektioniertem Denken hatte geschlagen.

So weit war es an Ostern 1932 noch nicht. Doch daß sich nicht nur in seinem Schülerdasein, sondern allenthalben Änderungen anbahnten, das bemerkte der frischgebackene Sextaner. Worte, Begriffe, Namen aus der Politik gewannen Bedeutung, die ihm wenig geläufig, ja völlig unbekannt waren – gerade weil das Lesen für ihn längst zu einer Leidenschaft geworden war. Das Interesse der Eltern für Literatur war gering, aber immerhin hielten sie sich bei der Lektüre für den Sohn an die Jugendbücher zu Natur und Technik aus der renommierten Franckh'schen Verlagshandlung, wie Sonnleitners »Höhlenkinder«, Schönfelds »Quer durch die Urwelt« und Meier-Lemgos »Eine Mondfahrt«. Außerdem hatte der Vater seit Jahren die im selben Verlag erscheinende naturkundliche Zeitschrift »Kosmos« abonniert. »Die Woche«, »Uhu«, »Die grüne Post« und »Berliner Illustrirte« kamen nur sporadisch ins Haus und einige von ihnen nach 1933 überhaupt nicht mehr.

Eine in der bürgerlichen Jugendliteratur schon modisch gewordene Eigenschaft besaßen die Jugendbücher von Hans K. allerdings nicht: Sie waren nicht nationalistisch. Nur mit dem Roman »Der rote Sturm« von Fritz Steuben, einem Indianerbuch, das seinen jungen Leser so fesselte, daß er den heimlich ausgeliehenen »Winnetou« – die Eltern hielten Karl May für schädlich – gelangweilt zur Seite legte, verhielt es sich anders. Dieser Roman, der sich eng an die geschichtliche Wahrheit zu halten schien, handelt von Tecumseh, dessen Freiheitskampf tragisch an der Uneinigkeit der Indianer scheitert. Uneinigkeit sei auch das Problem der Deutschen, diese Parole war ihm, angesichts der Verhältnisse, wie sie ihm dargestellt wurden, schon früh eingängig. Also mußte etwas getan werden, und dazu war Hans K. schon bald bereit.

Zunächst waren es scheinbar normale nationale Töne, die in die Welt des Zehnjährigen drangen, verbunden mit Ereignissen, für die sich Jungen in diesem Alter unweigerlich zu begeistern beginnen: Höchstleistungen in Sport und Technik. Der Ballonaufstieg Piccards in die Stratosphäre imponierte nicht deshalb weniger, weil der Professor ein Schweizer war. Doch daß so viele deutsche Namen in ähnlichem Zusammenhang – mit Bedacht – in den Zeitungsschlagzeilen vorkamen, weckte ein Gefühl nationalen Stolzes in ihm. Da gab es die Welt- und Polarflüge des Zeppelins, die »Bremen« als schnellstes Passagierschiff der Welt, den Flug Wolfgang von Gronaus um die Erde, den in aller Welt gefeierten Kunstflieger Udet, das Riesenflugboot Do X und natürlich Schmelings Boxweltmeisterschaft. Der finnische »Wunderläufer« Nurmi blieb allerdings ebenso populär.

Der aufkeimende Nationalstolz gewann allerdings bei weitem noch nicht die Vorherrschaft, und von der Politik waren die Interessen des Zehnjährigen noch weit entfernt. Ganz ohne Einfluß aber blieb manches nicht, was er von Gleichaltrigen oder Älteren (nicht jedoch von Erwachsenen seiner Umgebung) aufschnappte.

Daß ein Schulfreund die Farben der deutschen republikanischen Reichsfahne statt Schwarz-Rot-Gold als »Schwarz-Rot-Senf« ausmachte und ausschließlich die alte schwarzweißrote Flagge gelten lassen wollte, färbte ab. Wirkte diese Farbkombination nicht wirklich irgendwie frischer? Bald erschien auch ihm die Organisation, die sich »Reichsbanner«[1] nannte, als »lächerlicher Haufen«, während eine andere namens »Stahlhelm«[2] beim Marsch durch die Stadt doch ein ganz anderes Bild abgab.

Hans K. hatte das Alter erreicht, in dem Cliquenbildung magisch anzieht. Lag es an ihm oder an den beengten Verhältnissen in der Kleinstadt – angesprochen, geworben oder, wie es hieß, »gekeilt« wurde er weder von einer politischen noch einer unpolitischen Jugendgruppe. Einmal besuchte er mit einem Freund das Naturfreundehaus[3], wo sich die »Roten Falken« trafen. Er wurde keineswegs überschwenglich empfangen. Man beachtete ihn nicht, ließ ihn aber spüren: »Du gehörst nicht zu uns.« Er fühlte es selbst und glaubte den Grund zu ahnen: Für sie war er der Sohn eines »Bankdirektors«. Seine Eltern galten bei der in der bankrotten Bijouterieindustrie verarmten Arbeiterschaft der Stadt als »reiche Leut'«. Das hatte er in den letzten Jahren der großen Wirtschaftskrise von seinen Altersgenossen in der Schule und auf der Straße oft genug hören müssen. Der Wirtschaft hier ging es wenige Jahre später besser – als die Betriebe statt Uhrenketten und Puderdosen MG-Gurte und anderes Rüstungszubehör herstellten. Auch die Lieder, die im Naturfreundehaus gesungen wurden, waren ihm fremd. Ein Jahr später hörte er einige der Melodien wieder und sang sie sogar selber mit – mit einem anderen Text. Statt »Brüder, zur Sonne, zur Freiheit« hieß es nun »Brüder aus Zechen und Gruben ...«.[4]

Eine andere politische Begegnung fand auf dem Schulhof statt, genauer ein wenig abseits auf einem der mit dichtem Gebüsch bewachsenen steilen Hänge, die das Pausen-Areal umgaben. Dort sammelte sich regelmäßig um einen Oberprimaner eine Schar jüngerer Zuhörer. Der war ein drahtiger Bursche und trug kurze Hosen und Kniestrümpfe, was eigentlich für einen Schüler der Oberstu-

1 *Reichsbanner Schwarz-Rot-Gold* 1924 von Sozialdemokraten gegründeter Wehrverband zum Schutz der Weimarer Republik.

2 *Stahlhelm* Bund der Frontsoldaten, Vereinigung von Teilnehmern des Ersten Weltkriegs; gehörte seit 1929 mit Nationalsozialisten und Deutschnationalen zur »Nationalen Opposition«; benutzte die Kriegsflagge der kaiserlichen Marine 1914 bis 1918. Der Stahlhelm wurde 1933 in die SA (siehe S. 250) eingegliedert.

3 *Naturfreunde (Touristenverein Die Naturfreunde)* 1895 von sozialdemokratischen Arbeitern in Wien gegründete Vereinigung. Seit 1905 auch in Deutschland; unterhält auch heute noch eigene Herbergen für Mitglieder und Wanderfreunde.

4 *»Brüder, zur Sonne, zur Freiheit«* Sozialistisches Kampflied; seine Melodie wurde von der SA übernommen, die einen anderen Text unterlegte. (»Brüder aus Zechen und Gruben, Brüder, ihr hinter dem Pflug«)

fe nicht standesgemäß war. Da war viel von Deutschland und dem »Versailler Schanddiktat« (siehe Anm. S. 48) die Rede, von Jugend und von Adolf Hitler sowie davon, daß es einen Schülerbund gebe, dem jeder anständige Junge beitreten müsse. Bald werde Hitler an die Macht kommen. Dann werde sich manches ändern.

Die eindringliche Art der Rede war dem Sextaner ungewohnt und ihr Inhalt weitgehend unverständlich. Seine Kenntnisse von den politischen Zuständen waren äußerst nebelhaft. Davon wurde zu Hause nicht gesprochen. Zwar fiel ihm auf, daß die Eltern in diesem Jahr gleich mehrmals »zur Wahl« gingen, doch was genau dahintersteckte, sagte ihm niemand. Aber auf Hans K. und wohl auch die anderen Zuhörer wirkte die suggestive Persönlichkeit des Oberprimaners stärker als seine Worte. Dessen Schülerbund oder eigentlich mehr noch ihn selbst hätte er gerne näher kennengelernt, doch davor bewahrte ihn vorläufig noch seine Schüchternheit. Statt dessen kam er auf die Idee, selber eine Gruppe zu gründen. Sie sollte »Natur, Sport und Technik« heißen und folgte der Werbe-Idee einer Jugendzeitschrift. Er versuchte, Schulkameraden dafür zu gewinnen, fand jedoch bei ihnen keine Resonanz. Daß die beiden Buchstaben der Abkürzung »NS«[1] dieses übrigens nichtgegründeten Klubs bereits anderweitig belegt waren, wußte er nicht.

Die Lehrer der Sexta schienen politisch neutral zu sein. Die Republik wurde nicht lächerlich gemacht, allerdings warb auch niemand für sie.

[1] NS Kurzform für nationalsozialistisch beziehungsweise Nationalsozialismus, meist im Zusammenhang, zum Beispiel NS-Studentenbund, NS-Frauenschaft. (NSDAP: Nationalsozialistische Deutsche Arbeiterpartei)

Der Geschichtsunterricht etwa, der mit den »alten Griechen« Gelegenheit dazu geboten hätte, blieb für die jungen Esel in den tintenbekleckksten, mit Taschenmessern bearbeiteten Bänken trockenes Stroh. Der »Lehrkörper« bestand zum größten Teil aus Figuren, die in Heinrich Spoerls Roman »Die Feuerzangenbowle« gepaßt hätten. Andere hatten zwar vermutlich einmal woanders die Luft der Zwanziger Jahre geatmet, waren aber mittlerweile im Muff der Kleinstadt versauert. So war es nicht verwunderlich, daß ein Jahr später, nachdem das »Dritte Reich« (siehe S. 238) angebrochen war, nur zwei Lehrer nicht mehr auf dem Katheder erschienen: Der Deutschlehrer Viktor Krempel, von dem es hieß, daß er nicht mehr an der Oberrealschule unterrichten dürfe, weil er kein Studienrat, sondern nur ein Realschullehrer alter Art sei, der aber vor allem als Liberaler nun politisch unerwünscht war, sowie der Religionslehrer. In seinem Fall gesellte sich zur Verminderung der Religionsstunden ebenfalls ein vordergründiger Anlaß. Der Unterricht des alten Herrn, der sich der Pensionsgrenze näherte, bestand meist im Vortrag selbsterfundener moralischer Geschichten von einem gewissen »Emilche«, wonach der Dozent auf seinem Stuhl sanft einzunicken pflegte.

Im Amt blieb dagegen Ernst Mengler, der in der Oberstufe unterrichtete, obgleich er nicht »rein arisch«[1], sondern »Halbjude« war. Als Lehrer hatte Hans K. ihn erst in der Untersekunda (heute 10. Klasse), in Religion. Zu dieser Zeit wußten die Schüler, was mit ihm »los war«, doch weder in der Klasse noch außerhalb wurde gegen ihn gehetzt. Vielmehr wurde mit einem gewissen Respekt das Gerücht kolportiert, aus dem Krieg sei er mit dem Eisernen Kreuz I. Klasse[2] zurückgekehrt. Sein asketisches Aussehen und seine dünnrandige Brille verschafften ihm lediglich den Spitznamen »Gandhi«. Seine Begeisterung für alte evangelische Kirchenlieder, die er in jeder Stunde singen ließ, fand allerdings wenig Gegenliebe. Dies trug dazu bei, daß einige Schülerinnen und Schüler der »UII« von der Möglichkeit Gebrauch machten, sich vom Religionsunterricht abzumelden, darunter Hans K. Wenn auch in eingeschränktem Umfang durfte Mengler bis 1945 unterrichten und wurde der erste Nachkriegsdirektor der Schule.

Der Verfolgung zum Opfer fiel dagegen der Religionslehrer Georg Maus. Er war 1943 an die Schule versetzt und 1944 verhaftet worden. Er starb in einem Konzentrationslager.

Im Amt geblieben war zunächst der damalige Direktor Dr. August Kaiser, von dem das Gerücht ging, er sei Freimaurer. Weil er in der

---

1 *arisch (Arier)* Bezeichnung der indogermanischen Sprachfamilie; wurde im 19. Jahrhundert auf verschiedene Völker (Inder, Meder, Perser, Griechen, Römer, Kelten, Germanen) angewendet; wurde vom Nationalsozialismus bewußt für sein pseudowissenschaftliches Rassenbild benutzt.

2 *EK, Eisernes Kreuz I. und II. Klasse* Kriegsorden, gestiftet 1813 von Friedrich Wilhelm III. von Preußen im Befreiungskrieg gegen Napoleon, erneuert 1870, 1914 und 1939 (mit Hakenkreuz); bei der Luftwaffe speziell verliehen für das Abschießen feindlicher Flugzeuge und für Schiffsversenkungen oder aufgrund der Anzahl der Flüge über feindlichem Gebiet, Angriffe auf Schiffe, Flugzeuge usw.

Schule die nazistische Bücherverbrennung[1] verurteilt hatte (was allerdings nicht bis zu den unteren Klassen durchgedrungen war), wurde ihm die Ausübung seines Amtes untersagt, das ihm jedoch formell belassen wurde. 1937 erhielt Dr. Kaiser einen unauffälligen Nachfolger, der dann schließlich 1939 von dem strammen Nazi Dr. F. abgelöst wurde.

Zwei jüdische Kinder gab es 1933 in der Quinta – erkennbar nur daran, daß sie, so wie auch die wenigen Katholiken, in der Religionsstunde fehlten. Der eine, ein Metzgerssohn, war ein robuster Bursche, der sich an allen kollektiven Späßen oder Dummheiten beteiligte. Ihm verdankte Hans K., daß er als Sextaner einmal heimlich am Hoftor der Metzgerei beim Schächten[2] eines Kalbes zusehen durfte. Er hatte schon einmal mit angesehen, wie einem für den Suppentopf bestimmten Huhn der Kopf abgeschlagen wurde, aber die Schlachtung eines nicht betäubten großen Tieres durch den tiefen Halsschnitt entsetzte ihn so sehr, daß ihm auch der Sohn des Metzgers, der bald nach dem 30. Januar 1933 die Schule verließ, unsympathisch wurde. Der andere jüdische Mitschüler war ein stiller Einzelgänger, der sich in den Pausen von den Balgereien der Sextaner abseits hielt – vielleicht auch deshalb, weil er stets gut gekleidet war und nach den in der Kleinstadt geltenden, von der Wirtschaftskrise gesetzten Maßstäben immer einen Sonntagsanzug zu tragen schien. Seine Eltern besaßen das größte Konfektionshaus am Platz. Der Junge interessierte Hans K., aber weil kein anderer aus der Klasse mit dem Außenseiter etwas zu tun haben wollte, ließ auch er sich nicht mit ihm ein. Eines Tages blieb er dem Unterricht fern und kam nicht wieder. Seine Eltern verkauften ihr Geschäft und zogen fort. Nachfragen, wo die beiden Klassenkameraden denn abgeblieben waren, wurden in der Klasse und wohl auch außerhalb nicht gestellt.

Ein dritter Abgang hatte ganz andere Gründe. Mit diesem Schüler veranstaltete der Französischlehrer regelmäßig regelrechte Prügelorgien, die das auch von anderen Lehrern allgemein ausgeübte Maß

1 *Bücherverbrennung* Der früher gelegentlich geübte Brauch, mißliebige Bücher zu verbrennen (zum Beispiel durch die Inquisition) oder aus revolutionärem Protest (Wartburgfest der Studenten 1817), wurde vom nationalsozialistischen Propagandaminister Goebbels wiederaufgenommen. Der NS-Studentenbund sammelte Bücher jüdischer und anderer unerwünschter Autoren und verbrannte sie öffentlich unter propagandistischem Aufwand am 10. Mai 1933.

2 *schächten* Schlachten von Vieh nach jüdischer und islamischer religiöser Vorschrift: ohne Betäubung durch einen Messerschnitt quer durch Halsschlagader und Kehlkopf.

handgreiflicher Pädagogik weit übertrafen. Doch der sadistisch auf sein Opfer einprügelnde Mensch mit den Schmissen im Gesicht hatte nichts zu befürchten – nicht nur, weil »körperliche Züchtigung« erlaubt war, sondern vor allem, weil es sich um den Onkel des Jungen handelte.

Der 30. Januar 1933 (siehe Anm. S. 37) und was ihm in den nächsten zwei Monaten folgte, fand für Hans K. in erster Linie im Radio statt. Die Stimmen aus dem Äther hatten ihn schon geraume Zeit vorher in Bann geschlagen. Die Reporter der Rundfunkfrühzeit waren Meister des gesprochenen Wortes, und das Wandern über die Skala von Station zu Station – Frankfurt, Langenberg, Beromünster, Königswusterhausen, Mailand, markiert durch das Weckerticken oder Vogelgezwitscher der Pausenzeichen – gehörte zur Faszination des ersten elektronischen Mediums. Sendungen wie das Hamburger Hafenkonzert oder der »Frohe Samstagnachmittag aus Köln« konnten einen Zehnjährigen, der bis dahin erst einmal die Aufführung einer Puppenbühne – »Aladin und die Wunderlampe« – gesehen hatte, radiosüchtig machen.

Ab Januar 1933 waren andere Töne zu hören, andere Musik, andere Texte. Marschrhythmus, emphatische Reportagen, Reden und Parolen. Auch Neues war zu sehen, selbst in der kleinen Stadt. Da waren zuerst einmal die Fahnen. »Geflaggt« worden war in den Straßen hin und wieder auch zuvor – beim Sängerfest, am Turnertag und aus vielen anderen, unverstandenen Anlässen. Dabei hingen aber längst nicht an allen Häusern Fahnen. Viele waren schwarz-weiß-rot, manche nur zweifarbig blau und rot, nach den Farben des Landes Oldenburg, zu dem das »Birkenfelder Ländchen« mit den Städten Oberstein und Idar kurioserweise (seit dem Wiener Kongreß[1], 1815) als Exklave gehörte. Wer nicht politisch Farbe bekennen wollte, behalf sich mit dieser neutralen Landesfahne. So war es auch zu Hause gewesen, in der Bank, in der der Vater arbeitete. Das änderte sich nun. Jetzt wurden eine schwarz-weiß-rote und eine Hakenkreuzfahne an schweren Stangen aus den meisten Fenstern gehängt.

In der Familie änderte sich wenig. Höchstens, daß auf dem Nacht-

1 *Wiener Kongreß* Versammlung der europäischen Fürsten und Staatsmänner 1814/15, die nach dem Sturz Napoleons I. die grundlegende Umgestaltung Europas entschied.

tisch des Vaters eine Zeitlang ein Buch von einem gewissen Gottfried Feder lag mit dem Titel »Brechung der Zinsknechtschaft«.[1] Im Bücherschrank entdeckte der Sohn zwei kleine broschierte Bände mit dem Konterfei Adolf Hitlers in Zivil auf dem Umschlag: »Mein Kampf«. Er blätterte darin und stellte sie zurück. Ein paar Jahre später hielt er sich für den denkbar kompetentesten Leser.

[1] *Feder, Gottfried* Nationalsozialist seit 1920; war von Hitler in seinen Putschplänen von 1923 als Finanzminister vorgesehen; Finanztheoretiker mit radikalen Ansichten. Feder spielte nach 1933 politisch keine Rolle.

Große Veränderungen gingen dagegen in der Schule vor sich, wenn auch nicht von heute auf morgen. Es vergingen Wochen und Monate, in denen allmählich eine neue ›Errungenschaft‹ nach der anderen eingeführt, dann zum Teil aber wieder gestrichen und durch andere ersetzt wurden. Nach ungefähr einem halben Jahr hatte sich in der Schule wie draußen das »Dritte Reich« im wesentlichen so etabliert, wie es bis zum Krieg äußerlich in Erscheinung trat. Dabei kam dem »Umbruch«, von dem allenthalben die Rede war, bei der Oberrealschule, die nun Oberschule hieß, der Umzug in ein neues Gebäude zustatten. Für die Schüler trafen die neue Umgebung, das geräumigere Gebäude, die hellen Klassenzimmer mit dem Einzug des »neuen Geistes« zusammen. Der äußerte sich zunächst vor allem in Kuriositäten.

Da war als erstes die Sache mit dem »Deutschen Gruß«. Die Studienräte mit ihrer vorwiegend wenig geschmeidigen Körperlichkeit in meist schlecht sitzenden Anzügen mußten zu Beginn jeder Stunde den rechten Arm ausstrecken und »Heil Hitler« grüßen, was von der »Mannschaft« auf gleiche Weise erwidert werden sollte. Die von beiden Seiten als lästig empfundene Zeremonie schliff sich schnell ab. Nur wenige Lehrer »verübten« den Hitlergruß auf Dauer in der vorgeschriebenen »strammen« Form. Die standhaftesten waren nicht einmal die wenigen mit dem Parteiabzeichen, sondern solche, die schon früher als ängstlich bekannt waren und nun fürchteten, etwas falsch zu machen. Die anderen rundeten die Armbewegung zu einer mehr oder weniger schwungvollen Geste ab, die gleich an der Tür erledigt wurde. Der mündliche Teil wurde zu einem undeutlichen »litler« oder blieb ganz weg. Die Schüler, besonders in den höheren Klassen, verhielten sich entsprechend.

Einen anderen Tribut an die »neue Zeit« leistete die Schule aus eigener Initiative: den »Wehrsport«. Die Schüler mußten graue Überzüge mit »Sturmriemen« für ihre Schülermützen kaufen und sich mit Windjacken ausrüsten. So kostümiert zog man samstags ohne Rücksicht auf den Unterricht hinaus ins Gelände, um taktische Infanteriebewegungen in Zug- und Kompaniestärke, Vorhut, Nachhut, Spähtrupp und das Besetzen von Stellungen zu üben. Den Reserveoffizieren und deutschnationalen »Stahlhelmern« unter den Studienräten machte das absurde Militärtheater sichtlich Spaß. Es währte glücklicherweise keinen Sommer lang.

Sehr schnell hatte sich in den Klassenräumen etwas geändert: An den vorher von Politikerportraits freien Wänden wurden Hitlerbilder aufgehängt. Die Klassenlehrer mußten Konterfeis der ganzen NS-Führerschaft für ein paar Groschen zum Kauf anbieten sowie eine wöchentlich in Kupfertiefdruck erscheinende Schülerzeitung namens »Hilf mit!«. Titel und Inhalt des Propagandablattes, das allerdings sein Erscheinen nach einem halben Jahr wieder einstellte, gaben eine erste Kostprobe davon, wie man die Jugend in den Griff bekommen wollte.

Schwarze Fahnen

Außerhalb der Schule traten an den elfjährigen Jungen erst allmählich die Veränderungen heran. Er paukte weiter französische Vokabeln, bangte vor Klassenarbeiten und ging in seiner Freizeit alten Gewohnheiten nach. Vom Boykott jüdischer Geschäfte bemerkte man in der Stadt so gut wie nichts. Die wenigen, die es gab, hatten bereits die Besitzer gewechselt. Was Eltern, Lehrer, die Erwachsenen überhaupt, in den Tagen der »Machtergreifung«[1] Hitlers zu Hans K. sagten, in seiner Gegenwart redeten, ging unter in der Wortflut, die aus dem Radio drang. Als er im März selbst (mit Schülermütze und Bleylehose) mitmarschierte, kamen die Reden bei den Kundgebungen hinzu.

Zwei Beobachtungen aber machte er doch: Ganz in der Nähe der Wohnung befand sich das Redaktionsbüro einer kleinen Zeitung, des »Nahetalboten«. Eines Tages war es geschlossen. Der Vater hatte immer beide Zeitungen gelesen, die in der Stadt erschienen. Nun hieß es, der »Nahetalbote« sei »verboten« und der Redakteur (es gab nur einen) vor dem Konzentrationslager (siehe S. 243) ins Ausland geflüchtet. Das Wort »Konzentrationslager« war in jenen Monaten häufiger zu hören, auch unter K's Altersgenossen. Dazu der ihm bis dahin unbekannte Ortsname Dachau. Dort würden, so hörte er, »Meckerer« und »Miesmacher« einige Zeit lang »erzogen«. Er schnappte auf, daß auch der Bruder eines ihm bekannten Volksschullehrers für ein halbes Jahr ins Konzentrationslager gekommen sei. Als er wiederkam, habe er niemandem auch nur ein Wort erzählt. Er hatte eine Nichte, die ein paar Jahre später in der Oberschule Klassenkameradin und darüber hinaus »Kollegin« des Fähnleinführers Hans K. wurde. Über ihren Onkel sprach sie mit ihm nie.

Im März war Hans K. in den »NS-Schülerbund« eingetreten, einen Ableger der Hitler-Jugend, der ein paar Jahre vor der »Macht-

1 *Machtergreifung* Nach der Staatskrise von 1933 wurde am 30. Januar 1933 Hitler vom Reichspräsidenten Hindenburg zum Reichskanzler ernannt. Mit dem »Ermächtigungsgesetz« vom 24. März 1933, dem im Reichstag nur die Sozialdemokraten nicht zustimmten (die Abgeordneten der KPD waren verhaftet oder geflohen), verschaffte Hitler sich diktatorische Vollmachten. (Bei der Wahl im März 1933 erhielt die NSDAP 44 Prozent der Stimmen.)

ergreifung« gegründet worden war, im »Dritten Reich« aber kein langes Leben hatte. Der Eintritt ging nicht ganz einfach vonstatten. Der Vater war davon nicht angetan. Daß er Mitglied in der gerade eben verbotenen SPD gewesen war, verschwieg er. Einige Zeit später trat er, gedrängt vom Aufsichtsrat der Bank, selber in die NSDAP ein. Dies und die gegen Ende des Krieges ihm ziemlich unausweichlich angetragene Übernahme der Kasse der NSDAP-Kreisleitung sollte ihm nach dem Krieg den »automatischen Arrest« und den Verlust seiner Stellung bei der Bank eintragen. (Die Zukunft hielt dann aber für ihn noch Jahrzehnte bereit, in denen er für eine gemeinnützige Baugenossenschaft und schließlich als gewählter SPD-Stadtrat tätig sein konnte.) Im März 1933 gab er seine Zustimmung zum Eintritt seines Sohnes in den »NS-Schülerbund« erst, nachdem der achtzehnjährige Sohn eines Bekannten lange mit ihm geredet hatte. Dieser Werber, ein Unterprimaner, wurde bald darauf für kurze Zeit der oberste Jungvolkführer in der Stadt. Den Neuling verstand er gleich »für die Sache« einzuspannen: Weil Hans K. über eine Schreibmaschine mit breitem Schlitten verfügte, durfte er großformatige Mitgliederlisten erstellen. Auch sonst nutzte der Unterprimaner seine Position weidlich. Nicht ganz uneigennützig pflegte er die Freundschaft mit dem Sohn jenes nicht »rein arischen« Studienrats Mengler, der zu dieser Zeit noch ein gewichtiges Wort bei der Zulassung zum Abitur mitzureden hatte. Allerdings gelang es ihm nicht, das rassische Hindernis seines Freundes, der gerne in die Hitler-Jugend eingetreten wäre, zu überwinden. Er konnte ihn nur mehrmals als Gast zum »Dienst« mitbringen. Zehn Jahre später traf Hans K., auf »Fronturlaub«, seinen ehemaligen ersten NS-Jugendführer auf dem Bahnhof der Heimatstadt wieder – als Reichsbahn-Fahrdienstleiter in blauer Eisenbahnuniform mit roter Mütze. Unter dem Siegel der Verschwiegenheit vertraute der seinem einstigen Listenschreiber an, daß er auf dem Bahnhof für die Gestapo[1] arbeite.

---

1 *Gestapo (Geheime Staatspolizei)* Von Göring zunächst in Preußen aus der bestehenden politischen Polizei gebildet. Die Gestapo wurde bald auf das ganze Deutsche Reich ausgedehnt und Himmlers »Reichssicherheitshauptamt« unterstellt. Gestapo und Sicherheitsdienst der SS, (SD) – siehe auch S. 251 – bildeten das eigentliche Macht- und Terrorinstrument des nationalsozialistischen Regimes. Beide hatten kein Zugriffsrecht auf Wehrmachtangehörige – bis zum 20. Juli 1944. Ermittlungen und Festnahmen bei der Wehrmacht erfolgten durch die militärischem Befehl unterstehende Feldgendarmerie (Militärpolizei) und die sogenannte Geheime Feldpolizei.

Am 1. Mai 1933 (siehe Anm. S. 59) marschierten sie im NS-Schülerbund noch dem Zug im Braunhemd und mit Schülermützen der HJ hinterher. Wenig später wurde die Organisation feierlich in die Hitler Jugend »überführt«, wie solche Eingliederungen hießen. Bei der Gelegenheit landeten die Schülermützen im Feuer. Für alle Zehn- bis Vierzehnjährigen war von da an das »Jungvolk« zuständig. Die genaue Bezeichnung dieser HJ-Untergliederung lautete »Deutsches Jungvolk in der Hitler-Jugend«. Was mit dem Anklang des Namens an die Bündische Jugend[1] beabsichtigt war, sollte sich zeigen, als manche ehemalige Mitglieder aufgelöster bündischer Jugendgruppen Führerränge im Jungvolk übernahmen.

1 *Bündische Jugend* Sammelbezeichnung für die politisch und konfessionell nicht festgelegten Bünde der freien Jugendbewegung; seit 1923.

Sie prägten ihm bündische Züge auf, die zusammen mit der Hitlergläubigkeit der Jugendlichen und romantischen Phantastereien von einem neuen großen Reich der Deutschen (von dem auch etliche bündische Gruppen geträumt hatten) eine Mischung ergaben, durch die sich das »DJ«, wie die offizielle Abkürzung lautete, deutlich von der HJ der Vierzehn- bis Achtzehnjährigen unterschied. Dieser Unterschied, äußerlich an den schwarzen Fahnen mit der »Siegrune« erkennbar, die dem Jungvolk mehr bedeuteten als die rot-weiß-rot gestreifte HJ-Fahne mit dem Hakenkreuz, führte in den ersten Jahren zu einem gewissen Eigenleben des Jungvolks, das bis etwa 1936, in Resten bis 1939 währte.

Anfangs bildete das Jungvolk unter Anführern, die ihm von der HJ zugeteilt wurden, und die zum Teil noch aus der sogenannten Kampfzeit[2] stammten, nur ein Anhängsel der übrigen HJ, wenn es diese auch schnell in der Mitgliederzahl überholte. Der Zuwachs, der ziemlich lange noch durch (nicht nur nominell) freiwilligen Eintritt erfolgte, war bei den jüngeren Jahrgängen weit stärker. Noch existierten konfessionelle, insbesondere katholische Jugendverbände. Sie wurden von der HJ bekämpft – in erster Linie »ideologisch«, doch in den Orten mit einem starken katholischen Bevölkerungsanteil kam es auch zu gewaltsamen Drangsalierungen, mit denen die HJ den SA-Terror der »Kampfzeit« nachahmte. Im April 1934 wurden alle konfessionellen Jugendgruppen verboten. Das Jungvolk integrierte ihre

2 *Kampfzeit* Nationalsozialistische Bezeichnung für die Zeit vor der »Machtergreifung« (siehe S. 245).

jüngeren Mitglieder reibungslos, spielte doch unter Jungen dieses Alters, wenn sie sich selbst überlassen waren, die konfessionelle Zugehörigkeit in der Regel schon zuvor keine Rolle.

Während der Grundsatz »Jugend soll von Jugend geführt werden« angeblich auf Hitler selbst zurückging, der auf diese Weise die natürliche Aufmüpfigkeit jeder jungen Generation, ihre Neigung zur Revolte, auffangen und neutralisieren wollte (so jedenfalls hörte es Hans K. später aus dem Munde eines »Gauamtsleiters«), war die relative Eigenständigkeit des Jungvolks mit seinen zahlreichen früher bündischen Führern und mit dem Übergewicht an Oberschülern in der mittleren Führerriege eine Marotte, die sich der »Reichsjugendführer« Baldur von Schirach (siehe Anm. S. 76) erlaubte. Dem aus einer schöngeistigen, noch dazu adligen Familie stammenden jungen Mann hatte Hitler bei der Organisation und Führung der Jugend freie Hand eingeräumt, ohne allerdings, wie er das mit Vorliebe auch sonst praktizierte, diese Machtbefugnis gegenüber der anderer »Reichsleiter« genau abzugrenzen. Der dadurch unvermeidlich entstehende Streit um Kompetenzen – im Fall der HJ etwa zwischen dem Reichsjugendführer einerseits, dem Erziehungsminister Rust und der »Arbeitsfront«[1] des Robert Ley andererseits – bewirkte genau wie die Rivalitäten zwischen den anderen »Größen« des Dritten Reiches genau das, was Hitler damit bezweckte: neben ihm konnte keiner zu mächtig werden.

1 *Arbeitsfront, Deutsche (DAF)* Nationalsozialistische Zwangsorganisation für Arbeiter und Angestellte; trat 1933 an die Stelle der aufgelösten und verbotenen Gewerkschaften.

Dies und Hitlers Bemühungen, das Volk allmählich »weltanschaulich«, das heißt propagandistisch auf die Eroberung von »Lebensraum« vorzubereiten, hatten in der Hitler-Jugend mehrfach Änderungen von Inhalten und Zielen der »Schulung« zur Folge. Auch das äußere Bild der HJ änderte sich im Laufe des Jahres 1933. Zunächst jedoch gab es die organisatorisch ziemlich chaotische Zeit der »Märzgefallenen«, zu denen auch Hans K. gehörte. So nannten die Nationalsozialisten von vor 1933, die sich selber als »alte Kämpfer« bezeichneten, den Begriff aus der 1848er Revolution schändend, jene Leute, die nach dem Reichstagsbrand (siehe S. 249) massenhaft im März den nationalsozialistischen Organisationen und der NSDAP zuströmten – teils aus wirtschaftlichen Gründen, teils auf Druck (wie etwa viele Beamte), teils auch aus Zustimmung. In diesen Monaten besaß das Deutsche Jungvolk noch nicht seinen späteren Charakter als weitgehend selbständige Gliederung der Hitler-Jugend. Am 1. Mai 1933 war Hans K. noch mit der Schülermütze auf dem Kopf mitmarschiert. Bald danach trug er für kurze Zeit ein wenig beliebtes braunes Barett. Der »Dienst« erschöpfte sich in stumpfsinnigem Marschieren und pseudo-militärischen »Geländespielen«. Die Lieder – und das Singen spielte all die Jahre und besonders bei der Jugend eine große Rolle – stammten aus der »Kampfzeit«. Auch die Zehn- bis Vierzehnjährigen sangen vom »Regiment von Hitler«, das beim Schein der »gold'nen Abendsonne« zum Tor hinaus marschiert, oder ein schlecht gereimtes, einfallslos komponiertes Mahnlied: »Denkt daran, was der Feind uns angetan!«, das die Gebietsverluste Deutschlands nach dem Ersten Weltkrieg zusammenreimte.

Daß der Polnische Korridor, Oberschlesien, das Memelland nun bald zurückgewonnen werden mußten, irgendwie, das wurde durch vielfältiges Trommeln in Wort und (Karten-)Bild schon den Zehnjährigen eingebläut. Einige Jahre später, als es soweit war, konnte die Propaganda darauf aufbauen und speziell die junge Generation bei der Überzeugung packen, daß die Wiederherstellung der alten Reichsgrenzen, ja selbst der Anschluß Österreichs und die Vereinnahmung der Tschechoslowakei nicht genügten, sondern ein so großes, starkes und fähiges Volk wie das deutsche seinen »Raum« von unbestimmter Größe brauche und nun endlich in der Geschichte beanspruchen dürfe.

»Volk ohne Raum« – das wirkte auf junge Menschen, die nach vorne, in die Zukunft lebten (und die nun auch noch immer wieder hören konnten, sie seien die »Garanten der Zukunft«), ungleich stärker als aller Rassenhokuspokus, der zudem stets dem scharfen Blick der Jugendlichen ausgesetzt war, die in den Führergestalten – angefangen beim Reichspropagandaminister Dr. Goebbels über den Rundkopf Himmler, ja, bis hin zu dem deshalb nicht weniger verehrten Führer Adolf Hitler – so gar keine nordischen Lichtgestalten ausmachen konnten. Da bildete der von den HJ- und Jungvolkführern insgeheim nie so ganz ernstgenommene, weil leicht absonderliche Reichsjugendführer fast schon eine Ausnahme. Noch dazu hieß er tatsächlich Baldur und schrieb Gedichte in jenem Weiheton, für den man empfänglich war.

Doch dies alles kam erst später auf ihn zu. Im Jahr 1933 erlebte Hans K. als Jungvolkjunge die Irrungen und Wirrungen einer Hitler-Jugend, die »weltanschauliche Revolution« spielte und in der der Mythos vom Germanentum Urständ feierte. Im dienstlichen Papierkrieg, der in allen NS-Gliederungen und auch im Jungvolk tobte, mußte die HJ germanische Monatsnamen benutzen, Hartung und Hornung statt Januar und Februar, Nebelmond und Julmond für November und Dezember. Gedrucktes wurde in möglichst eckiger Frakturschrift gesetzt.

Dieser Nebelmondspuk verflüchtigte sich jedoch recht schnell noch im Laufe des Jahres 1933. Da das »Deutsche Jungvolk in der Hitler-Jugend« bis ins Jahr 1934 hinein noch nicht die ihm dann vorübergehend zugebilligte Selbständigkeit im Äußeren wie in der Gestaltung des »Dienstes« besaß und deshalb noch keine regelmäßigen »Heimabende«[1] kannte, sondern hauptsächlich marschierte, war zu dieser Zeit bei ihr von der Germanenbegeisterung noch nicht allzuviel zu spüren. Das Niedersachsenlied, geschrieben für die – wie es darin heißt – »erdverwachsenen« Nachfahren von »Herzog Widukinds Stamm«, wurde auch von Hitlerjungen zwischen Rhein und Mosel geschmettert, unter deren Vorfahren, wenn überhaupt Germanen, dann bestimmt keine Sachsen, eher sachsenfeindliche Franken waren. Germanische Heldensagen und »Ein Kampf um Rom«, Felix Dahns Roman vom Untergang der Ostgoten, hatten im Buchhandel Konjunktur. Diese Germanenverehrung ging alsbald vorüber.

Mit der deutschen Druckschrift dauerte es etwas länger. Der allgemeine Gebrauch der lateinischen Druck- und Schreibschrift wurde in den Schulen (anstelle der in den zwanziger Jahren eingeführten Sütterlinschrift, einer Modernisierung der alten deutschen Schrift) auf allerhöchsten Befehl erst im Verlauf des Krieges angeordnet.

Eine andere Kursänderung war besonders prägnant und wurde im Jungvolk nur widerstrebend vollzogen. Sie war sozusagen die erste

---

1 *Heimabend* Aus der bündischen Jugendbewegung (siehe S. 241) stammende Bezeichnung für regelmäßige Zusammenkünfte einer Jugendgruppe zu Spiel, Gesang, Unterricht und so weiter; wurde von der Hitler-Jugend übernommen.

Übung in jener Art von Gehirnwäsche, wie sie sich bald beim »Röhmputsch«[1] und später beim Pakt mit dem »bolschewistischen Weltfeind« wiederholte. Bei der ersten Wende aus dem Stand ging es um ein Hauptstück der unechten germanischen Renaissance: den Widerstand der Sachsen gegen den Franken Karl den Großen und die Christianisierung. Das Niedersachsenlied war damals im Jungvolk, das sich mit ihm zu »Widukinds Erben« deklarierte, einer der beliebtesten Gesänge. Bei den Heimabenden war von dem großen Karolinger nur als dem »Sachsenschlächter«[2] die Rede – Arminius alias Hermann der Cherusker und die Schlacht im Teutoburger Wald spielten dagegen im »Schulungsmaterial« seltsamerweise so gut wie keine Rolle –, bis es mit der Sachsen- und Widukindverherrlichung eines Tages schlagartig vorbei war. Von heute auf morgen wurde aus »Karl dem Sachsenschlächter« auch für die Hitler-Jugend wieder Karl der Große und ein Führer und Staatsmann, der Europa beherrscht hatte. Hans K. nahm die befohlene Kehrtwende – Karl kam jetzt vor Widukind – erstaunt zur Kenntnis. Zwar hatte er zuvor bei der Verdammung Karls des Großen stets den Hinweis darauf vermißt, daß der ja ebenfalls ein Germane, ein Franke, gewesen war, doch schwante damals kaum einem Hitlerjungen, daß ihr Führer seine Gefolgsleute auf seine Eroberungspläne einstimmen wollte. Offen propagiert wurde ein »Europa unter deutscher Führung« denn auch erst im Verlauf des Krieges.

Zusammen mit dieser Kursänderung vollzog sich eine gewisse Stilbildung. Die Woge des »nationalen Kitsches« (ein von Goebbels geprägter Ausdruck), die sich in den ersten Monaten des Dritten Reiches über das Land ergossen hatte, die grenzenlose Vermarktung des

1 *Röhmputsch* Der ehemalige Hauptmann Ernst Röhm, Duzfreund Hitlers, war maßgeblich am Aufbau der paramilitärischen SA beteiligt; 1931 Stabschef der SA. Röhm strebte eine Volksmiliz anstelle der Reichswehr an. Hitler, der das Militär für seine Kriegspläne brauchte, ließ Röhm, die oberste SA-Führung und politisch mißliebige Persönlichkeiten unter dem unbewiesenen Vorwurf eines geplanten Putsches am 30. Juni 1934 verhaften und erschießen. Mehrere hundert Nazis und Nazigegner wurden in Berlin, München und an anderen Orten umgebracht, darunter zwei Reichswehrgeneräle. In der Presse wurde die Zerschlagung einer angeblich homosexuellen Cliquenbildung durch Röhm als Grund für die Mordaktion genannt.

2 *»Sachsenschlächter«* Tendenziöser Beiname Karls des Großen (768-814). Der fränkische Kaiser Karl der Große unterwarf die von Widukind angeführten Sachsen in langen blutigen Kämpfen (772-804), um sie in sein Reich einzugliedern; er zwang sie, das Christentum anzunehmen. Bei Verden an der Aller wurden 782 angeblich 4500 aufständische Sachsen hingerichtet.

Hakenkreuzes und der Hitlerbilder durch konjunkturbewußte Geschäftsleute wurde gestoppt. Hitlerbilder wurden zensiert und konzessioniert. Einige Einfälle geschickter Reklamechefs blieben ungeschoren. Die Zigarettenindustrie durfte weiterhin Sammelbilder mit historischen Soldatenuniformen und Volkstrachten den Packungen beilegen. Für die Marke »R6«, die bald nach dem Krieg wieder groß im Geschäft war, durfte sogar mit sogenannten Sammelschecks für ein Hitler-Album (und später für ein Olympia-Album) geworben werden.

Das »Deutsche Jungvolk in der Hitler-Jugend« (DJ) bekam im Lauf des Jahres 1934 ein neues Gesicht und beherrschte bald das Erscheinungsbild der Nazi-Jugendorganisation. Weil die Zehn- bis Vierzehnjährigen am leichtesten zu beeinflussen und am begeisterungsfähigsten waren, entwickelte sich ihre Organisation zu einem besonders wichtigen Indoktrinierungsinstrument. Äußeres Anzeichen der Sonderstellung wurde nach dem anfänglichen Uniformen-Chaos (zum Beispiel hier Schirmmützen, dort Barette) die Farbe Schwarz, die beim Jungvolk – ähnlich wie bei der SS – über das NS-Braun dominierte. Braun war lediglich im Sommer das Hemd. Die rot-weiße Armbinde mit dem Hakenkreuz der übrigen HJ trug das Jungvolk nicht. Statt dessen schmückte den rechten Ärmel ein aufgenähtes schwarzes Dreieck mit den Obergebiets- und Gebietsnamen (zum Beispiel »West/Westmark«) und darunter eine farbige runde Scheibe mit der »Siegrune«. Zu den schwarzen Kniehosen beziehungsweise im Winter den langen Skihosen und dem schwarzen Halstuch mit Lederknoten gehörten bald eine schwarze »Windbluse« und ein schwarzes »Schiffchen«, das allerdings meistens nicht als Kopfbedeckung sondern unter dem Schulterriemen getragen wurde. Eine schwarze Skimütze gab es für die kalte Jahreszeit. Den Führern schließlich, angefangen beim »Fähnleinführer« (der eine reichliche Hundertschaft kommandierte), stand ein ganzes Uniform-Arsenal zur Verfügung, bis hin zu schwarzen Schaftstiefeln.

Aus den Wimpeln der Frühzeit wurden genau festgelegte Fahnen: für die »Fähnlein«-Hundertschaft ein ungefähr vier Quadratmeter großes Tuch mit der weißen, blitzähnlichen »Siegrune«. Größer noch und prächtiger war die Jungbannfahne. Die »Jungbann«

(bei der HJ: Bann) genannte Einheit entsprach meist der Kreisorganisation der NSDAP. Ein Jungbannführer (HJ: Bannführer) war der niedrigste »hauptamtliche«, das heißt hauptberufliche NS-Jugendführer. Über ihm rangierte der HJ-»Gebietsführer« für den Bereich eines NSDAP-Gaus.[1] Die Jugendbannfahne war weiß und rot bestickt mit einem flügelschlagenden, Schwert und Hammer in den Krallen haltenden Adler. Das riesige Stück Stoff an einer langen Bambusstange konnte nur von großen und starken Trägern balanciert werden.

Wie gegenüber den Hakenkreuztüchern der SA bestand für Passanten auch gegenüber HJ- und DJ-Fahnen »Grußpflicht«. Der vor der Kolonne hinter dem Fahnenträger marschierende Anführer mußte die Grüße erwidern. Daß er den Arm zwar immer wieder, aber aufs Ganze gesehen doch nicht allzuoft zum »Deutschen Gruß« zu heben brauchte, war ein Indiz dafür, daß viele Erwachsene den Kolonnen und Fahnen möglichst aus dem Wege gingen.

1 *Gau, NSDAP* Größte territoriale Einheit der Hitler-Partei. Dem Gauleiter unterstanden alle haupt- und ehrenamtlichen Parteifunktionäre, zum Beispiel Kreisleiter, Ortsgruppenleiter. Gauleiter hatten keine Befehlsbefugnis gegenüber der SS, SA, HJ, jedoch Einfluß auf alle zivilen Verwaltungsstellen. Im Laufe des Krieges erhielten sie – nicht zuletzt infolge der zunehmenden Luftangriffe – unmittelbare Befehlsgewalt über die gesamte ihnen unterstehende Bevölkerung.

Waren die schwarzen Fahnen für das Jungvolk und insbesondere für dessen Führer ein Symbol der Eigenständigkeit, mit dem man sich eifrig von allen übrigen »braunen Bataillonen« absetzte, so gab es mit diesen doch mindestens auch eine äußere Gemeinsamkeit: die Vielfalt und die Betonung der Ränge und Dienstgrade und die dazugehörigen Abzeichen. Sie hatten gerade bei der männlichen Jugend, in der sich die Neigung zum Rivalisieren, zur Festlegung von »Rangordnungen« und Schaffung von Feindbildern leicht kultivieren, steigern und mißbrauchen läßt, ein besonderes Gewicht. Die Möglichkeit, Rang und Überlegenheit zu gewinnen, lockte so gerade die Aktivsten in die Massenorganisation, deren Uniformierung keineswegs alle zu Gleichen machte.

Der mittlerweile auf den dreizehnten Geburtstag zustrebende Jungvolkjunge Hans K. trug bald das dünne rot-weiße Schnürchen des Jungenschaftführers, das die unterste Stufe der Rangleiter bezeichnete. Längst der Ausbeutung als Schreiberling ledig, machten ihm die beginnenden jungvolkspezifischen Aktivitäten des »Dienstes« einfach Spaß: Wochenendfahrten mit dem Suppentopf über dem Feuer, Übernachtungen im Heu einer Scheune, seltener in mühsam zusammengeknüpften Zelten und das abendliche Lagerfeuer mit den Liedern: »Jenseits des Tales« und »Uns geht die Sonne nicht unter«. Sie waren die beliebtesten – wurden später jedoch verboten, weil so romantische und vagantische Texte wie das Lied von einem jungen Mann, der »die kühle Erde aus dem Grund« griff, um »seine glühend heiße Stirn« zu kühlen, und von »Fürsten in Lumpen und Loden, ehrlos bis unter den Boden« nicht mehr ins Konzept paßten. Andererseits enthielten die neuen hymnischen »Feierlieder«, die zur Sonnwende vor flammenden Holzstößen und bei allen möglichen anderen feierlichen Gelegenheiten intoniert wurden, mit dem Versprechen »Heilig Vaterland, in Gefahren deine Söhne sich um dich scharen« oder der Aufforderung: »Auf hebt unsere Fahnen in den frischen Morgenwind!« ähnliche Gefühlsdrogen, die geeignet waren, bei jungen Menschen Schauer der Ergriffenheit zu erzeugen. Auf diesem Effekt beruhte auch die Beliebtheit der sogenannten Landsknechtslieder, etwa dem von des »(Florian) Geyers schwarzem Haufen« mit der Aufforderung: »Spieß voran, setzt aufs Klosterdach den roten Hahn!«, die allerdings niemand als gegenwartsbezogen verstand. In eine kriegerische Zukunft wies da schon eher das Lied: »Wildgänse rauschen durch die Nacht«, erdacht von dem Kriegsdichter Walter Flex, dessen Buch »Der Wanderer zwischen beiden Welten« bereits die Jugendbünde vor 1933 begeistert hatte.

Seltsam verhält es sich mit jenem Lied, das heute als Beispiel nazistischer Gesinnung und Hitlerscher Weltherrschaftspläne gilt: »Es zittern die morschen Knochen« mit dem Refrain: »Heute gehört uns Deutschland und morgen die ganze Welt.«[1] Da es von einem HJ-Dichter (Hans Baumann) stammte und die SA andere Lieder bevorzugte, wenn sie nach der »Röhmaffäre« überhaupt noch singend durch die Stadt marschierte, wurde dieses Lied fast nur in der HJ und vom Jungvolk gesungen. Sein Kehrreim lautete im Original: »Heute hört uns Deutschland und morgen die

1 »*Heute gehört uns Deutschland*« Falsch zitierter Refrain eines nationalsozialistischen Liedes (Text: Hans Baumann). Die erste Strophe lautet: »Es zittern die morschen Knochen / der Welt vor dem großen Krieg. / Wir haben den Schrecken gebrochen, / für uns war's ein großer Sieg. / Wir werden weitermarschieren, wenn alles in Scherben fällt, / denn heute hört uns Deutschland und morgen die ganze Welt.«

ganze Welt«. Weil er mit einer zusätzlichen Silbe besser im Rhythmus lag, und weil »gehört« wohl auch eingängiger erschien, kam es zu der eigenmächtigen Abänderung »Heute *gehört* uns Deutschland und morgen die ganze Welt«. Wobei die jungen uniformierten Sänger jedoch weiterhin Interpretationsschwierigkeiten mit dem »großen Krieg« hatten, vor dem angeblich die »morschen Knochen« zitterten. Welcher war gemeint? Der letzte? Wieso war der aber »für uns ein großer Sieg«? Ein nächster? Der Führer sprach doch zu dieser Zeit nur vom Frieden! Als Zeichen für die angebliche Friedensliebe des Führers galt denn auch das wegen des abgeänderten Textes formell ausgesprochene Verbot des Liedes, das sich beim Jungvolk allerdings nicht durchsetzte – vielleicht, weil die Pimpfe und ihre Führer die Heuchelei ahnten, ganz gewiß aber, weil sich die Melodie beim Marschieren gut schmettern ließ und weil es Spaß machte, die »morschen Knochen«, also auch die der eigenen »Alten« zittern zu lassen, wie ja überhaupt die pubertäre Opposition der Jungen gegen die Väter von der HJ- und NSDAP-Führung gesteuert und benutzt wurde.

Feier-, Feuer- und Fahnensprüche, meist Zeilen aus Gedichten alt- und neudeutscher Barden, wurden beim morgendlichen Flaggenhissen in Zeltlagern und bei feierlichen Veranstaltungen, an denen es nicht mangelte, von einem Einzelsprecher oder seltener von Sprechchören deklamiert. Außer von Fahnen (zum Beispiel »Wer auf die Fahne schwört, hat nichts mehr, was ihm selbst gehört!«) war oft auch von Freiheit die Rede, wie etwa in der ersten Zeile des Feierliedes: »Nur der Freiheit gehört unser Leben, laßt die Fahnen dem Wind«.

Welche Freiheit? Unter ihresgleichen fühlten sie sich frei, die Zehn- bis Vierzehnjährigen, frei von den Zwängen der phantasielosen Erwachsenenwelt, frei vom Einfluß der Eltern. Das Leben in ihrer Gruppe, deren Sprache, Lieder und Regeln war ihnen wichtig. Außerdem blieb bei allem Jungvolk-»Dienst« noch viel freie Zeit übrig, die als echte Freizeit erlebt wurde. Der politische Freiheitsbegriff begann sich bei ihnen erst auszuprägen. Er bezog sich auf die Freiheit der Nation, weil sie als politisches Schlagwort schon die Weimarer Republik beherrscht hatte. Damals verstand man darunter die Befreiung der besetzten Gebiete, die Entlastung von den drückenden Reparationszahlungen, außenpolitische und militärische Gleichberechtigung, Rückkehr der abgetrennten Gebiete. Ziele, die die geduldige und mühsame Politik eines Außenministers Stresemann und eines Reichskanzlers Brüning bis Ende 1932 teilweise erreicht hatte. Mit der Blickrichtung auf die restlose Revision des Versailler Vertrages[1] marschierte die »Volksgemeinschaft« nun willig voran in die Diktatur und verzichtete unversehens, zum Teil aber auch leichten Herzens, auf die demokratischen Freiheiten, ja auf Freiheit der privaten Lebensführung. Der Jugend an der Spitze dieser Marschkolonne war es selbstverständlich, daß man dabei Unbequemlichkeiten in Kauf nehmen, den »inneren Schweinehund« überwinden müsse. Trotz Schillers »Don Carlos« als Schullektüre war den Oberschülern »Gedankenfreiheit« ein abstrakter Begriff geblieben, denn zum eigenen Denken mangelte es an Kenntnissen, Erfahrungen und an einer Moral, die nicht an die Vorgaben der neuen Herren gebunden war. Hans K. konnte sich an kein Vorbild, kein vorgelebtes Beispiel halten, das ihm eine andere Orientierung ermöglicht hätte.

Die Weltanschauungsmelodie der Verführungsflöte enthielt Töne, die stark auf junge Menschen wirkten und zum Beispiel ihre Resonanz in dem eigenartigen, sozusagen gutnachbarlichen Verhältnis von Jugend und Tod fanden. Zu allen Zeiten haben junge Menschen den Tod spielerisch herausgefordert. (Heute geschieht dies meist mit dem Motorrad und dem Auto). Die Bereitschaft zum tödlichen Risiko wurde zielstrebig auf einen in Zukunft angeblich unvermeidlichen »Existenzkampf des deutschen Volkes« gegen eine »jüdischbolschewistische Weltverschwörung« hingelenkt – zunächst allerdings vorsichtig und verdeckt. Während vor dem Ersten Weltkrieg humanistische Studienräte ihren Schülern mit Horaz einredeten, daß es »süß und ehrenvoll« sei, »für das Vaterland zu sterben«, ließ

---

[1] *Versailler Vertrag* Nach dem Waffenstillstand vom November 1918 beendete der am 28. Juni 1919 in Versailles geschlossene Friedensvertrag zwischen Deutschland und den Ententemächten Frankreich und England den Ersten Weltkrieg. Er besiegelte Gebietsabtretungen (zum Beispiel Westpreußen, Oberschlesien, Saargebiet), die französische Besetzung des Rheinlandes und Reparationszahlungen (1924 wurden sie auf jährlich – bis 1959 – 2,4 Milliarden Goldmark festgesetzt, 1932 bis auf 3 Milliarden erlassen). Das sogenannte Schanddiktat wurde von der überwiegenden Mehrzahl der Deutschen als ungerecht empfunden, seine Revision gefordert. Die Agitation der Rechtskonservativen und der Nationalsozialisten gegen den Versailler Vertrag erschütterte jahrelang die Weimarer Republik und ebnete Hitler den Weg.

man die Hitlerjungen aus (zum Teil alten) deutschen Liederbüchern von Tod und Todesbereitschaft singen – vom Tod, der »in Flandern reitet« etwa oder – »Gebt Raum ihr Völker unserem Schritt, wir sind die letzten Goten« – von einer Gefolgschaft, die ihrem Führer »getreu bis in den Tod« ihr Schicksal anvertraute. Eine Sonderstellung nahm dabei das von Baldur von Schirach gedichtete Lied aus dem Film »Hitlerjunge Quex«[1] ein, das mit der Zeile begann: »Vorwärts, vorwärts! schmettern die hellen Fanfaren« und mit der Beschwörung endete: »Ja die Fahne ist mehr als der Tod«. Dieses Lied wurde in den Rang einer Hymne der Hitler-Jugend erhoben. Daß es seine Wirkung nicht verfehlte, besonders bei den Jüngsten, erwies sich in den letzten Tagen des Dritten Reiches.

Eine andere Tendenz besaßen die zahlreichen »Ostland«-Lieder. Der Kult um den Osten (den deutschen wie dem seit 1918 nicht mehr deutschen und darüber hinaus) stand im Jungvolk,

[1] *»Hitlerjunge Quex«* Titel eines nationalsozialistischen Spielfilms von 1933 (Regie: Hans Steinhoff). Die Handlung kulminiert in der Ermordung eines Berliner Hitlerjungen durch Kommunisten 1932. Der Staatsschauspieler Heinrich George, der vor 1933 mit der äußersten Linken sympathisiert hatte und 1936 Intendant des Berliner Schillertheaters wurde, übernahm in dem Film die Rolle eines kommunistischen Arbeiters. George starb 1946 in russischer Internierung.

aber weit mehr noch bei den Mädchen, dem BDM (»Bund Deutscher Mädel«) und dessen »Jungmädeln«, die in der Altersstufe dem Jungvolk entsprachen, in hoher Blüte – auch und vielleicht gerade im äußersten Westen des Reiches, wo kaum einer je über die Elbe hinausgekommen war. Im BDM hatte ganz allgemein das Lied, angefangen bei unschuldigen Volksliedern, einen noch höheren Stellenwert als in der übrigen HJ. Bei den öffentlichen Auftritten, und die auf Aktivität und Selbstdarstellung erpichten NS-Jugendorganisationen ließen keinen der Anlässe ohne Zahl ungenutzt verstreichen, war der Gesang der »Mädels« stets eine sichere Programmnummer, während die männliche HJ vor allem mit den Fanfaren und Landsknechtstrommeln des Jungvolks beeindrucken wollte.

In Oberstein reichte die Zahl der zehn- bis vierzehnjährigen Jungen gerade aus, um drei DJ-Fähnlein zu bilden, jene trotz aller Reglementierung verhältnismäßig selbständigen Hundertschaften, die jeweils wiederum in drei bis vier »Jungzüge« gegliedert waren. Zum »Führer« eines solchen Jungzuges hatte es Hans K. mit dreizehn Jahren gebracht. Im übrigen war er noch fest ins Elternhaus eingebunden. Die großen Ferien etwa wurden getreulich zwischen Jungvolk und den Eltern aufgeteilt, und Weihnachten wurde doppelt gefeiert – mit »Stille Nacht, heilige Nacht« und dem kerzenbestückten Christbaum zu Hause und mit »Hohe Nacht der klaren Sterne« und ebenfalls Kerzenschein auf dem Jungvolk-Heimabend. Für ihn hatte die Weihnachtsstimmung im elterlichen Wohnzimmer durchaus das Übergewicht, und das nicht nur, weil es in jedem Jahr Bücher als Geschenke gab.

Der Vater war bald ausgesöhnt mit der Mitgliedschaft seines Sohnes in der HJ, war er doch selber im Laufe des Jahres 1934 in »die Partei« eingetreten – ob aus Überzeugung oder Opportunismus, mit anderen Worten aus Rücksicht auf die Bank, zu deren Kunden besonders die kleinen Handwerker und Geschäftsleute gehörten, von denen viele »Parteigenossen« waren, war Hans K. nie ganz klar geworden. Darüber fand selbst nach dem Krieg zwischen Vater und Sohn keine Aussprache statt. Jedenfalls konnte Hans K. der väterlichen Hilfe sicher sein, wenn ein Uniform- oder Ausrüstungsstück für seinen Jungvolkdienst angeschafft werden mußte. Und auch die Mutter beklagte sich nicht, wenn sie die Uniform waschen und pflegen mußte. (Erst »auf Fahrt« und im Zeltlager lernte Hans K., wenigstens einen abgerissenen Knopf anzunähen.) Ihre Sorge galt dem langen Fernbleiben des Sohnes von Zuhause, hin und wieder sogar über Nacht, und wenn es draußen kalt wurde, beunruhigten sie die nackten Knie. Daß sich der Junge ja nicht erkältete! Als er mit einer Führerschnur dekoriert wurde, teilte sie seinen Stolz. Daß seine Noten in der Schule abzusacken begannen, fanden die Eltern allerdings weniger gut.

Der Jungvolkdienst hatte Hans K. seinen Büchern nicht entfremden können. Am liebsten las er immer noch die aus seinen alten Interessengebieten: Natur, Technik (einschließlich der Zukunftsromane von Hans Dominik) und Indianer. Allerdings begann die auf den Markt drängende Literatur der »neuen Zeit« ihnen den Rang abzulaufen. Bücher über den Ersten Weltkrieg erschienen zuhauf. Im Bücherschrank des Vaters standen außer einem langweiligen, aber großformatigen »Weltbrand 1914-1918« von Walter Bloem und einer ungenießbaren Regimentsgeschichte keine Kriegsbücher. Zum Bestand an Büchern der neuen Art in Hans K.s Bücherregal gehörten alsbald P. C. Ettighoffers »Gespenster am Toten Mann« und Zöberleins »Glaube an Deutschland« – beides nationalistische, den Krieg im Kern glorifizierende Frontkämpferromane sowie der aus dem Jahr 1876 stammende Gotenroman »Kampf um Rom« von Felix Dahn (in dem übrigens eine schöne Jüdin ihr Leben opfert, um den Ostgotenkönig Totila vor einem Hinterhalt zu retten) und Gustav Freitags altehrwürdige »Ahnen«. Am letzten Schultag vor den großen Ferien, an dem einige Lehrer das Vorlesen aus Wunschbüchern gestatteten oder es gar selbst übernahmen, brachte er Graf Lucknars »Seeteufel« mit – eine Seefahrts- und Abenteuererzählung, aber auch ein Kriegsbuch –, das den ungeteilten Beifall der Klasse fand. Schon seit geraumer Zeit hatte er zu Hause darauf gedrängt, daß Heinrich Heine, von dem er kein einziges Wort gelesen hatte, aus dem väterlichen Bücherschrank verschwinden müsse, wo er, unberührt auch von den Eltern, repräsentiert hatte. Nun hatte der Quartaner nochmals Gelegenheit, mit diesem Dichter abzurechnen. Gleich nach der Rückgliederung des nahen Saargebiets schaltete die Propaganda auf Verständigung mit Frankreich um, in der Schule wurden Briefpartnerschaften mit französischen Schülern vermittelt. Hans K. machte mit. Bei dem ersten Austausch von Nachrichten über Wohnort und Schule schrieb der Partner auf seinem hellblauen Briefpapier, daß sie in der Schule Gedichte von Heinrich Heine läsen, dem großen deutschen Dichter. Als er zur Antwort erhielt, Heine sei kein Deutscher, sondern ein Jude gewesen, blieben die hellblauen Briefe künftig aus.

Von der Bücherverbrennung im Jahr 1933 hatte Hans K. selbstverständlich gehört. Nicht mitbekommen hatte er jedoch, daß der Verfasser eines Jugendbuches, das er als Leihbuch begeistert gelesen hatte, und dessen Verfilmung zu seinen frühen Kino-Erlebnissen gehört hatte, auf der Liste der verfemten Autoren ganz oben stand: Erich Kästner.

Mit dreizehn Jahren blätterte Hans K. zum ersten Mal in Hitlers »Mein Kampf«. Die knappe Jugendschilderung des Führers, in der er sich rühmte, ein kleiner Rädelsführer gewesen zu sein, gehörte ja zum Schulungsmaterial des Jungvolks. Sonst überblätterte er das meiste. Einiges aber erregte doch – zu diesem Zeitpunkt oder etwas später – seine Aufmerksamkeit: Hitlers Feinderklärung gegenüber dem »Weltjudentum«, sein Spott über die Torheit des Zweifrontenkrieges, seine Verdammung des »Novemberverrats«[1] von 1918, das Hohelied, das er der Propaganda sang.

Sowenig wie die Bücherverbrennung berührte auch der von der goebbelsschen Sprachregelung so genannte Röhmputsch die Hitler-Jugend und das Jungvolk. Die meisten Erwachsenen hüteten sich, mit Jugendlichen darüber zu reden, und deren Glaube an offizielle Verlautbarungen war noch unerschüttert. Daß Hitler sich zum »obersten Richter« aufgeworfen hatte, schien ihnen ganz in Ordnung. Von einer Verfassung, einer Rechtsordnung und von Gesetzen war in der Schule nie die Rede gewesen. Über diese Begriffe bestand bei Hans K. und seinen Altersgenossen nur eine nebelhafte und völkisch-romantisch gefärbte Vorstellung. Hinzu kam, daß die Jungvolkführerschaft aus einem selbst angemaßten »Elitegefühl« heimlich über »braune Spießer und Bonzen« spottete und das Schicksal der SA-Führung nicht weiter bedauerte.

Jungvolkführer führten ungefähr von ihrem vierzehnten Lebensjahr an ein Doppelleben. Es bestand einmal aus dem »Dienst«, der mit Vorbereitung, Schreiberei, Führerbesprechungen und Schulungen weit mehr Zeit beanspruchte, als ein gewöhnlicher Jungvolkjunge aufbringen mußte, und zum andern aus einem immer noch überwiegend privaten Dasein, zu dem auch die Schule gehörte. Von »Privatleben« war nicht die Rede. Statt dessen benützten die älteren Führer dafür, genauer gesagt für ihre Flirts, ironisch die von der Propaganda bis zum Überdruß abgenutzte Floskel vom »Dienst am Volk«. So weit war Hans K. noch nicht, als plötzlich Religion und Kirche ihre Ansprüche geltend machten.

Wie die weitaus überwiegende Mehrzahl der Einwohner der kleinen Stadt waren die Eltern evangelisch, aber ohne engere Bindung an die Kirche. Außer einem Kindergebet, das die Mutter abends am Bett mit ihm gesprochen hatte, als er sehr klein war, und das bald von der immer wieder gewünschten Gute-Nacht-Geschichte »Der klei-

---

[1] *Novemberverrat* Im Oktober 1918 drängte die deutsche Heeresleitung auf Waffenstillstand. Nach Ausbruch der Revolution am 9. November unterschrieb die republikanische Regierung den Waffenstillstand. Die politische Rechte beschuldigte sie deshalb des Verrats.

ne Hävelmann« abgelöst worden war, hatte die Religion in seinem Leben keine Rolle gespielt. Sonntags ging man spazieren, nicht in die Kirche. Und der Religionsunterricht in der Schule war ein langweiliges Fach, das hingenommen wurde, bis ein Erlaß die Teilnahme freistellte. Trotzdem war bei den Eltern und der Verwandtschaft nicht im geringsten umstritten, daß der Sohn konfirmiert und dies gemäß der Tradition in einem Wirtshaus gefeiert werden mußte – allein schon der Großmutter zuliebe, die als einzige regelmäßig den Gottesdienst besuchte, obwohl (oder gerade weil?) der Großvater Freidenker war.

Hans K. fügte sich in das Unvermeidliche. Es gab sogar einen Grund, der ihn den Tag mit einiger Ungeduld erwarten ließ: der dunkle Anzug mit den langen Hosen und ganz allgemein das Recht, nach der Konfirmation lange Hosen tragen zu dürfen. Vorher gab es das für Jungen im schulpflichtigen Alter nicht. Erst das Jungvolk hatte Hans K. und seine Altersgenossen davon erlöst, im Winter zu kurzen Hosen lächerliche, lange Wollstrümpfe anziehen zu müssen. Zunächst froren sie sich in den vorgeschriebenen hellblauen Kniestrümpfen bei Frost die Knie blau, dann bescherte ihnen der Reichsjugendführer für Schnee und Eis zur Uniform die schwarzen »Überfallhosen« (so genannt, weil sie unten weit auf die Schuhe fielen), die nichts anderes waren als eine Art Skihosen.

Vor die Konfirmation hatte die Kirche den Konfirmationsunterricht gesetzt. Kein Zufall war es, und es wurde von der Hitler-Jugend auch als Konkurrenzabsicht gewertet, daß diese Vorbereitungszeit, die bisher ein Jahr gedauert hatte, nun plötzlich auf zwei Jahre verlängert worden war, also ein Jahr früher begann. Außerdem gehörte Pfarrer Bido ganz sicher nicht zu den Freunden des hitlerbegeisterten »Reichsbischofs« Müller. Bido ließ seine zukünftigen Konfirmanden, die sich zweimal wöchentlich im Gemeindesaal einzufinden hatten, außer einem halben Dutzend Psalmen die Namen sämtlicher Propheten aus dem Alten Testament auswendig lernen. Seine Autorität – und die der Eltern – war groß genug, jede Meuterei dagegen zu ersticken. Hans K.s Unzufriedenheit richtete sich weniger gegen den Zwang, sich alte jüdische Namen einprägen zu müssen, als gegen die geforderte Pauk- und Gedächtnisleistung.

Pfarrer Bido fürchtete sich offensichtlich nicht davor, wegen seines Unterrichts bei der Gestapo angeschwärzt zu werden. Am wenigsten brauchte er eine Denunziation von jenen Konfirmanden zu befürchten, die im Jungvolk die erste Führerschnur trugen. Weder hier noch später bei anderen Gelegenheiten – etwa bei ständigem »Dienstschwänzen« nach Erlaß des »Staatsjugendgesetzes« – erging aus dem Jungvolk in der kleinen Stadt irgendeine politische Denunziation, sei es eine Meldung nach oben in der eigenen Organisation, sei es von dort an die Gestapo. Das hatte zwei Gründe: Zum einen wollte das auf Eigenständigkeit bedachte Jungvolk seine Schwierigkeiten »intern« selbst bewältigen, zum anderen galt Denunziantentum als feige. Der Jungvolkführer, der »vor der Front« seiner Jungen verlangte, daß sich derjenige, der etwas angestellt hatte, melden solle, akzeptierte es, wenn Mitwisser ihn nicht verpfiffen. Eine Aufforderung zum Verrat war undenkbar, und ein Informant, auch ein heimlicher, hätte seine Verachtung zu spüren bekommen. Damit wollte man sich ganz nebenbei auch von der in den Schulen geübten Praxis unterscheiden. Die Kehrseite war, daß »der ganze Haufen« gegebenenfalls für etwas einstehen mußte, was ein einzelner, der nicht dingfest zu machen war, eingebrockt hatte.

Der Konfirmandenunterricht schränkte – neben dem Jungvolkdienst und den Schularbeiten – die private Freizeit weiter ein. Dennoch fehlte Hans K. fast nie, auch nicht am Sonntagmorgen in der Kirche, deren Besuch für die Konfirmationskandidaten obligatorisch war, obwohl es des öfteren zu Kollisionen mit dem Jungvolk-Dienstplan kam. Der Grund für solchen scheinbaren Eifer war keinesfalls religiöser, sondern höchst weltlicher Natur. Hans K., dreizehn Jahre, war zum erstenmal verliebt. Weil Jungen und Mädchen ihren Konfirmandenunterricht getrennt, aber unmittelbar nacheinander hatten, standen die Mädchen schon draußen vor der Tür, wenn die Jungen aus dem Saal kamen. Das hübscheste Mädchen des Jahrgangs hatte es Hans K. angetan, schon in der Volksschule war es ihm aufgefallen. Sich der Angebeteten direkt zu nähern, wagte er, schüchtern wie er war, aber nicht. Schon wenige Jahre später sollte sich das ändern, ganz allgemein aufs weibliche Geschlecht bezogen. Zur Zeit des Konfirmandenunterrichts aber begnügte er sich damit, das Mädchen, das ihm Herzklopfen verursachte, sooft wie möglich zu sehen. Und das war mit der unfreiwilligen Hilfe des Pfarrers regelmäßig möglich – auch und besonders lange in der Kirche.

Etwa ein Jahr später gewann Hans K. seinen drei Jahre älteren Fähnleinführer zum Freund. Er strahlte eine natürliche Autorität aus, Hans eiferte ihm nach. Paul Stolz war Unterprimaner, ein schwarzhaariger, feingliedriger junger Mann, der ganz und gar nicht dem Bild eines Hitlerjungen entsprach, wie es von der Propaganda gemalt wurde.

Paul Stolz, der Geschichte studieren wollte, verstand es, das Heimabendthema des Jungvolks in dieser Periode, mittelalterliche Reichsgeschichte und Bauernkriege, seinen Jungzugführern nahezubringen. Die mit ihm unternommenen »Führerfahrten« in die nähere Umgebung hatten noch einen bündischen Anhauch. Das Gespräch am Lagerfeuer mündete stets in Diskussionen über Vergangenheit und Zukunft, die keineswegs nur in den Gleisen der NS-Sprachregelung verliefen, wenn sie freilich auch von Reichsromantik und großdeutschen Utopien durchtränkt waren. Auch außerhalb des Jungvolks war Paul Stolz für seinen Jungzugführer Hans K. ein Vorbild. Die Energie, mit der er für sein Abitur Geschichte paukte, beeindruckte den Jüngeren, aber mehr noch, wie er hartnäckig und erfolgreich ein Mädchen umwarb. Daß es die Tochter des Bürgermeisters war, hätte in einer Zeit, in der zumindest die Jugend keine sozialen Unterschiede kennen und anerkennen wollte, eigentlich keine Bedeutung haben dürfen, erweckte aber unterschwellig doch einen gewissen Respekt. Nach seinem Abitur mußte Paul Stolz zum Arbeitsdienst. Danach konnte er gerade noch sein Studium beginnen, bevor er zur Wehrmacht eingezogen wurde. Weil er nur knapp mittelgroß war, kam er zur Panzerwaffe. Er verbrannte in seinem Panzer in Rußland.

Ein Freund ganz anderen Zuschnitts war Heinz Hoffmann. Gleichaltrig drückte er im selben Klassenzimmer die Schulbank wie Hans K. Doch während dieser sich außerhalb der Schule voller Begeisterung im Jungvolk abrackerte und seinen Ehrgeiz daran setzte, »seinen« Jungzug zum »besten« zu machen, war Heinz Hoffmann in der allgemeinen HJ nur nominelles Mitglied. Die Uniform war ihm ein Graus. Vielleicht gerade deshalb, und weil er in seiner Gelassenheit bereits erwachsen wirkte, fühlte sich Hans K. zu ihm hingezogen, entstand eine enge freundschaftliche Bindung. Der frühreife Freund gab ihm Anregung und Rat auf einem Gebiet, auf dem Hans K. noch keine Erfahrung besaß – dem Umgang mit Mädchen. Heinz Hoffmann wurde schon mit achtzehn, kurz vor Kriegsbeginn, Vater und heiratete. Seine Ehe hielt ein ganzes Leben.

Heinz Hoffmann war in allem ziemlich genau das Gegenteil von ihm. Dunkelhaarig, schien er selbst im Winter sonnengebräunt, während Hans K. im Sommer physisch unter Sonnenbrand und psychisch unter Sommersprossen litt. In der Schule konnte Heinz Hoffmann nichts in Aufregung versetzen. Wie viele verließ er die Klasse mit dem sogenannten »Einjährigen«-Abgangszeugnis.

Heinz Hoffmanns Vater, ein großer, stattlicher Mann, war kriegsblind. Er behandelte den Freund seines Sohnes nicht unfreundlich, ließ sich mit ihm aber nicht auf längere Unterhaltungen ein. Der Grund wurde Hans K. nach einer Weile klar. Ihm fiel auf, daß der Blinde nicht nur den Hitlergruß, sondern auch sorgfältig das NS-Vokabular vermied, das die Alltagssprache immer mehr zu beherrschen begann. Andeutungen des Freundes kamen hinzu: Der Vater war Sozialdemokrat gewesen und geblieben. Das verminderte K.s Respekt vor dem Kriegsblinden nicht. Im Jungvolk hatte Hans K. nicht gelernt, politische Gegner zu hassen. Gerade weil Jungvolkführer hochmütig genug waren zu glauben, die sogenannte nationalsozialistische Weltanschauung im Gegensatz zu gewissen Parteibonzen »richtig« zu verstehen, duldeten sie auch eine gegnerische Meinung, wenn auch in dem festen Glauben, daß sie falsch sei und bei besserer Unterrichtung ganz von selbst von der richtigen, nämlich ihrer, verdrängt werde. Als einige Zeit vor dem Krieg Gerüchte von offenen Gegnern der HJ, den »Edelweißpiraten« (siehe S. 239), umgingen, bewunderten Jungvolkführer im vertrauten Kreis ungeniert den Mut dieser Altersgenossen.

Vielleicht hätte ein offenes Wort dieses Kriegsblinden Hans K. früher zum Nachdenken bringen können, doch kam ihm nicht in den Sinn, mit dem Vater des Freundes ein politisches Gespräch anzuknüpfen, ihm Fragen zu stellen. Hätte er sich doch als Jungvolkführer eine »weltanschauliche« Blöße gegeben! Und was hätte er überhaupt fragen sollen! Etwa: »Sind Sie gegen den Führer? Und wenn ja, warum?« Der wohl auch durch seine schwere Versehrtheit wortkarge Mann blieb seinerseits einsilbig. Möglicherweise spielte die Furcht vor einer Denunziation eine Rolle. Der Gedanke, daß der Blinde deswegen auch ihm, dem Freund seines Sohnes, gegenüber vorsichtig sein könnte, kam Hans K. nicht. Von der Gestapo wußte er zu diesem Zeitpunkt viel zuwenig. Von ihrem Terror hatte ein durchschnittlicher Heranwachsender, auch wenn er Jungvolkführer war, im Normalfall keine Ahnung. Daß es zum Beispiel Menschen Überwindung kostete, ständig mit »Heil Hitler!« grüßen zu müssen, und manche dies vermieden, wo es nur möglich war, und deshalb ein »ziviler« Gruß schon ein Signal gegen die NS-Konformität sein konnte, kam einem Jungvolkführer kaum in den Sinn. Schon deshalb nicht, weil er selbst keineswegs ständig »Heil Hitler«-grüßend umherlief, sondern im täglichen Umgang mit Altersgenossen einen unter Jugendlichen ortsüblichen Gruß gebrauchte (der ungefähr wie die deutsche Aussprache des englischen Wortes »you« klang). Trug man Uniform, grüßte man sich außerdienstlich kumpelhaft mit »Heil!«.

Mit seinem HJ- und jungvolkfernen Freund unternahm Hans K. eine Radtour nach Oberbayern. Es war seine größte und – ein Jahr vor dem Krieg – seine letzte. Vom Freund animiert, probierte er das Rauchen und fand Geschmack daran.

Hans K. war inzwischen einer der drei Fähnleinführer in der Stadt geworden. Das sehnlich erstrebte Ziel war erreicht. Jetzt glaubte er, seine Vorstellungen von einer attraktiven und nach außen repräsentativen Gestaltung des Dienstes verwirklichen zu können und machte sich eifrig an diese Aufgabe. Sie bot ihm schnell Gelegenheit, die als angebliches »Führerwort« hochgelobte Maxime: »Schwierigkeiten sind nicht da, damit man vor ihnen kapituliert, sondern damit man sie überwindet« auf ihren Nutzeffekt zu prüfen.

Da gab es das Problem mit den Heimen. Jedes Fähnlein brauchte mindestens einen Raum, in dem die Jungzüge abwechselnd ihre Heimabende veranstalten konnten. Solche Räumlichkeiten wurden der Hitler-Jugend keineswegs mit großer Geste in Pracht und Herrlichkeit zur Verfügung gestellt. Es blieb den Führern überlassen, irgendwo einen geeigneten leerstehenden Raum ausfindig zu machen, dessen Benutzung dann allerdings vom Eigentümer nur schwer verweigert werden konnte. In der Regel war ein solcher Raum in schlechtem Zustand. Er mußte zunächst mühsam gereinigt, ausgebessert und verschönert werden. Bänke, Stühle, ein Tisch mußte man zusammenschnorren. Sehr viel änderte sich daran auch nicht, nachdem die HJ 1936 »Staatsjugend« geworden war. Zwar stellte die Stadtverwaltung das gut erhaltene Gebäude eines ehemaligen kleinen medizinischen Bades zur Verfügung, doch es war nicht einfach, darin eine »Heim-Atmosphäre« herzustellen.

Ein anderes Sorgenkind war die Uniform. Gerade dann, wenn fast alle Jungen zum Dienst erschienen, zeigte sich: Viele besaßen sie nur unvollständig. Die verschiedenen Kleidungsstücke, die dazu gehörten, zum Beispiel die schwarze Windbluse, die Winter-Skihose, das lederne Koppel und der Schulterriemen waren ja nicht ganz billig. Alles aber mußten die Eltern bezahlen. Das Jungvolk konnte von den dreißig Pfennigen Monatsbeitrag, die jeder zu allem Überfluß auch noch entrichten mußte, keinen Zuschuß zahlen. Dieses Geld mußte »nach oben«, an den Jungbann, abgeführt werden. Die Fähnlein erhielten zwar einen Pauschalbetrag zur Deckung von Unkosten zurück, doch der war lächerlich gering.

Auch in der kleinen Stadt besserte sich allmählich die wirtschaftliche Lage. Außerdem trugen die meisten Jungen einzelne Teile der Uniform, besonders die Hosen, die kurzen wie die langen, sowie die schwarze Bluse und die Mütze auch außerhalb des Dienstes. Das wurde stillschweigend geduldet. Sonst durfte die vollständige Uniform »privat« nur zu Familienfeiern, nicht aber bei sonstigen Unternehmungen der Jungen getragen werden – besonders nicht zum gewöhnlichen Schulunterricht. Mit der durchgängigen Benutzung einzelner Uniformteile amortisierte sich die Anschaffung der Zwangskleidung mit der Zeit für die geplagten Eltern. Das hatte andererseits zur Folge, daß schließlich alle eine vollständige Uniform besaßen. Bei allgemeinen NS-Veranstaltungen wie Aufmärschen und Kundgebungen am 1. Mai[1] und 9. November (siehe S. 246) diente deshalb das Jungvolk in der kleinen Stadt, in der die übrigen NS-Formationen nicht gerade eine überwältigende Mitgliederzahl aufwiesen, als willkommene Dekoration. Schwierig wurde es, wenn zu Fahrten oder für eine Großveranstaltung mit Übernachtung zusätzliche Ausrüstungen mit Tornistern, Decken und Zeltbahnen beschafft werden mußten.

Trotz Bemühungen der meisten Jungvolkführer, den Dienst so zu gestalten, daß er den Jungen Spaß machte, gab es in jedem Fähnlein eine mehr oder weniger große Anzahl, die ihm sehr oft fernblieben. Das änderte sich auch nicht nach dem Erlaß des Staatsjugendgesetzes, das Mitgliedschaft und Dienstteilnahme zur Pflicht machte. Dem sollten drangsalierende »Elternbesuche« abhelfen. Die Führer sollten die Eltern aufsuchen und ihnen »klarmachen«, was der Jungvolkdienst an Sport, Spiel, körperlicher und angeblich geistiger »Ertüchtigung« biete, und nicht zuletzt auch, daß die Erziehungsberechtigten verpflichtet seien, die Kinder zum Dienst zu schicken.

Die meisten der hartnäckigen Dienstschwänzer wohnten in den Gassen, die in einer Großstadt das Proletarierviertel gebildet hätten. Zwar argwöhnte Hans K., als er allein oder zusammen mit einem seiner Jungzugführer solche Elternbesuche absolvierte, daß es die Eltern sein könnten, die auf irgendeine Weise am Dienstschwänzen ihrer Kinder Schuld trügen, doch kam es ihm nicht in den Sinn, dahinter etwas anderes als falsche Vorstellungen über das Jungvolk zu vermuten. Er spürte auch, daß »zackiges« Auftreten fehl am Platz war, aber daß er mit seinem Gemisch aus Höflichkeit und Beredsamkeit auf wortkarge Zurückhaltung stieß, enttäuschte ihn doch. Daß er trotzdem überall sehr schnell von den Müttern oder auch von den Vätern, die jedoch nur selten zu Hause anzutreffen waren, vage Zusicherungen erhielt, den Sohn künftig zum Jungvolkdienst zu schicken, deutete er in der Tendenz zwar nicht falsch, wenn er mein-

1 *1. Mai* Der 1. Mai, als traditioneller »Kampftag« der Gewerkschaften, wurde 1933 zum »Nationalen Feiertag des deutschen Volkes« erklärt. Von da an bis zum Zweiten Weltkrieg fanden offizielle Aufmärsche der »Arbeiter der Faust und der Stirn« unter Zwangsbeteiligung der Betriebsbelegschaften statt. Am 2. Mai 1933 wurden die Gewerkschaftshäuser von SA und SS gestürmt und geschlossen, anschließend wurden die Gewerkschaften (in denen es Tendenzen zu freiwilliger Auflösung gab) verboten. Als Ersatz-Zwangsorganisation für Beschäftigte und Unternehmer fungierte fortan die Deutsche Arbeitsfront (DAF) (siehe Anm. S. 40)

te: »Miesmacher, die ihre Ruhe haben wollen«, doch daß die Eltern sich und ihre Kinder von dem jungen Nazi nicht politisch einvernehmen lassen wollten, ahnte er in seiner Naivität nicht.

Seine Welt, die des Jungvolks, stand zwar unter dem Leitstern des Führers Adolf Hitler, doch existierte sie scheinbar neben der Welt der Erwachsenen und weitgehend abgeschlossen von ihr. Selbst von den »großen Ereignissen« jener Jahre wurde dieses nationalsozialistische Jugendreservat im Grunde wenig berührt. Der Einmarsch deutscher Soldaten in das linksrheinische Gebiet im März 1936 war nach der Wiedereinführung der Wehrpflicht allgemein erwartet worden.

Als die Synagoge brannte

Auch Oberstein wurde remilitarisiert, unübersehbar. Auf dem beherrschenden Höhenrücken über der Stadt begann der Kasernenbau. Als kleiner Junge hatte Hans hier Achate aus dem Felsen gehämmert. Was er nun durch die Bagger verlor, dessen wurde er sich erst viel später bewußt, als andere Verluste weit schwerer wogen. Die Kasernen überstanden im übrigen den Krieg und dienten danach, alsbald um ein Vielfaches erweitert, wieder ihrem Zweck, so wie auch der Truppenübungsplatz, der 1937 etliche Kilometer südwestlich der Stadt angelegt wurde. Fünf Dörfer fielen ihm zum Opfer. Ihre Bewohner wurden nach Ostdeutschland »umgesiedelt«. Der Flecken Baumholder verlieh dem Truppenübungsplatz den Namen.

Über die Umsiedlung der Bauern war nichts Offizielles zu erfahren. Der Truppenübungsplatz war militärische Geheimsache und strenges Sperrgebiet. Unter der Hand sprach sich natürlich herum, was dort vorging; denn das Gebiet um Baumholder war trotz seines kargen Bodens landwirtschaftliches Hinterland der Kleinstadt. Zwar klingelte die Butterfrau aus Ausweiler, dem nächstgelegenen der betroffenen Dörfer, schon lange nicht mehr wie früher regelmäßig an der Wohnungstür, weil ihre Butter längst »bewirtschaftet« war (was noch keine eigentliche Rationierung bedeutete). Dennoch merkte Hans K., was dort bei Baumholder und bereits nahe der Stadt auf den bewaldeten Höhen geschah. Mit dem Bachtal, in dem er früher Indianer gespielt hatte, begann das Sperrgebiet. Und der elterliche Auftrag, mit dem Fahrrad – wenn auch beschwerlich bergauf – nach Ausweiler zu fahren, um dort Bauernbrot zu kaufen, blieb auch aus. Für »Geländespiele« des Jungvolks war noch in anderen Himmelsrichtungen genug Raum. Der Wiederaufrüstung, der Erstarkung Deutschlands, mußten eben Opfer gebracht werden. Solche Propagandaparolen taten ihre Wirkung – zumindest bei der Jugend. Daß das alles der Erhaltung des Friedens dienen sollte, wie Hitler immer wieder beteuerte, glaubte Hans K. dem Führer – noch. Die von der NS-Partei in Umlauf gesetzten Gerüchte – Flüsterpropaganda genannt – beschwichtigten sein Gerechtigkeitsgefühl: Die Kleinbauern der zwölf Westrichdörfer auf dem Truppenübungsplatz Baumholder, besagten sie, würden in Pommern große, neue Höfe erhalten. Da Hans K. und seine Eltern niemanden aus diesen Dörfern näher kannten, ging man zur Tagesordnung über. Geraume Zeit später hörte er, das evakuierte Ausweiler sei von der Artillerie als realistisches Übungsziel zusammengeschossen worden und nur noch ein Trümmerhaufen.

In den zwei Jahren zwischen der Remilitarisierung des Rheinlandes und dem »Anschluß« Österreichs[1] gab es für Hans K. neben Schule und knapp gewordenem »Privatleben« vor allem seine Führerschaft im Jungvolk. Darin ging er ganz auf. Die »große Politik« spielte kaum eine Rolle. Es waren die Jahre des relativ selbständigen, noch nicht durch direkte, unkaschierte vormilitärische Erziehung verödeten Deutschen Jungvolks in der HJ, das stolz hinter seinen schwarzen Fahnen marschierte – sooft wie möglich aus der Stadt hinaus, um die letzten Reste bündischer Jugendbewegung auszuleben.

Der »Anschluß« Österreichs (das sehr schnell nur noch Ostmark genannt wurde) mit dem bis dahin ungehörten »sägenden«, nicht-enden-wollenden Sieg-Heil-Geschrei der Hunderttausend in Wien drang aus dem Radiolautsprecher. In Hans' Heimatstadt wurde die Geburt »Großdeutschlands« mit ungeteilter Zustimmung aufgenommen – im Gegensatz zum Kasernenbau. Er hatte den »Anschluß« erwartet, und zwar seit einem Jahr schon, als er auf einer Ferienreise mit den Eltern von Kiefersfelden aus an einer Felswand jenseits der Grenze ein riesiges Hakenkreuz erblickte. Diese Reise war eine der ersten »Kraft durch Freude«-Veranstaltungen, mit denen die »NS-Arbeitsfront« die Arbeiter bei Stim-

1 *Österreich* Am Ende des Ersten Weltkriegs brach Österreich-Ungarn (Habsburger Monarchie) zusammen. Am 12. November 1918 wurde in Wien die »Republik Deutsch-Österreich« ausgerufen, von der das Sudetenland und Südtirol ausgeschlossen blieben. Der Anschluß an das Deutsche Reich (Volksabstimmung in Tirol und Salzburg 1921 mit 90 Prozent »Ja«) wurde im Vertrag von den Siegermächten verboten. In der Folgezeit entstand allmählich ein eigenes Staatsbewußtsein. Einer schweren Notlage folgten 1934 die blutige Niederschlagung eines Arbeiteraufstands, eine autoritäre (klerikal-faschistische) Verfassung und ein nationalsozialistischer Putschversuch, bei dem der Bundeskanzler Dollfuß ermordet wurde. Nachdem Italien (Mussolini) seine Schutzhaltung gegenüber Österreich aufgegeben hatte, setzte Hitler im Februar 1938 die Regierung Schuschnigg unter Druck und ließ am 12. März 1938 deutsche Truppen in seine Heimat einmarschieren. Österreichische Nationalsozialisten begannen sofort mit brutaler Verfolgung von Juden und politischen Gegnern.

mung halten wollte. Über die politische Lage in Österreich fühlte er sich durch seinen Jungbannführer Hans Margreiter bestens unterrichtet; denn der hauptamtliche Jungvolkführer für zwei Landkreise war ein junger Tiroler, der im »Reich« Karriere gemacht hatte. Als ehemaliger österreichischer »Illegaler« durfte er zum kleinen Dienstanzug weiße Kniestrümpfe tragen statt der obligatorischen hellblauen.

Für Hans K. – auch für seine Kameraden – war der Tiroler zunächst ein strahlender Held, zu dem er aufsah. Er bewunderte dessen draufgängerische Art. Bei näherem Kennenlernen fanden sich auf dem Heldenbild jedoch ein paar Flecke. Die ironische Art, die Margreiter im Gespräch an den Tag legte, behagte ihm nicht. Und als er einmal das Büro des Jungbannführers betrat und gerade noch mitbekam, wie eine BDM-Führerin von seinen Knien rutschte, verlor der Sechzehnjährige, der von der »Dienstgestaltung« eines Jungbannführers eine andere, hehrere Vorstellung hatte, eine ganze Menge von der Achtung für den Tiroler.

Die »Reichskristallnacht«[1] klirrte im November 1938 lediglich nachträglich im Radio an Hans K. vorbei. Die Hitler-Jugend war, zumindest in seinem Ort, an dem Pogrom nicht beteiligt. Morgens, als Hans K. – wie meist in letzter Minute – zur Schule hastete, war von der Brücke, die er überqueren mußte, schwacher Rauch von einem erloschenen Brand in der Stadt zu sehen. Sie sei abgebrannt, hieß es, angesteckt worden in der Nacht: die Synagoge, von deren Existenz er dabei zum erstenmal erst richtig Kenntnis nahm. Ihm war klar, daß die Brandstiftung nicht »spontan« erfolgt, sondern befohlen worden war. Dazu kannte er die Spielregeln inzwischen zu gut. Irgendwie war ihm die ganze Aktion unsympathisch. Beileibe nicht, weil er die – wie es hieß – »Strafmaßnahmen« gegen die Juden wegen des Attentats auf einen deutschen Diplomaten in Paris mißbilligt hätte, sondern weil ihm Gewalt und Zerstörung Unbehagen bereiteten, und schließlich auch, weil er sie für »propagandistisch ungeschickt« hielt. Aber als

1 *Reichskristallnacht* Organisierte Pogrome gegen Juden in der Nacht vom 9. zum 10. November 1938 auf Initiative von Goebbels nach einem Attentat auf einen deutschen Botschaftssekretär in Paris. SA- und SS-Männer in Zivil zündeten Synagogen an, zerschlugen Schaufenster, verwüsteten Wohnungen, mißhandelten und ermordeten Juden: 91 starben. Mehr als 30 000 Juden wurden anschließend in Konzentrationslagern inhaftiert. Als zusätzliche Repressalie wurde eine Sondersteuer für Juden beschlossen.

blankes Verbrechen mochte er das alles nicht werten, das wären für ihn außer Raubmord und Einbruchdiebstahl, die in der Stadt nicht vorkamen, allenfalls Anschläge gewesen, die sich gegen »Wohl und Ehre des deutschen Volkes« richteten. Die Femmemorde und Attentate gegen Vertreter des »Weimarer Systems«, wie zum Beispiel die Ermordung Erzbergers und Rathenaus in den zwanziger Jahren, gehörten in seinem Verständnis keineswegs dazu, und nun auch die Entrechtung der Juden nicht. Hatte man ihm und seinesgleichen doch in Schule und Schulung, mal vorsichtig und »wissenschaftlich« verbrämt, mal unverblümt plausibel gemacht, daß die Juden für Deutschland und das deutsche Volk »gefährlich und verderblich« seien.

Seine Lehrer und seine Eltern schwiegen zum Brand der Synagoge und dem, was in der Nacht vom 9. zum 10. November 1938 in Deutschland geschehen war. Freilich war ihnen wie allen Nichtbeteiligten außer dem Brand der Synagoge zunächst nur das bekannt, was Goebbels in den Zeitungen und im Radio verlautbaren ließ.

An diesem Morgen stand für Hans K. kein Unterricht bei dem Biologie- und Chemielehrer Dr. F. auf dem Stundenplan. Dr. F., als »Rassenkundler« im Rang eines Politischen Leiters[1], hätte sich wohl kaum, so wie seine Kollegen, die an diesem Morgen mit der Klasse zu tun hatten, eines Kommentars zu dem Pogrom enthalten. Zehn Jahre später erfuhr Hans K. von seiner Verlobten, daß an ihrer Oberschule in Saarbrücken der Biologielehrer am Morgen nach der »Kristallnacht« auf den vom Klassenzimmer aus sichtbaren Rauch der dortigen ausgebrannten Synagoge gedeutet und beifallheischend gefragt hatte: »Ist das nicht schön?!«

Zu Hause hatte es seit dem Eintritt Hans K.s in den NS-Schülerbund im März 1933 kein Gespräch mit dem Vater über Politik mehr gegeben, das diesen Namen verdiente. Die »Reichskristallnacht« änderte daran nichts, sie erst recht nicht. Zehn Monate später war das anders. Da stritten Vater und Sohn lange über den bevorstehenden Krieg, heftig verfocht der Sohn die Unvermeidbarkeit der »schicksalhaften Auseinandersetzung«. Die Mutter hatte schon immer zwischen »guten Juden« wie dem Cottbusser Tuchfabrikanten Sommer-

---

[1] *Politischer Leiter (Amtswalter)* Hauptamtliche und ehrenamtliche Funktionäre der NSDAP. Sie trugen eine gelb-braune Uniform mit Tellermütze.

feld, dem Arbeitgeber ihres Vaters, und anderen unterschieden. Ihnen gegenüber war ihre Abneigung etwa genauso groß wie gegenüber Katholiken. Da sie jedoch Gewalt in höchstem Maße verabscheute – selbst sportliche Boxkämpfe waren ihr ein Greuel –, befand sie sich dem Synagogenbrand gegenüber im Zwiespalt und schwieg. Und Hans K.? Schwieg auch er? Viel später versuchte er vergeblich, sich zu erinnern. Er hatte das beschämende Ereignis offenbar verdrängt.

Ein fernes weltpolitisches Ereignis, der Krieg des faschistischen Italiens gegen Abessinien, um den in den Wochenschauen im Kino viel Lärm gemacht wurde, fand bei der Jugend und nicht nur bei ihr ein unerwartetes Echo: Niemand in Hans' Umgebung spendete Mussolini Beifall! Die Sympathie gehörte dem Negus, vermischt mit gutmütigem Spott, den das gravitätische Auftreten des archaisch anmutenden christlichen Kaisers Haile Selassi provozierte. Ein Fähnleinführer, Kamerad von Hans K., ein von der Natur mit schwarzem Kraushaar, dunklem Teint und starkem Haarwuchs an den von Dienstes wegen nackten Beinen ausgestatteter Jüngling, erhielt den Spitznamen »Negus« und trug ihn mit Gelassenheit. Die zahlreichen Dunkelhaarigen in den HJ-Reihen des »Gebiets Westmark« waren ohnehin selbstverständlich und gaben ihrer Germanenbegeisterung einen ziemlich theoretischen Anstrich. In der Schule wurden solche Abweichungen vom »nordischen« Rassenideal mit einem »westlichen Rassentypus« begründet, wobei man es vermied, einen Zusammenhang mit der Urheimat der Kelten, in der man lebte, und mit vier Jahrhunderten Zugehörigkeit zum Imperium Romanum herzustellen.

Trotz allem Diensteifer im DJ behielt die Oberschule für Hans K. ein nicht unbedeutendes Gewicht. Seine Opposition gegen die Schule hatte nichts mit der Schulfeindlichkeit zu tun, die von der HJ gepflegt wurde. Im Grunde glich seine Einstellung jener der meisten Gymnasiasten aller Zeiten zu ihrer Penne: Man will zwar etwas lernen, aber nicht unbedingt all das, was als »Lehrstoff« oktroyiert wird, und vor allem nicht so, nicht auf diese Weise, wie die Schule funktionierte.

Es war eine schwere Zeit für viele »Pauker«, die es damals vereinzelt noch in Reinkultur gab, jene pädagogisch unbegabten, didaktisch ungeschulten, oft aber auch charakterlich zweifelhaften Gestalten, deren blamable Schwächen – Tragik des Lehrerberufs – bei dem täglichen Sichproduzieren vor scharfsichtigen Schüleraugen peinlich offenbar wurden. Eine schwere Zeit aber auch für jene (guten und schlechten) Lehrer, denen die politischen Verhältnisse gegen den Strich gingen, die gar heimliche Antinazis waren und dies nicht erkennen lassen durften. Nur höchst selten wagte es einer, seinen Schülern einen kleinen Stolperstein in den ideologisch planierten Denkweg zu legen. Vielleicht durften sie das auch wirklich nicht riskieren, denn die gefürchtete Denunziation durch einen Schüler oder eine Schülerin hätte sie gefährden können. Gefährlicher noch war womöglich der eine oder andere Kollege mit Parteiabzeichen, obgleich aus dem Lehrerzimmer natürlich nichts nach draußen drang und nach den personellen Änderungen Anfang 1933 später, bis zum Krieg, kein Lehrer mehr verschwand.

Diese Lehrer aller Sorten standen allesamt plötzlich vor einem neuen, unerfüllbaren Anspruch der Jugend: Wer sie in irgendeiner Form erziehen wolle, müsse auch und zuerst in allem ein Vorbild sein. Die Klugen unter ihnen trösteten sich damit, daß dieses Ideal auch bei der Hitler-Jugend offenkundig in nur höchst bescheidenem Maße erfüllt war. Selbst der Turnlehrer mußte feststellen, daß ein HJ- oder Jungvolk-Führerrang keineswegs immer mit sportlichen Höchstleistungen verbunden war.

Selbstverständlich gab es auch in jenen Jahren Lehrer, die durch ihre Persönlichkeit wirkten. Da war etwa der Studienrat Paul Ernst Müller, eine unter seinen Kollegen ganz untypische Erscheinung von der lässigen Eleganz eines Gentleman. Ihm entschlüpfte kein lautes Wort. In den unteren Klassen nahm er Schülerstreiche ganz einfach nicht zur Kenntnis. Bei ihm gab es keine »Ermittlungen« und Strafpredigten, die – wie von den Urhebern beabsichtigt – die Unterrichtszeit verbrauchten. Zu einem Vorschuß an Respekt verhalf Müller eine eindrucksvolle Kriegsverwundung an der Stirn: hinter der Narbe sollte sich eine Silberplatte verbergen.

Studienrat Müller gab ab Obersekunda in der »gemischten« Klasse, der Hans K. angehörte, etwa 20 Jungen und 10 Mädchen Unterricht in Deutsch und Geschichte. Zur Hauslektüre gab er ihnen Werner Beumelburgs »Gruppe Bosemüller« auf – einen Kriegsroman, der sich zwar in Sprache und Stil, nicht aber im Inhalt von dem Vielen unterschied, was an Kriegsliteratur auf den Markt geworfen worden war, weil die »Frontkameradschaft« als Vorbild für die propagierte »Volksgemeinschaft« galt. »Gruppe Bosemüller«, in der Tendenz von Ernst Jüngers »Stahlgewittern«, galt als literarisch und war lehrplanpflichtiger Unterrichtsstoff. Bei der Besprechung versäumte Müller nicht, den Schilderungen – etwa der eines Trommelfeuers – mit ein paar ironischen Spitzen das falsche Pathos zu nehmen. Einen Hinweis auf Kriegsromane ganz anderer Art, auf Erich Maria Remarque, Ludwig Renn, Arnold Zweig, versagte er sich aber. Diese Autoren standen auf dem braunen Index, ihre Bücher waren Opfer der Bücherverbrennung am 10. Mai 1933 geworden, und sie selbst hatten längst das Land verlassen. Zuerst waren sie verfolgt worden, dann wurden sie verschwiegen. Das Geschichtspensum in der Unterprima reichte bis zum Ausbruch des Ersten Weltkriegs, während die Geschichte draußen gerade den Ausbruch des Zweiten zu vermelden hatte. Mit einer Verkürzung um ein Jahr wurde die Schulzeit beendet, denn die Primaner erwartete in den nächsten Jahren nun anderes als Studium und Wissenschaft. Immerhin arbeitete Müller das Versagen der deutschen Außenpolitik deutlich heraus – ausgehend freilich von der herrschenden »Einkreisungstheorie«, nach der Deutschland von außen faktisch in den Ersten Weltkrieg getrieben worden sei – und relativierte die allgemeine Kriegsbegeisterung von 1914 mit dem Hinweis, niemand habe sich damals einen Krieg mit neuer Waffentechnik und Massenvernichtungsmitteln – und einen Weltkrieg schon gar nicht – vorstellen können.

Die Zeit und Intensität, die dieser Lehrer ein Jahr zuvor auf Goethes »Iphigenie« und vor allem auf Eichendorffs »Aus dem Leben eines Taugenichts« verwendet hatte, grenzte nahezu an subtilen Widerstand. Nur wenige seiner Schüler vermochten allerdings nachzuvollziehen, daß sich ihnen hier eine Lebensauffassung präsentierte, die sich ihrer Welt des männlichen Heldentums, des Elitedünkels und der Härte versagte. Statt dessen knisterte in der Koedukationsklasse die erotische Spannung, die die verwirrende, stimmungsvolle

Liebesgeschichte des »Taugenichts« erzeugte. Bei der Beschäftigung mit Lessing, seinem Lustspiel »Minna von Barnhelm«, dem »Laokoon« und der Hamburgischen Dramaturgie fiel kein Wort über den Juden »Nathan der Weise«, Inbegriff der Aufklärung, Toleranz und Weltoffenheit. Für die Unterscheidung zwischen human und inhuman hat der Unterricht den Schülern keine Kriterien mit auf den Weg gegeben, dazu reichten auch Müllers versteckte Bemühungen nicht weit und nicht tief genug.

»Faust, Erster Teil«, die letzte und unvermeidliche Klassenlektüre, langweilte die meisten. Den anderen präsentierte sich das »faustische Streben« als Inbegriff ihrer nationalsozialistischen Weltanschauung, wie sie sie verstanden, so auch Hans K. Das Gastspiel einer Provinzbühne, die seit kurzem in großen Abständen in die kulturelle Wüste vorstieß, machte den »Urfaust« für ihn zum ersten und lange nachwirkenden Theatererlebnis. Er wählte schließlich Deutsch zu einem der beiden Abitur-Leistungsfächer und wollte den dicken, ideologiebefrachteten Roman »Volk ohne Raum« von Hans Grimm zum Thema seiner Abiturarbeit machen. Das abenteuerliche Vorhaben fiel den abenteuerlichen Zeitläuften zum Opfer, in denen sich das Volk nach dem Willen des »Führers« den Raum nehmen sollte.

Die private Lektüre litt während der beiden letzten Schuljahre ebenso wie alle Arbeiten für die Schule unter Zeitmangel aus »dienstlichen« Gründen. Im Bücherregal standen Walter Flex' »Der Wanderer zwischen beiden Welten« neben Manfred Hausmanns »Abel küßt Mädchen und kleine Birken«. Hausmanns leicht dekadenter Duft reizte weit mehr als die idealisierende Weltkriegsromantik des 1917 gefallenen Leutnants. Hermann Löns' Liebesroman »Das zweite Gesicht« erschien in seiner erotischen Symbolik zu verschlüsselt. Ausgeliehen, bekam er Wiecherts »Das einfache Leben« in die Hände und sogar »Auf den Marmorklippen« von Ernst Jünger, dessen Stil ihn frappierte. Hinter den versteckten Sinn, der dem Buch später den Ruf intellektuellen Widerstands einbringen sollte, stieg K. nicht. Und auf die Bereicherung durch Erwin Guido Kolbenheyers pompöse Paracelsus-Trilogie, ein Weihnachtsgeschenk, verzichtete er, nachdem er sich durch einige Seiten gearbeitet hatte.

Ein im Gegensatz zu Studienrat Müller »zeitgemäßer« Lehrer war

Dr. F., der schon erwähnte Biologe und Chemiker, daneben Parteigenosse im Rang eines Politischen Leiters, der schließlich 1939 Direktor der Schule wurde. Dr. F. war der einzige, der bei besonderen Anlässen, nationalen Feiern und Gedenktagen, in mit goldenen Tressen aufgeputzter Uniform aufkreuzte, ein »Goldfasan«. Sein Unterricht war eine Mischung aus moderner Didaktik und Paukerei und vielleicht deshalb erfolgreich – leider; denn er lehrte Unheilvolles. In Chemie konnte er mit seiner fachlichen Kompetenz zwar nicht viel anrichten, wenn er die Fischer-Dropsche Kohlenwasserstoffsynthese und die Ammoniaksynthese von Haber und Bosch nicht nur verständlich erklärte, sondern als »Großtaten deutschen Geistes« rühmte, wobei er – anders als sein Auditorium – eigentlich hätte wissen müssen, daß er mit dem Nobelpreisträger Geheimrat Haber, der unter anderem das im Ersten Weltkrieg von deutscher Seite verwandte Giftkampfgas entwickelte, einen Juden lobte. Anders jedoch klangen seine Bemerkungen über »die Juden«, wenn er in Biologie »Rassenkunde« unterrichtete. Trotz oder vielleicht gerade wegen seiner autoritären Art blieb davon viel in den Köpfen seiner Zuhörer haften.

Musik und Sport waren bereits damals Fächer, mit denen engagierte Lehrer nicht nur ihre Schüler, sondern auch die Welt jenseits des Schulhofs interessieren konnten. Der Musiklehrer Job Schmidt, dessen schmaler Schädel mit dem Haarkranz an Wilhelm Furtwänglers markantes Haupt erinnerte, war bei dem Versuch, mit dem von ihm gegründeten Schulorchester eine kulturelle Oase in der Kleinstadt zu schaffen, nicht zu entmutigen. Undenkbar, daß sich in seinem Unterricht ein »brauner« Ton, geschweige denn in das Repertoire des Schulchores völkische Kantaten eingeschlichen hätten, wie sie in der ersten Zeit nebst Sprechchören von Heinrich Annacker von einer kurzlebigen Hitler-Jugend-Spielschar produziert worden waren. Nach über einem Jahr hartnäckiger Schwerarbeit wagte er es, mit einer heiteren Bachkantate an die Öffentlichkeit zu treten. Außerdem gelang es ihm, die Oper der Provinzhauptstadt zu einem Gastspiel mit Figaros Hochzeit auf einer ganz und gar unzulänglichen Bühne zu bewegen. Bei der Vorbereitung der fünfzehn-, sechzehnjährigen Sekundaner und Sekundanerinnen wurde eine Liebesarie des Cherubim zum Hit. Weniger schwierig, als ein Operngastspiel in die Stadt zu locken, war es für den Musiklehrer, einen Abend mit der als Beethoveninterpretin gefeierten, hitlerbegeisterten Pianistin Elly Ney zu arrangieren.

Eines kräftigen Rückenwindes erfreute sich alles, was mit sogenannter körperlicher Ertüchtigung zu tun hatte. Die Zahl der Sportstunden verdreifachte sich. Der Turnlehrer, Eugen Schwinn (der immer noch Turnlehrer hieß, obwohl in der Halle der Schule und auf dem Sportplatz regelrechter Leistungssport betrieben wurde), brachte das Kunststück fertig, flott in diesem Wind zu segeln. Zwar hatte das Emblem der alten, nach ihrer Lage benannten Göttenbach-Oberschule, der Anfangsbuchstabe ihres Namens, auf den Turnhemden schon 1933 verschwinden müssen. An seiner Stelle wurde der HJ-Rhombus geduldet – und zwar von seiten der HJ, die keineswegs etwa die Schule erobern wollte, sondern nur eifersüchtig darüber wachte, daß ihr keine Konkurrenz in »nationalsozialistischer Jugenderziehung« entstand. Die Schule hätte sich andererseits, selbst wenn sie gewollt hätte, nicht gegen das HJ-Emblem in der Turnhalle wehren können. Doch war man sich in puncto Turnhemden stillschweigend einig, daß die doppelte Benutzung – in der Schule und beim HJ-Sport – der sowohl von den Eltern wie von Görings »Vierjahresplan«[1] erwünschten Sparsamkeit im Verbrauch von Textilien diente. Die »Leibesübungen« wurden zu einem Abitur-Prüfungsfach. In der Turnhalle erschienen neue Geräte, sogar ein Boxring und mehrere Dutzend Paar teure Boxhandschuhe. Geräte- und Bodenturnen wurden in Anlehnung an die internationalen Regeln durchweg mit einer Sechs-Punkte-Skala gewertet. Ein für alle Leichtathletik-Disziplinen ausreichender Ascheplatz entstand nach dem Entwurf des Turnlehrers unmittelbar neben dem Schulgebäude. Schwierigkeiten gab es nur mit dem Schwimmen. Bei aller Sportförderung war in der finanzarmen Stadt an ein Hallenbad nicht zu denken. Doch der Turnlehrer war ein Improvisationskünstler. Im Freibad, das an einem natürlichen Stau des Flusses unmittelbar oberhalb der Stadt lag und nur eine primitive, halboffene Umkleidebaracke besaß, wurden hölzerne Startflöße für eine

1 *Vierjahresplan* 1936 verkündete Wirtschaftsmaßnahmen zur Herstellung möglichst großer Unabhängigkeit von Einfuhren (Autarkie); diente in erster Linie der Aufrüstung. Verantwortlicher für den Vierjahresplan war Hermann Göring.

Fünfzig-Meter-Bahn verankert und ein Drei-Meter-Sprungbrett an einer Felswand angebracht.

Bei allem Ehrgeiz fiel es Hans K. allerdings nicht leicht, den körperlichen Anforderungen, die Schule und Hitler-Jugend stellten, so zu genügen, wie es ihm sein Rollenverständnis als Jungvolkführer abverlangte. Ausdauerleistungen, die sich leicht trainieren ließen, bei Radtouren so gut wie bei gelegentlichen »Gepäckmärschen« der HJ, und die bis zu einem beträchtlichen Grad vom Willen, von der gepredigten und gepriesenen Härte gegen sich selbst beeinflußbar waren, packte er verhältnismäßig leicht. Doch alles, was körperliche Geschicklichkeit erforderte, fiel ihm schwer. Dafür stieg er beim Boxen mit Todesverachtung gegen den Champion der Klasse, der in einer entfernten Kleinstadt ebenfalls Jungvolkführer war, in den Ring und holte sich beim Abblocken der Geraden (Haken durften nicht geschlagen werden) regelmäßig blutige Lippen. Beim Schwimmen, das ihm der Vater ja schon ganz früh beigebracht hatte, glänzte er. Stolz trug er das Abzeichen der Deutschen Lebensrettungsgesellschaft an der Badehose. Wie die meisten Altersgenossen war er dem Abzeichenkult erlegen, jener Vorstufe der Ausbeutung männlicher Eitelkeit durch die späteren Kriegsorden. Neben dem altehrwürdigen Reichsjugendsportabzeichen mußte also auch das HJ-Leistungsabzeichen in Silber erworben werden.

»Blut und Ehre«

Hans K. wurde dienstältester Fähnleinführer in der Stadt. Im Ranggefüge war ihm ein »Jungstammführer« übergeordnet, dem alle Fähnlein beider Schwesterstädte unterstanden und der damit vor dem Jungbannführer die höchste noch »ehrenamtliche« Position einnahm. Der Jungstammführer widmete sich jedoch so gut wie ausschließlich repräsentativen Aufgaben, wozu er nachgerade prädestiniert war. Er war über 1,80 groß, sah gut aus und war ein hervorragender Leichtathlet. So gehörte er denn auch zu jener Abordnung einiger hundert ausgesuchter HJ-Führer, die in prächtigen Phantasieuniformen zu Freundschaftsbesuchen zuerst nach Italien und dann nach Japan geschickt wurden. In der Jungvolkführerschaft war es ein offenes Geheimnis, daß diese »langen Kerls« die Faschisten und Japaner Respekt vor den Deutschen lehren sollten.

K. widmete sich besonders den Jüngsten der ihm anvertrauten etwa 130 Jungen im Alter von zehn bis vierzehn Jahren. Jedes Jahr wurden die Zehnjährigen am 20. April feierlich ins Deutsche Jungvolk aufgenommen, als »Geburtstagsgeschenk für den Führer«. Bis 1936 geschah der Eintritt ins Deutsche Jungvolk dem Namen nach freiwillig. Die Hitler-Jugend selbst konnte auf die Eltern der Zehnjährigen keinerlei Druck ausüben. Daß manche Väter beruflich Nachteile befürchten mußten für den Fall, daß sie ihren Sprößling nicht zur Aufnahme schickten, war kein Thema bei den Werbeaktionen wie Elternabenden, »Aufmärschen« und so weiter, die das Jungvolk in den Wochen vor dem 20. April veranstaltete. Die allermeisten zehnjährigen Jungen brannten darauf, auch mitmachen zu dürfen wie die anderen und nervten die Eltern, ihnen eine Uniform zu kaufen. So bedrängte eine Mutter den Jungvolkführer Hans K., ihren erst neunjährigen Sohn aufzunehmen, weil sie seine Quengelei, dem Jungvolk beitreten zu dürfen, nicht mehr ertragen könne.

Mit Erlaß des »Staatsjugendgesetzes« vom 1. Dezember 1936 wurde die HJ zur »Staatsjugend« erklärt, und die Mitgliedschaft war damit künftig Pflicht. »Auf dem Dienstweg« erhielt das Deutsche

Jungvolk nun jedes Frühjahr von den Schulen die Namensliste der Zehnjährigen. Ein Befehl zur Rückmeldung nicht zur Aufnahme erschienener Jungen bestand zumindest in den beiden ersten Jahren noch nicht, aber Ausfälle, die nicht mit einem Attest begründet wurden, gab es kaum. Später erfuhr Hans K., daß Eltern, die mit Hitler und dem Nationalsozialismus ganz und gar nicht einverstanden waren, die Mitgliedschaft ihrer Kinder in der HJ häufig zur Tarnung benutzten, und daß die meisten Eltern ihren Kindern Nachteile ersparen wollten, die Nichtmitglieder bei ihrer späteren beruflichen Ausbildung zu befürchten hatten.

Die Beförderung zur »Staatsjugend« ließ den Jungvolkführern im Normalfall keineswegs den Kamm schwellen, erfüllte sie nicht einmal mit besonderer Befriedigung. Stolz war ein Fähnleinführer vorher gewesen, wenn sich ein Jahrgang fast vollzählig eingefunden hatte, und vor allem, wenn übers Jahr möglichst viele der auf dem Papier stehenden Mitglieder regelmäßig zum Dienst erschienen waren. Deshalb nahmen die Jungvolkführer die »Pflicht-HJ« ganz einfach nicht weiter zur Kenntnis und warben wie zuvor um den neuen Jahrgang. Dabei kam Hans K. mit der Zeitung in Kontakt. Sie war längst die einzige am Ort und hieß »Nationalblatt«.

Der Lokalredakteur, ein alerter, nicht mehr ganz junger Herr von auswärts, dem man anmerkte, daß er die Kleinstadt möglichst bald hinter sich bringen wollte, um Karriere zu machen, war mit einem publizistischen Werbefeldzug des Jungvolks sofort einverstanden. Der sollte außer aus sogenannten Fahrtenberichten, also mehr oder weniger banalen Erlebnisschilderungen, aus lustigen Zeichnungen und kurzen Texten bestehen, die den Lesern, besonders den Eltern zehnjähriger Jungen, den »Dienst« im Jungvolk schmackhaft machen sollten. Die Karikaturen stammten von Karl Vogel, einem Klassenkameraden K.s, der in einem nahegelegenen Dorf, in dem sein Vater als Gendarm stationiert war, den dortigen Jungvolk-Jungzug führte – allerdings mit einer anderen »Dienstauffassung« als Hans K. Weidlich unbelastet von »weltanschaulichem« Ballast, sah Karl im Jungvolk und in seiner Führerstellung vor allem die willkommene Gelegenheit, im Schutz der Uniform die ganz gewöhnliche Jugendopposition gegen die Erwachsenen zu pflegen und auszuleben; vor allem in Form von mehr oder weniger geistreichen Streichen, zu deren Opfern auch – obwohl oder vielleicht weil er selbst in einem gut katholischen Elternhaus aufwuchs – der katholische Pfarrer gehörte. Karl wurde 1945 als Jagdflieger über Süddeutschland abgeschossen.

Karl Vogel war nur dem Taufschein nach katholisch, mit zwei von vier Jungzugführern des von Hans K. geführten Fähnleins war das anders. Sie hatten eine enge Verbindung zu ihrer Kirche. Soweit der Jungvolkdienst an Wochentagen stattfand, ergaben sich für sie keine Kollisionen mit ihren kirchlichen Pflichten. Die katholische Kirche vermied es, mit der HJ in Konflikt zu geraten. Um so mehr Gewicht legte sie auf den Besuch der Sonntagsmesse. Die Anweisung der obersten HJ-Führung, darauf keine Rücksicht zu nehmen, gehörte zu jener Art von Befehlen, deren schriftliche Fixierung möglichst vermieden wurde. Nicht alle Unterführer befolgten diesen Befehl, auch Hans K. nicht. Wenn irgend möglich, umging er ihn stillschweigend. Zwei seiner Jungzugführer und im ganzen ein knappes Drittel der Jungen waren katholisch. Ihretwegen wurde eben der Sonntagsdienst – nach Einführung des schulfreien Samstags als offizieller »Staatsjugendtag« sowieso die Ausnahme – ein wenig später begonnen, so daß Katholiken vorher in die erste Frühmesse gehen konnten. Das kameradschaftliche Verhältnis zu seinen Jungzugführern war ihm wichtiger, deren Treue zu ihrer Kirche (oder der Gehorsam gegenüber den Eltern) sie nicht daran hinderte, beim Jungvolk rückhaltlos mitzumachen. Einer der beiden, Waldemar Hilpert, ein Lehrerssohn, ging mit siebzehn Jahren zur Wehrmacht, um Offizier zu werden. Er kehrte aus dem Krieg nicht zurück.

Ansonsten galt in der Hitler-Jugend und damit auch im Deutschen Jungvolk das »Führerprinzip«: Befehl und Verantwortung auf der einen, Gehorsam auf der anderen Seite. »Im Dienst« bestand Hans K. auf seiner Befehlsgewalt als Fähnleinführer, wenn ihm der eine oder andere seiner vier Jungzugführer einmal widersprach – natürlich im kleinen Kreis der Unterführer, keineswegs vor den versammelten Pimpfen; und schon war der Konflikt auf der eingleisigen Befehls- und Gehorsamsschiene gelöst. Auf Lehrgängen und auf der Gebietsführerschule hatte man ihm beigebracht, unter allen Umständen die eigene Autorität zu wahren und Widerspruch nicht zu dulden.

Befehl und Gehorsam waren Hans K., wie den meisten Jugendlichen seines Alters, von Hause aus nicht fremd. »Autoritäre Erziehung« war der Normalfall. Den Eltern, besonders den Vätern, galt es als das Selbstverständlichste der Welt, daß ihre Kinder vom Säuglingsalter bis zur Volljährigkeit ihren Befehlen zu gehorchen hatten. Mit Schlägen wurde Widerstand weichgeklopft, Ungehorsam bestraft, Gehorsam erzwungen. Seltene Ausnahmen bestätigten die Regel, die auch für Hans K.s Erziehung galt. Der Vater bestand auf der Ausführung seiner Anordnungen und ließ sie kaum je in Zweifel ziehen. Auf Ungehorsam konnte er mit cholerischen Zornesausbrüchen reagieren. Allerdings erinnerte sich Hans K. später nur an einen Fall des »Hinternversohlens« in der Zeit, als er noch ein kleiner Knirps war. Nur die Wut des Vaters, nicht der Schmerz der Schläge und erst recht nicht der Grund der Bestrafung blieben ihm im Gedächtnis. Mit den Jahren ließ der väterliche Druck nach, und der Sohn spürte, daß der Vater ein anderes Verhältnis zu ihm suchte. Er interessierte ihn für sein Hobby, die Fotografie (mit eigener Dunkelkammer) und schenkte ihm eine Agfa-Box-Kamera. Freilich bestand er weiter in allen strittigen Fragen darauf, daß »gemacht wird, was ich sage!« – auch der Mutter gegenüber. Dem heranwachsenden Sohn deutete der Vater einmal an, wie sehr er als Kind und Jugendlicher selbst unter dem seinerzeit noch absoluteren Autoritätsanspruch seines Vaters gelitten habe.

Dem Gehorsam waren in der Erziehung Hans K.s die Begriffe Pflicht und Verantwortung zugeordnet. Daß man Pflichten habe, zunächst in der Familie, und daß man für sein Tun und Lassen, manchmal sogar für dasjenige anderer, verantwortlich sei, lernte der Junge früh, zumal er erkannte, wie sehr der Vater in Beruf und Familie diese Prinzipien vorlebte. Wie weit die Einstellung auf diese »Sekundärtugenden« in der Familie den »autoritären Charakter« der Menschen formten, die sich widerstandslos in die totalitäre Struktur des nationalsozialistischen Gesellschaftssystems einfügten, wurde erst untersucht und diskutiert, als es bei der demokratischen Grundlegung der Bundesrepublik darum ging, aus der Vergangenheit Konsequenzen zu ziehen.

Nach der Aufnahme eines neuen Jahrgangs ins Jungvolk hatten

die zehnjährigen Neulinge die »Pimpfenprobe« abzulegen. Bei dieser Einführung, die entfernt noch an Initiationsriten erinnerte, wie sie bei manchen bündischen Jugendgruppen einmal üblich gewesen waren, handelte es sich lediglich um eine formelle Zeremonie, wobei ihnen, frei nach einer Ode des dichtenden »Reichsjugendführers« Baldur von Schirach[1], eingeprägt werden sollte: »Du gehörst von nun an dem Führer!« Daß sich hinter solchen Parolen die Absicht verbarg, die Eltern den Kindern zu entfremden, wurde in der HJ-Zeitschrift »Wille und Macht« und von Schirach selbst geleugnet. Noch war die Autorität der Eltern zu groß. Wenn die Söhne dem Elternhaus den Rücken kehrten und sich ganz dem Jungvolk verschrieben, war das bei Licht besehen meist familiären Schwierigkeiten und dem pubertären Bedürfnis der Jugendlichen zuzuschreiben, sich zugleich abzugrenzen, sich selbst zu finden und neue Bindungen aufzubauen. Bei der feierlichen Aufnahme ins DJ mußten die Pimpfe – und das war schon die ganze Probe – die »Schwertworte« des Jungvolks auswendig aufsagen können. Die stammten nun keineswegs aus der Ritter- oder gar der Germanenzeit. Vielmehr hatte Hitler in einer Reichsparteitagsrede[2] die Forderung erhoben, die männliche deutsche Jugend müsse »hart wie Kruppstahl, zäh wie Leder und flink wie Windhunde« sein. Dieses militante Hitlerwort, dessen Amoralität zu erkennen Hans K. noch lange Zeit nicht in der Lage war, hatte der »Reichsjugendführer« zur anspornenden Behauptung umgemünzt: »Jungvolkjungen sind hart wie Kruppstahl...« und so weiter.

Von gleicher Art war die auf der Klinge des HJ-»Fahrtenmessers«, das der »Pimpf« mit abgelegter »Probe« stolz tragen durfte, eingeätzte Parole: »Blut und Ehre«. Blut sollte Rasse bedeuten. Mit richtigem Blut kam das Messer, dessen Stahl so schlecht war, daß sich damit nicht einmal Holzspäne

1 *Schirach, Baldur von* (1907-1974), Reichsjugendführer von 1931 bis 1940. 1940 bis '45 Gauleiter in Wien; wurde im Nürnberger Kriegsverbrecherprozeß zu 20 Jahren Gefängnis verurteilt. Im Prozeß bekannte er: »Es ist meine Schuld, daß ich die Jugend erzogen habe für einen Mann, der ein millionenfacher Mörder gewesen ist.« (Zitiert nach der Schirach-Biographie von J. v. Lang »Der Hitler-Junge«, 1982.)

2 *Reichsparteitag* Jährliches Treffen von Abordnungen aller Gliederungen der NSDAP in Nürnberg (Stadt der Reichsparteitage) mit großen Aufmärschen auf dem von dem Architekten Albert Speer gestalteten Parteitagsgelände (später auch Vorführungen der Wehrmacht). Die Reichsparteitage dienten Hitler zur Darstellung der Staatsmacht nach innen und zunehmend auch dem Ausland gegenüber (das Diplomatische Corps mußte zuschauen).

zum Anzünden eines Lagerfeuers spleißen ließen, höchstens dann in Berührung, wenn sich der Pimpf damit in den Finger schnitt. Immerhin war das alles in allem etwa 30 Zentimeter lange Instrument, wenn es auch in einer Scheide getragen wurde, nicht ganz ungefährlich. Zum Glück passierte in Hans K.s Jungvolkjahren damit kein ernster Zwischenfall. Da solch ein Dolch weit mehr als einen Arbeitsstundenlohn kostete, und das Geld von den Eltern kommen mußte, blieben viele »Pimpfe« von ihm verschont.

Das Wort »Pimpf« stand nicht hoch im Kurs (siehe Anm. S. 27). Die »Pimpfenführer« vernahmen seinen spöttischen Unterton und verdrängten ihn. Auch offiziell wurde die Bezeichnung im Jungvolk nicht benutzt. Man behalf sich steif mit »Jungvolkjungen«. Der amtliche »Junggenosse« blieb dem Papierkrieg vorbehalten.

Die HJ-Führerzeitschrift »Wille und Macht« brachte einen polemischen Artikel, der sich mit einer in der SS-Zeitung »Das schwarze Korps« erschienenen Satire des Schriftstellers Will Vesper auseinandersetzte. Vesper hatte das Geltungsstreben der Hitler-Jugend als »Herrschaft der Säuglinge« aufs Korn genommen und in diesem Zusammenhang das Wort »Pimpf« wenig schmeichelhaft vom italienischen Wort »bambini« abgeleitet.

Zu den Aufgaben, die sich der Fähnleinführer Hans K. freiwillig auferlegt hatte, gehörte es, die erste Wochenendfahrt der Neulinge zu planen und zu leiten. Weil manche Eltern, deren Sprößlinge bei dieser Gelegenheit zum erstenmal nicht zu Hause übernachteten, besorgt waren, wollte er dies nicht dem eigentlich zuständigen Jungzugführer überlassen. Der Marsch durfte nicht zu anstrengend sein und sollte möglichst wenig über Landstraßen führen (obwohl auf diesen nach heutigen Maßstäben so gut wie kein Verkehr stattfand), sondern durch Wald und Feld. Geschlafen wurde nicht in einer Jugendherberge, sondern zünftig im Stroh bei Bauern. Die erstaunlich aufnahmefähigen Mägen der etwa 40 Zehnjährigen mit den unvermeidlichen Suppen, dem geliebten Kakao und Bergen von Butterbroten zu füllen, oblag einigen Jungmädelführerinnen, die den Wandertrupp begleiteten. Sie übernachteten wohlbehütet beim Dorfschullehrer.

Bei einer solchen Neulingsfahrt passierte ein banaler Zwischenfall, der K. hätte zum Nachdenken veranlassen können. Zwei der Jungzugführer, die an der Betreuung teilnahmen, hatten einen als eine Art »Einweihung« gedachten und bei ähnlichen Gelegenheiten in Jugendherbergen nicht selten veranstalteten Spuk in Szene gesetzt: Mit Schuhwichse hatten sie nachts alle Neulinge, die müde ins Stroh gekrochen waren und tief und fest schliefen, »geschminkt«. Als die Jungen beim Morgenappell in Kriegsbemalung vor ihm standen, fand K. allerdings überhaupt keinen Spaß daran, verstand er diesen Streich doch als Anschlag auf seine Absicht, den Neulingen die erste Jungvolkfahrt zum ungetrübten Erlebnis zu machen, und als Angriff auf das unbedingte Vertrauen, das ihm die Zehnjährigen entgegenbrachten. Aber ging es hier vielleicht nicht doch eher darum, daß die Kinder – so pathetisch es klingen mag – in ihrer Menschenwürde angetastet wurden und die Aktion deshalb kritikwürdig war? Das kam ihm mit solcher Klarheit nicht in den Sinn. Das Wort »Menschenwürde« gehörte nicht zum Wortschatz dieser Jahre. Dennoch fühlte er unbewußt genau dies. Immerhin war seine Wut so groß, daß er die beiden »Anschwärzer« gehörig »anpfiff«, und zwar nicht etwa zur Schonung ihres Ansehens unter sechs Augen, sondern offen vor allen, und sie sofort nach Hause schickte.

Bei einer anderen Gelegenheit jedoch versagte seine Fürsorge. Zum Aushängen von schriftlichen »Fähnleinbefehlen« hatte der Ortsgruppenleiter der NSDAP (mit dem keinerlei dienstlicher oder gar privater Kontakt bestand) dem Jungvolk in der Stadtmitte einen Schaukasten zur Verfügung gestellt. Daneben hing ein anderer, der viel breiter war, mit dem antisemitischen Hetzblatt »Der Stürmer«[1].

Hans K. störte diese Nachbarschaft. Er hielt diese brutalreißerische Art der »Volksaufklärung« für zu primitiv. Insbesondere die pornographische Schlüpfrigkeit mancher Artikel und Karikaturen erschienen ihm gerade hier, neben dem Jungvolk-Aushängekasten, fehl am Platz. Doch der Gedanke, sich wegen solch übler Nachbarschaft zu beschweren und auf eine Änderung zu drängen, wäre ihm absurd erschienen. Damit wäre er beim Jungbannführer mit Sicherheit auf Unverständnis gestoßen – bestenfalls.

[1] *»Stürmer, Der«* Antisemitisches Hetzblatt, herausgegeben von dem Nürnberger Gauleiter Julius Streicher, einem ehemaligen Lehrer. 1946 wurde er im Nürnberger Prozeß verurteilt und hingerichtet.

Bei den Pimpfen war der Aushängekasten mit dem unsäglichen »Stürmer« kein Gesprächsstoff. Antisemitisches Propaganda-Material, überhaupt »rassenkundliche Aufklärung«, gehörte auch nicht zu den Unterlagen für die »Heimabende«, die monatlich in grafisch gestalteten Mappen auf dem Dienstweg bei den Fähnleinführern ankamen. Die losen Blätter befaßten sich zum Beispiel mit dem Machtkampf zwischen dem Staufenkaiser Barbarossa (dem »Italienfahrer«) und dem »Ostkolonisator« Heinrich dem Löwen oder dem Landsknechtsführer Frundsberg[1], niemals aber, zumindest solange Hans K. Fähnleinführer war, gehörte die »Judenfrage« zu den vorgeschlagenen Themen. Ihm selbst »lag« der Stoff nicht. Auch in diesem Punkt war ihm sein eigener, früherer Fähnleinführer Paul Stolz ein Vorbild. Lieber las er in kleinerem Kreis seinen Jungzug- und Jungenschaftsführern aus Edwin Erich Dwingers[2] Roman »Zwischen Weiß und Rot« ein Kapitel über die Hungerkatastrophe der frühen zwanziger Jahre in Sowjetrußland vor. Der »Antibolschewismus« als Bestandteil der »nationalsozialistischen Weltanschauung« leuchtete ihm ein, den bejahte er, und damit freilich auch seine geschickte Verquickung mit der nazistischen Judenhetze; denn daß der »Bolschewismus« nur ein Instrument des »Weltjudentums« sei, die Menschheit ins Unglück zu stürzen, war für Hans K. und seine Fähnleinkameraden schon keine Frage mehr. Antisemitische Agitation Erwachsener vor den Pimpfen aber gab es nicht. Erwachsene hatten »keinen Zutritt«, die in brauner Uniform, die »Politischen Leiter« aus der NSDAP, schon gar nicht. Bei den Führerschulungen war das aus guten Gründen allerdings anders. Die scheinbare Gleichgültigkeit gegenüber der Judenhetze konnte jedoch nicht darüber hinwegtäuschen, daß selbst bei den zehn- bis vierzehnjährigen Jungen der nazistische Judenhaß gang und gäbe war – nicht nur, weil er ihnen gedruckt und aus dem Radio immer wieder begegnete, sondern mehr noch, weil sie von Erwachsenen, die Eltern eingeschlossen, oft genug antisemitische Äußerungen hörten.

Der dienstälteste Fähnleinführer durfte die Vorauswahl von An-

1 *Frundsberg, Georg von* Kaiserlicher Feldhauptmann (1475-1528), Landsknechtsführer der Kaiser Maximilian I. und Karl V. gegen Frankreich; gilt als »Vater der Landsknechte«.

2 *Dwinger, Edwin Erich* (1898-1981), Schriftsteller mit nationalistischer, vor allem antikommunistischer Tendenz (»Armee hinter Stacheldraht«, »Zwischen Weiß und Rot«).

wärtern für die »Adolf-Hitler-Schule«¹ treffen. Dazu konnten sich Zehnjährige freiwillig melden, oder aber die Einheitsführer versuchten, Jungen, die sie für geeignet hielten, dazu zu überreden. Weder auf die Jungen noch auf die Eltern, die ihr Einverständnis geben mußten, wurde – wenigstens, soweit K. es übersehen konnte – Druck ausgeübt. Mit etwa dreißig solcher Jungen unternahm er, unterstützt von einigen anderen Führern, eine Fahrt zu einer Jugendherberge in der einen halben Tagesmarsch entfernten Lichtenburg, einer der größten Burgruinen Deutschlands. Dort versuchte er im Spiel, durch kleine »Mutproben« und mit einem schriftlichen Test, vor allem aber durch Beobachtung des gesamten Verhaltens, jene Jungen herauszufinden, die als Anwärter für die eigentliche Eignungsprüfung angemeldet werden konnten.

Die »Tests« waren primitiv, zum Beispiel in groben Zügen die Kartenumrisse Deutschlands mit einigen Flüssen und der Lage der Heimatstadt zu zeichnen sowie Fragen zum »Lebenslauf des Führers« und der Geschichte der NSDAP zu beantworten (»Was war am 9. November 1923?«, »Wann kam Adolf Hitler an die Macht?«). Das Herumtollen in der weitläufigen Burgruine mit Ringkämpfen und der Sprung von einer hohen Mauer (der »Mutprobe«) gefiel den Prüflingen weit besser als die Beschäftigung mit Papier und Bleistift. Am wichtigsten aber war die »charakterliche Beurteilung«, bei der die Jungzugführer, die sie ja besser kannten, ihr Urteil abgaben – Urteile von Vierzehn-, Fünfzehnjährigen über Zehn-, Elfjährige! Doch vielleicht waren sie, der »braunen« Diktion und Motivierung entkleidet, nicht unzutreffender als die von den Lehrern abgegebenen. Die Lehrer hatten bei der Auswahl der »Adolf-Hitler-Schüler«, das heißt der Zulassung zur eigentlichen Aufnahmeprüfung, die an den A.-H.-Schulen selbst stattfand, das gewichtigste Wort mitzureden. Bei der vom Jungvolk durchgeführten Vorauswahl gab es übrigens für »Gehorsam« keine Note, dagegen eine sehr wichtige für »Kameradschaftlichkeit«. Drei Jungen pro Jahr durften von den drei DJ-Fähnlein der Stadt vorgeschlagen werden.

1 *Adolf-Hitler-Schulen* Internate für Jungen mit Oberschule in der Zuständigkeit der Hitler-Jugend. In den Adolf-Hitler-Schulen sollte eine Führer-Elite für den totalitären Staat erzogen werden. Aufnahmealter zehn Jahre. Daneben existierten die Napolas (Nationalsozialistische politische Erziehungsanstalten) der NSDAP mit höherem Eintrittsalter.

Als sich Hans K. schließlich daran wagte, zusammen mit der weiblichen Parallelorganisation, den Jungmädeln, einen großen »Elternabend« zu veranstalten, der die Festhalle der Stadt füllen sollte, ahnte er nicht, daß er damit den Kulminationspunkt seiner Jungvolkbegeisterung erreicht hatte. Nachdem das Programm feststand: Fanfarenmärsche, Chorgesang, »Lagerzirkus«, Schauturnen und ein Märchenspiel der Mädchen, konnte er zwar die Verantwortung an Spezialisten und Spezialistinnen delegieren, doch blieben ihm immerhin die Gesamtregie und die bange Frage, ob man nicht vor leeren Stuhlreihen agieren würde.

Der Saal war voll besetzt. Von hochgradigem Lampenfieber befallen, vergaß der Urheber und Gesamtverantwortliche des Spektakels dann bei seiner sehr knappen »Begrüßungsansprache« die eingeladenen und erschienenen Ehrengäste – wie die Untergau-Mädelführerin und den Jungbannführer – zu nennen. Letzterer nahm dieses Versäumnis noch lange danach übel. Anfang 1939 ging der Tiroler Draufgänger zur Wehrmacht. Im Krieg war er der erste aus K.s Bekanntenkreis, der als Soldat sein Leben verlor – der erste »Gefallene« nach damaligem Sprachgebrauch.

Im Herbst 1938 absolvierte K. die Tanzschule, und nun begann sich der Jugendliche in einen »normalen« Heranwachsenden und einen Fähnleinführer zu spalten, die Schizophrenie wahrzunehmen, die sein Leben bestimmte. Der lokale Sprachgebrauch begnügte sich bescheiden mit der Formulierung: »In die Tanzstunde gehen«. Etwa zur gleichen Zeit fürchteten sich die Deutschen während der sogenannten Sudetenkrise[1] vor einem Krieg. Der Propagandaminister befahl Umzüge und Aufmärsche. Dabei wollte die Partei keineswegs auf das sonst meist ein wenig von oben herab angesehene (und seinerseits diesen Hochmut erwidernde) Deutsche Jungvolk verzichten. In der Stadt brachte es immerhin die längste und mit seinen schwarzen Fahnen, den Fanfaren und Landsknechtstrommeln eindrucksvollste Marschkolonne auf die Beine.

1 *Sudetenkrise* Nach dem Anschluß Österreichs (siehe Anm. S. 62) an das Deutsche Reich übte Hitler zunehmend politischen Druck auf die Tschechoslowakei aus. Seine Drohungen verschärften die Krise zur Kriegsgefahr. Auf britische Vermittlung kam es zu einem Treffen der Großmächte (England, Frankreich, Italien) in München. Sie stimmten im Münchner Abkommen vom 29. September 1938 der Abtretung der von 3,1 Millionen Deutschen bewohnten Randgebiete Böhmens an das Deutsche Reich zu. Das Zugeständnis ermunterte Hitler, seine Expansionsabsichten weiter voranzutreiben.

Bei den Jungvolkführern beschränkte sich der Konsum an Melodien und Rhythmen im allgemeinen durchaus nicht auf Marsch-, Feier- und Fahrtenlieder. Sie waren durchweg nicht alt genug, um Jazz und amerikanische Schlager schon richtig kennengelernt zu haben. Wahrscheinlich gerade deshalb stimmten sie dem Verbot dieser Musik als »artfremd« zu. Aber sie hörten im Radio und im Kino die deutschen Hits jener Tage – etwa von Michael Jary oder Peter Kreuder. Die meisten »kamen an« und waren beliebt, und die Tanzorchester Bernhard Eté, Georges Boulanger, Barnabas von Gezcy, Will Glahé waren berühmt genug, um sich später in den ersten Kriegsjahren mit Goebbelscher Duldung sogar Andeutungen von Swing leisten zu können. Als sich das WHW (= »Winterhilfswerk«[1])-Wunschkonzert (eine beliebte Veranstaltung, bei der man mit Geldspenden eine gewünschte Musiknummer »kaufen« konnte, und die mit Rundfunkübertragungen durchs Land tingelte) in die kleine Stadt verirrte, legten etliche Jungvolkführer ihr Taschengeld für die »Donkey Serenade« zusammen.

Hans K. war kein begabter Tänzer. Dennoch versäumte er keine Stunde des Tanzkurses. Ihn reizte weniger das rhythmisch-gymnastische Element als das erotische. Gewisse Kreise in der Partei und auch in der HJ agitierten mit der Negativ-Figur des »Tangojünglings« gegen den »undeutschen« Gesellschaftstanz. Aber gerade bei den Jungvolkführern (wie bei Hans K.) die sich sonst (in ihrem Verständnis) so revolutionär gebärdeten, fanden sie damit keinen Anklang. Für Hans K. gewann der »private Bereich« nun mehr an Gewicht. Die attraktivste, aber BDM-fernste Mitschülerin seiner Klasse hatte seinem so schüchternen wie hartnäckigen Werben standgehalten, und zur Überwindung dieser unglücklichen Jugendliebe suchte er ziemlich hektisch nach neuen Bekanntschaften. Da leistete die Tanzstunde, an der die alte Liebe nicht teilnahm, weil sie den Kurs einem älteren Verehrer zuliebe schon ein Jahr vorher absolviert hatte, willkommene Dienste.

An einem der Tanzstundenabende nun fand auf dem Höhepunkt

---

1 *Winterhilfswerk (WHW)* Vom nationalsozialistischen Regime eingeführte Geld- und Sachspendensammlung für Bedürftige (zum Beispiel Straßen- und Haussammlungen an sogenannten Eintopfsonntagen, an denen ursprünglich laut Propaganda lediglich das durch eine einfache Mahlzeit eingesparte Geld gespendet werden sollte); nahm mit den Jahren den Charakter einer Sondersteuer an (Einnahmen 1940: 916 Millionen Reichsmark).

der »Sudetenkrise« ein Marsch aller NS-Formationen durch die Stadt mit anschließender Kundgebung im Fackelschein statt. Was tun? Die Lösung des Problems an jenem Oktoberabend erwies sich als einfach, wenn auch unbequem.

Bis zum letzten Moment nahm K. hinter der schwarzen Fahne an der Spitze seines Fähnleins und der ganzen Jungvolk-Kolonne an dem Marsch teil, um nach vorausgegangener Instruktion seines »Hauptjungzugführers« und Stellvertreters an einer günstigen Stelle in eine dunkle Seitengasse zu verschwinden. Ihm blieb gerade noch Zeit genug, nach Hause zu laufen, sich von seiner auf einmal als lästig empfundenen Jungvolk-Kluft zu befreien und – wenn auch atemlos – noch das »Bürgerkasino« zu erreichen, bevor sich in dem kleinen Saal der Klavierspieler und der Schlagzeuger an ihre Instrumente setzten. Das »Eins, zwei, Tangoschritt!« des etwas affektierten Tanzlehrers, des einzigen in der Stadt, war ihm an diesem Abend weitaus sympathischer als die Imitation einer Goebbelsrede, die der bei den Jungvolkführern herzlich unbeliebte Kreisleiter der NSDAP bei der Sudetenkundgebung wieder einmal von sich geben würde. Der im Stadtteil Idar residierende, für den Kreis Birkenfeld zuständige Kreisleiter war, was seine Unbeliebtheit selbst bei NS-Formationen betraf, keine Ausnahme, da diese Herren die Macht der Partei mit ungehemmter Arroganz verkörperten.

Etwa ein halbes Jahr nach der Tanzstunde mit Hindernissen gab K. die Führung seines Fähnleins ab. Verschiedenes war da zusammengekommen. Immer häufigere Eingriffe von oben veränderten den Dienstbetrieb. Eine freie Gestaltung wurde nahezu unmöglich. Kennzeichnend für die Veränderungen war die Einführung des Schießunterrichts. Jedes Fähnlein erhielt ein Luftgewehr, eine verkleinerte, aber detailgetreue Nachbildung des Wehrmachtkarabiners 98k. Damit konnten kleine Bleikugeln auf eine kleine Zwölferscheibe geschossen werden. Die Scheibe wurde vor einem blechernen Kasten befestigt, in dem die Kugeln zur Rohstoffsammlung eingefangen wurden.

Nicht, daß Hans K. das Schießen keinen Spaß gemacht hätte. Da er den Luftkarabiner bei sich zu Hause aufbewahrte, von wo er jeweils von den Jungzugführern zum theoretischen Unterricht und zum Schießen abgeholt wurde, konnte er auf dem geräumigen Speicher des Hauses eifrig üben. Das sollte ein Jahr später in seiner Rekrutenzeit überraschende Folgen haben.

Außer dem Schießen und vermehrter Repräsentanz nach außen mit Märschen und Appellen nahmen die »Sammelaufträge« überhand. Ständig waren die Jungzüge damit beschäftigt, in ihren Straßenbereichen Stanniolpapier und leere Zahnpastatuben von Haus zu Haus einzusammeln. Statt mit der Ausgestaltung ihrer Heimabende konkurrierten sie mit Kilozahlen. (Mit »Winterhilfswerk«-Sammelbüchsen brauchten allerdings nur die ältesten Führer einmal pro Saison lustlos an den Straßenecken zu klappern.) Und schließlich fühlte sich K., ehrgeizig wie er war, gekränkt, weil er immer noch die grün-schwarze Führerschnur eines Hauptjungzugführers tragen mußte. Er war der Meinung, daß er sich schon längst die grünweiße eines »bestätigten« Fähnleinführers verdient habe und argwöhnte, der bei dem Elternabend im Lampenfieber nicht begrüßte Jungbannführer trage ihm auf diese Weise die Panne nach.

Der Hauptgrund, sein Amt als Fähnleinführer aufzugeben, war jedoch die Erkenntnis, daß das allmählich näherrückende Abitur gefährdet sein könnte. Es stand ein Jahr früher bevor, da ein Schuljahr, die Oberprima, gestrichen worden war. Und die letzten beiden Fähnleinführerjahre hatten im Zeugnis mit etlichen schlechten Noten schon ihre Spuren hinterlassen. Es gab also einiges nachzuholen, ganz abgesehen von den eigentlichen Vorbereitungen auf die Prüfung. Da fügte es sich günstig, daß bei der Jungbannführung jemand für die Abteilung »Presse und Propaganda« gesucht wurde.

Durch seine sporadischen Zeitungskontakte bei der Pimpfenwerbung und beim Elternabend glaubte sich Hans K. zu diesem Posten befähigt. Er brauchte nun nur einmal in der Woche eine halbe Stunde weit in die Schwesterstadt zu radeln und dort eine weitere halbe Stunde lang die vornehm gedruckten Rundschreiben des dem NSDAP-Gau entsprechenden HJ-»Gebietes« daraufhin durchzublättern, ob etwas aus seinem Ressort eine bürokratische Verfügung »nach unten« notwendig machte, was höchst selten der Fall war. Im übrigen erforderte die natürlich unbezahlte Stabsstelle mit der hochtrabenden Bezeichnung »Presse und Propaganda« so gut wie keine

Aktivitäten. Die sogenannten Jugendfilmstunden – Sondervorstellungen für das Jungvolk mit »weltanschaulich besonders wertvollen« Filmen aus dem allgemeinen Kinoprogramm (wie etwa den Kriegsfilmen »U 9«, »Unternehmen Michael« und dem antibritischen Streifen »Ohm Krüger«) – wurden von den örtlichen Führern organisiert.

Einmal allerdings mußte er »tätig werden«. Bei der Gebietsführung war man auf den geradezu abseitigen Gedanken gekommen, einen »Federwettstreit« zu veranstalten. Wer wollte und konnte, Führer wie Pimpf, sollte auf dem Dienstweg einen Aufsatz über ein beliebiges Thema einsenden. Als die Frist abgelaufen war, hielt K. ganze vier Einsendungen in der Hand. Drei davon waren so schlecht, daß er sie am liebsten nicht weitergeleitet hätte.

Aber es ging um die Ehre des Jungbanns, auch wenn sich dessen Führer um die Abteilung Presse und Propaganda kaum und um solche Stubenhockereien wie einen »Federwettstreit« erst recht nicht kümmerte. Also setzte sich K. an die Schreibmaschine und tippte engzeilig zwei Seiten voll. Das Thema hatte er sich schon einige Zeit vorher irgendwo angelesen: Im Eilmarsch ließ er ein paar Jahrhunderte westdeutscher Geschichte über die Hauptstraße der kleinen Stadt ziehen. Nach Wochen kam ein kleines Paket bei der Jungbannführung an. Es enthielt einen Blut- und Bodenroman von Hermann Burte – den ersten Preis im Federwettstreit des HJ-Gebietes »Westmark«.

Krieg

In der Serie von Ereignissen im Nachhinein die schiefe Ebene auszumachen, ist nicht schwer. Für den Zeitgenossen, den Miterlebenden, womöglich den Erleidenden, ist es viel schwieriger, einen Trend zu erkennen, besonders wenn ihm die Tages-Aktualität in anderem Licht erscheint und alle Register der Propaganda gezogen werden, jeden weiteren Schritt in das Verhängnis als »Triumph des Willens« und der Politik Hitlers darzustellen. Die Remilitarisierung des Rheinlandes, der Bau der Kasernen, die über der Stadt thronten, die Einrichtung des Truppenübungsplatzes mit der Evakuierung vertrauter Dörfer, der Bau des »Westwalls« (siehe Anm. S. 90), für den die Stadt zwar tief in der Etappe lag, doch den sie durch die nicht abreißenden Eisenbahn- und Lastwagentransporte miterlebte – all dies geschah ja unter ständigen Friedensbeteuerungen und scheinbar lediglich zur Herstellung der deutschen Gleichberechtigung in Europa.

Viele ließen sich beschwichtigen. Nicht wenige verdienten plötzlich auch sehr viel Geld. Es gab freilich andere, die mißtrauisch waren und den Beteuerungen keinen schnellen Glauben schenkten. Sie hatten ihre alte Gegnerschaft insgeheim bewahrt, als die anderen im »nationalen Aufschwung«, dem Wirtschaftswunder jener Jahre, ihre anfänglichen Vorbehalte aufgaben. Unter den nationalsozialistischen »Insidern«, zu denen am unteren Ende der Hierarchie sich auch die Jungvolkführerschaft zählte, grassierte eine Skepsis anderer Art. Ihre Erziehung, die »Schulung«, die ihnen in den Jahren zuteil geworden war, ließ sie daran zweifeln, ob all dies, was ihnen als Ziel und Zweck des »Dritten Reiches« gepredigt worden war – nämlich die dem deutschen Volk vermeintlich zukommende Rolle in der Welt und der Anspruch auf den »Lebensraum« im Osten – lediglich mit politischen Mitteln durch Ausnutzung des schlechten Versailles-Gewissens der ehemaligen Alliierten und der Bolschewismusfurcht der Demokratien, durch Propaganda und machtvolles Auftrumpfen, also durch Demonstration der Stärke zu erreichen sei. Wenn darüber auch nur gelegentlich im vertrauten Kreis gesprochen wurde – daß es in nicht allzu ferner Zeit, in einigen Jahren vielleicht, zu einem Krieg kommen würde, damit rechneten sie inzwischen; darüber sprachen im kleinsten Kreis einander vertrauende Kameraden bei der letzten »Führerfahrt«, an der nur wenige ältere Führer teilnahmen, am letzten Lagerfeuer der Friedenszeit.

Diese Aussichten erweckten durchaus zwiespältige Gefühle. Sie störten beim Entwurf eines Lebensplanes, versahen alle Berufswünsche mit einem Vorbehalt. Andererseits lag ein Reiz darin, in einer »großen Zeit« zu leben und sie – und wenigstens das erschien als Realität – mitgestalten zu dürfen. Daß man von der Jugend erwarten würde, das Leben zu opfern, war eine vertraute Floskel, mehr nicht – noch nicht.

Im Frühsommer 1939 änderte sich das. Wer die Augen nicht verschloß, um nicht zu sehen, was geschah, wer die Untertöne in der Propaganda wahrnahm (und darin hatte auch der unpolitische »Volksgenosse« Routine), ahnte, fühlte, wußte nun, daß es, wenn kein Wunder geschah, bald Krieg geben würde. Die das Land überrollende Welle von Luftschutzübungen konnte selbst Goebbels nicht mehr als Mobilisierung des Gemeinschaftssinns verkaufen. Die in allen großen Städten als Reklame für die befohlenen Luftschutzmaßnahmen aufgestellten Fliegerbomben-Attrappen waren ein kaum mißzuverstehendes Zeichen. Das Jungvolk wurde jedoch (noch) nicht zu Luftschutzlehrgängen herangezogen.

Trotz allem übten sich nicht wenige Erwachsene in Selbstbetrug. »Es wird schon gutgehen«, trösteten sie sich, denn: »Der Führer hat es bis jetzt jedesmal geschafft, England und Frankreich zum Einlenken zu bringen – zu der Einsicht, daß man Deutschland nicht auf die Dauer seinen Platz in Europa bestreiten kann, und daß das nationalsozialistische Deutschland ein Bollwerk gegen den alle bedrohenden Bolschewismus ist!«

Um zu dem Schluß zu kommen, daß der Krieg unmittelbar bevorstand, hätte es für Hans K. der Werbeoffiziere nicht bedurft, die seit einiger Zeit die Schulen besuchten, um den Schülern der Oberstufe die Offizierslaufbahn in ihrer Truppengattung schmackhaft zu machen. Es wäre für ihn auch nicht notwendig gewesen, daß in diesem Reigen nach einem Vertreter des Heeres und einem der Luftwaffe

1 *Waffen-SS* Selbständige militärische Organisation neben den drei Wehrmachtteilen Heer, Kriegsmarine und Luftwaffe; wurde 1939/40 aus der SS-Verfügungstruppe und Freiwilligen, auch ausländischen, gebildet. Ab 1943 wurden zunehmend auch Wehrpflichtige – insbesondere »Volksdeutsche« aus den besetzten Balkanländern – zur Waffen-SS einberufen. Die in Bewaffnung und Ausrüstung bevorzugten »Elitedivisionen« kämpften im Rahmen des Heeres (oft als »Feuerwehr« in schwierigen Lagen), waren jedoch ein Teil der SS. 1941 wurden die zu den »SS-Totenkopfverbänden« gehörenden KZ-Wächter in die Waffen-SS einbezogen. Im Hinterland der eroberten Ostgebiete ermordeten die unter anderem aus Angehörigen der Waffen-SS gebildeten »Einsatzgruppen« mindestens 1,4 Millionen Menschen – jüdische Männer, Frauen und Kinder sowie Mitglieder der kommunistischen Führungsschicht, Partisanen und »Zigeuner« (Sinti und Roma).

eines Tages ein junger Untersturmführer der Waffen-SS[1] mit erstaunlicher Offenheit verriet, der Führer habe bei der Beförderungsfeier seines Kriegsschuljahrgangs erklärt, er wolle es noch erleben, daß über Petersburg die Hakenkreuzflagge wehe. Wegen dieses offenen Eingeständnisses der Kriegs- und Eroberungspläne kam es nach langer Zeit noch einmal zu einem ausführlichen politischen Gespräch mit dem Vater. Er meinte, ein Krieg müsse unter allen Umständen vermieden werden. Der siebzehnjährige Sohn widersprach. Ein Krieg, hielt er dagegen, sei unvermeidlich, wenn Deutschland den Platz erringen wolle, der ihm gebühre. Über die »bolschewistische Gefahr« waren sich Vater und Sohn dann wieder einig.

Natürlich wußte niemand genau, wann es »losgehen« würde. Die Wehrmacht sei noch nicht so weit, konnte man hören. Für die großen Sommerferien plante Hans K. eine Radtour durch die »Ostmark« nach Jugoslawien. Daraus wurde nichts. Auslandsfahrten wurden verboten. Als dann die Propagandaschlacht gegen Polen auf dem Höhepunkt war, kam, was niemand erwartet hatte: der Nichtangriffspakt mit dem »Todfeind Bolschewismus«.

Für K. war es eine Riesenüberraschung, von der er sich schnell erholte, weil er in dem Pakt ein raffiniertes politisches Manöver zu erkennen glaubte. Auch andere Jungvolkführer, mit denen er darüber sprach (und die, genau wie er, längst für recht und billig hielten, daß im »Kampf für Deutschland« jedes Mittel erlaubt sei), waren überzeugt, daß es sich bei dieser scheinbaren Kehrtwendung um eine List handelte, um einen »genialen« politischen Schachzug, der freilich nun überdeutlich erkennen ließ, daß der baldige Krieg beschlossene Sache war; denn es war doch wohl klar, daß der Pakt dazu dienen sollte, einen Zweifrontenkrieg zu vermeiden. Daß dies 1914 nicht gelungen war, hatte der Führer ja in seinem Buch »Mein Kampf« aufs schärfste gegeißelt! Hier zeige sich, wie aus der Geschichte zu lernen sei. Zwei Jahre später sollte des Soldaten Hans K.s Glaube an den Führer zum erstenmal erschüttert werden, weil es statt zu einem Zwei- sogar zu einem Drei-, ja Vierfrontenkrieg gekommen war.

Dann war es soweit. Während der Radioübertragung der Rede Hitlers, in der er schwor, daß er den feldgrauen Rock, den er nun trage, nicht ablegen werde, bevor der Krieg gewonnen sei, überrieselte Hans K. der Schauer der »historischen Stunde«.

Am 1. September trat die nächtliche Verdunkelung in Kraft. Sie wurde scharf kontrolliert. Die stockdunklen Straßen mit ihren nur bei Mondschein schemenhaft erkennbaren Häusern waren die erste Kriegserfahrung. Die Jugend gewöhnte sich schnell daran und zog ihren Vorteil daraus; denn die »Verdunkelung« – das Wort wurde in seiner neuen Bedeutung zu einem alltäglichen Begriff – machte es möglich, daß sich ein junges Paar ungeniert sogar auf der Straße, in einem Hauseingang, küssen konnte, was im Hellen und vor aller Augen als höchst anstößig galt. Die zweite, alle »Volksgenossen« erfassende Errungenschaft des Krieges waren die Lebensmittelkarten, die man sogleich nach dem 1. September auf dem Amt abholen mußte. Sie waren zunächst so ausreichend bestückt, daß sich die Rationierung auf den Tischen kaum bemerkbar machte. Die Butter war ja bereits seit geraumer Zeit »bewirtschaftet« – von dem als »ehrlich« und jovial geltenden »Dicken«, wie Hermann Göring damals noch genannt wurde, bewirtschaftet den Kanonen zuliebe.

An der Oberfläche des Alltags änderte sich wenig. Die Einberufungen zur Wehrmacht hatten schon vor Monaten begonnen. Neue, fremde Gesichter, nämlich die von evakuierten Saarländern, die bei Bekannten und Verwandten im Hinterland ihr Unterkommen gefunden hatten, fielen nur vereinzelt auf. Sie waren die ersten »Reichsdeutschen«, die in diesem Krieg ihre Heimat verlassen mußten, wenn auch nur vorübergehend – bis sie am Ende dann wieder zu den ersten gehörten, die in den Strudel des Zusammenbruchs gerieten. Bedrohliches schien sich mit den »Volksgasmasken« anzukündigen. Sie bestanden aus Gummihauben für den ganzen Kopf mit großen Augengläsern und einem einschraubbaren Filter. Weil dafür ein

Kostenbeitrag kassiert und ihre Anschaffung nicht kontrolliert wurde, fiel es nicht auf, daß bei weitem nicht die ganze Bevölkerung damit ausgerüstet werden konnte, und da sie nicht gebraucht wurden, gerieten sie schnell in Vergessenheit. Die erwarteten sofortigen Fliegerangriffe fanden nicht statt. Nur einzelne nächtliche Flugblattwerfer trieben die Ängstlichen in die vorbereiteten Luftschutzkeller. Doch bald darauf versicherte Göring, kein feindlicher Bomber werde je ins Reichsgebiet eindringen können. Das Scheitern eines britischen Angriffs über der deutschen Bucht schien ihm recht zu geben. Auf der Straße trugen alle ernste Mienen zur Schau. Da wehten auch keine Fahnen, gab es keine Zustimmung und Begeisterung wie zu Beginn des Ersten Weltkrieges. Im Gegenteil: Die uniformierten (und noch lange nicht durch Einberufung merklich geschwächten) NS-Formationen hielten sich zurück, schienen ihre Aktivitäten teilweise ganz eingestellt zu haben. Für die Gestapo galt das gewiß nicht, doch ihr nach Kriegsbeginn gesteigerter Eifer spielte sich unter Ausschluß der Öffentlichkeit ab. Wer nicht zu ihren Opfern gehörte, nahm ihre Existenz nicht wahr.

Für K. brachte der erste Kriegstag eine erste ungewohnte Aufgabe. Weil mehrere junge Angestellte der Bank, in der der Vater arbeitete, zur Wehrmacht eingerückt waren, wurde er gebeten, dem Kassenboten beim Abholen des neuen Papiergeldes zu helfen. Zusammen mit dem älteren Herrn, der sonst schwerfüßig unterwegs war, um Wechsel zu präsentieren, fuhr er mit der Straßenbahn zur Reichsbankfiliale, wo vier große Ledertaschen mit Scheinen zu fünf und zu einer Reichsmark vollgestopft wurden. Das Papiergeld trat an die Stelle der Münzen, deren Prägung eingestellt wurde.

In der Schule gab es für kurze Zeit einen Ausnahmezustand, weil Schulhof und Turnhalle von einer Heereseinheit belegt waren, die ihren Platz am Westwall[1] noch nicht beziehen konnte. Nach der Behebung organisatorischer Schwierigkeiten, die hauptsächlich aus der Bemühung des Direktors resultierten, zu enge Kontakte der Soldaten mit den Schülerinnen zu vermeiden, lief der Unterrichtsbetrieb bald einigermaßen normal

1 *Westwall* Befestigungsgürtel an der deutschen Westgrenze; Baubeginn 1938 unter Dienstverpflichtung auch baufremder Arbeiter. Die Länge von Aachen bis zur Schweizer Grenze betrug 630 Kilometer. Die zweifelhafte Qualität des Westwalls wurde nicht auf die Probe gestellt.

weiter. Der »Lehrkörper« verzeichnete zunächst nur einen Abgang: Der Zeichenlehrer wurde als Reservehauptmann zur Flak[1] einberufen.

Hans K. begann, sich energisch aufs Abitur vorzubereiten, unnötigerweise, wie sich herausstellen sollte; denn wenige Monate später wurde eine Verordnung erlassen, die Abiturienten, die sich als Kriegsfreiwillige meldeten, von der Prüfung befreite. Das brachte Hans K. in einen Zwiespalt; sich die Prüfung zu ersparen, wenn man – eher über kurz als über lang – doch Soldat werden mußte, erschien verlockend. Andererseits enthielt das letzte Zeugnis, das dann mit einem »Reifevermerk« versehen und einem bestandenen Abitur gleichgestellt würde, einige schlechte Noten. Zwei Umstände erleichterten ihm die Entscheidung. Zum einen brauchten Kriegsfreiwillige nicht zum Reichsarbeitsdienst[2]. Über diese Einrichtung hatte Hans K. von seinem älteren Freund Paul Stolz wenig Verlockendes gehört: schlechte Unterkünfte in abgelegenen Gegenden, sinnlose »Schleiferei«. Soweit ging der Idealismus nicht, daß man eine Möglichkeit, derartiges zu vermeiden, nicht näher in Betracht gezogen hätte. Der zweite Punkt war die den Kriegsfreiwilligen freigestellte Auswahl der Truppengattung.

Gemeinsam mit mehreren Klassenkameraden entschloß sich Hans K., das halbe Jahr Arbeitsdienst zu umgehen und die Truppengattung selbst auszuwählen. Die »geschenkte« Abiturprüfung war bei der Entscheidung eher von untergeordneter Bedeutung. Zu der Gruppe der Kriegsfreiwilligen zählten sogar die beiden Klassenbesten. (Sie überlebten nicht. Helmut Petsch starb als Bordfunker in einem über dem Mittelmeer abgeschossenen Transportflugzeug, Otto Bühl als Nachrichtenoffizier bei der Invasion an der Atlantikküste.)

Zur Luftwaffe wollten sie, zur Luftnachrichtentruppe. Dabei spielte weniger die Vorstellung, selbst zu fliegen oder mitzufliegen eine Rolle, als die allgemeine Technikbegeisterung, die ja trotz allen völ-

1 *Flak* (Abkürzung für Flugabwehrkanone) Die deutsche Flak 8,8 (cm) war das erste Geschütz, dessen Feuer in direkter Koppelung mit Entfernungsmeß- und Rechengeräten elektrisch geleitet wurde; das Geschütz wurde wegen seiner Geschoßrasanz und Feuergeschwindigkeit im Laufe des Krieges immer häufiger auch im Erdkampf gegen Panzer verwendet.

2 *Reichsarbeitsdienst (RAD)* Arbeitsdienst für männliche und weibliche Jugendliche vom 18. bis 25. Lebensjahr; halbjährige Dienstpflicht ab Juni 1939; war ursprünglich nach dem Ersten Weltkrieg eine Einrichtung zur freiwilligen Arbeitsleistung junger Männer für den Staat, auch in den Niederlanden, Polen und den USA.

kischen Brimboriums zielstrebig gefördert worden war. Wiesen doch in diesen Jahren die Entwicklungen in der Autoindustrie, der Funktechnik und im Flugzeugbau Fortschritte auf, die sie begeisterten. Bei der Luftnachrichtentruppe hatten auch die drei Brillenträger, die zu ihnen gehörten, unter ihnen auch K., ihre Chance, angenommen zu werden – und eine andere ebenfalls: die zu überleben. Das nämlich hatten sechs Jahre nationalsozialistischer Jugenderziehung paradoxerweise auch bewirkt: Trotz der geradezu inflationären Anpreisung hehrer Ideale und des Heldentods war das dahinter verborgene Machtstreben nicht ohne Auswirkung geblieben. Die vielgerühmte Volksgemeinschaft erschöpfte sich, bei Licht besehen, in einer gruppenbezogenen Kameradschaft. Die Versatzstücke auf der NS-Bühne mit den aufgemalten letzten Goten und verlorenen Landsknechtshaufen wurden als Kulissen erkannt. Da hatten schon eher die größenwahnsinnigen Utopien von einem auf allen Gebieten führenden Großdeutschland Wirkung getan und schienen dem Erlebnishunger der Jugend zu entsprechen. Und dem Nationalsozialismus gelang es, in der Jugend lange den Glauben lebendig zu erhalten, der Krieg sei ein gerechter Kampf für Deutschland. An dieser Vernebelung der Gehirne hatten alle Anteil, die bei der allgemeinen Jugend(ver)führung mitwirkten, auch wenn ihnen – zu spät – dann die Erkenntnis dämmerte, daß sie selbst schändlich belogen und betrogen worden waren, und der Glaube an den Führer sich verflüchtigte. Doch konnten nur ganz wenige, die wie Hans Scholl[1] von besonderen Umständen in ihrem persönlichen Umfeld geleitet waren, aus dem Jungvolk den Weg in den kompromißlosen Widerstand finden.

Lange vor den Kriegsfreiwilligen verschwanden bereits zwei Schüler aus der Unterprima zur Wehrmacht. Sie wollten Offiziere werden. Ein Jungvolkführer gehörte dazu, der Pfarrersohn Hartmut Lichtenberger, ein weißblonder Jüngling und guter Sportler, der dem propagierten Ideal einer germanischen Lichtgestalt nahekam. Der junge General Strecker, dem die in der Stadt (außer noch einem Infanterie-Batail-

1 *Scholl, Hans* Die Geschwister Hans (geboren 1918) und Sophie (geboren 1921) Scholl gehörten als Studenten zur Widerstandsgruppe um den Münchner Professor H. Huber. Bei Verteilung von Flugblättern in der Münchner Universität wurden sie im Februar 1943 verhaftet, kurz danach zum Tode verurteilt und hingerichtet. Hans Scholl hatte vor dem Krieg kurze Zeit als DJ-Fähnleinführer der HJ angehört.

lon) stationierte Feldartillerie-Abteilung unterstand (und der später einer der Stalingrad-Generäle war), hielt lockeren Kontakt zur HJ, speziell zu den DJ-Führern und hatte Hartmut für die Offizierslaufbahn geworben. Der andere Offiziersanwärter war schon eher eine Überraschung. Karl Seibert, Sohn eines Postamtmanns, war Brillenträger und lediglich einfaches HJ-Mitglied. Dennoch hatte er sich heimlich zur Waffen-SS gemeldet und war – was manchen verwunderte – trotz seiner Kurzsichtigkeit angenommen worden. Aus dem Krieg kehrten beide nicht zurück.

Das Häuflein der Kriegsfreiwilligen wurde alsbald per Postkarte zur Musterung bestellt. Die Registrierung, die ärztliche Untersuchung, die Tests gingen sachlich, ohne militärisches Gebrüll vor sich. Bald aber sollte Hans K. einen anderen Ton kennenlernen und erfahren, daß der alte preußische Kommiß längst nicht ausgestorben war.

Anfang Januar 1940 erhielt er die Einberufung zur Nachrichtentruppe der Luftwaffe. Die kriegsfreiwilligen Unterprimaner mußten sich am 15. Januar in einem ehemaligen Arbeitsdienstlager irgendwo im Westerwald einfinden. Dieser Anfang gefiel ihm ganz und gar nicht. Schließlich herrschte strenger Winter und der Schnee lag hoch. Spätestens zu diesem Zeitpunkt, eigentlich schon seit der Musterung fühlte er sich nur noch als Zivilist auf Abruf. Die DJ-Führeruniform hing tief im Kleiderschrank. Er hatte vom DJ Abstand gewonnen, war ganz darauf eingestellt, nun Soldat zu werden.

Er hatte gelernt, was ihn erwartete: Man würde versuchen, den Zivilisten in ihnen – bis auf kurze Urlaubszeiten – auszuwechseln gegen einen Befehlsempfänger und -befolger. Was die Wirklichkeit des Krieges, in die sie nun eintraten, aber für sie bereithalten würde, das ahnten sie allerdings nicht. Hauptsache war ihnen jetzt, vom »alten Menschen« Abschied zu nehmen, ihr bisheriges Leben hinter sich zu lassen.

In der Nacht vor der umständlichen Bahnfahrt in den Westerwald unternahmen die einberufenen Unterprimaner einen Zug durch die wenigen »Nachtlokale«, sprich Tanzcafés, der Kleinstadt. Am Morgen waren sie alle zum ersten Mal »kornblumenblau«.

Zweiter Teil

»... wenn alles in Scherben fällt«

Ein Linsengericht

Eine Woche lang in der eigenen Zivilkleidung und in Halbschuhen, in tief eingeschneiten Baracken irgendwo einsam im Westerwald und eine weitere Woche – nun eingekleidet in olivgrüne ehemalige »Legion Condor«[1]-Uniformen aus dem Spanischen Bürgerkrieg[2] – in einem Schloß über dem hessischen Städtchen Dillenburg – dieser Auftakt entsprach Anfang Januar 1940 ganz und gar nicht den Erwartungen K.s und seiner ehemaligen Mitschüler. »So schlecht war das vorbereitet? So wollen wir den Krieg gewinnen?« fragte Wolfgang Risch, ein Schulkamerad, der vom eingeschneiten RAD-Lager im Westerwald bis hierher mit Hans K. zusammengeblieben war. Erst in der Luftnachrichten-Kaserne Gießen trennten sich ihre Wege. Wolfgang wurde Bordfunker in einer Ju 87, dem anfangs berühmten und berüchtigten, später hoffnungslos unterlegenen ersten Sturzkampfbomber. Anlaß zu solchen Fragen gab es dann nach einer durch die Rekrutenzeit bedingten Denkpause immer wieder, und als Hans K. aufgrund seiner späteren besonderen militärischen Tätigkeit tieferen Einblick, zumindest in den Zustand der Luftwaffe, gewann, sollten die Fragezeichen immer größer werden.

Auf dem Hof des hessischen Schlosses, in dem schließlich die angehenden Soldaten in Bataillonsstärke eingesammelt worden waren, fand die Vereidigung statt, immer noch in »Legion Condor«-Uniformen. Für die Zeremonie, die besonderer Feierlichkeit entbehrte, brachten K. und seine Freunde keinen sonderlichen Respekt auf. An ähnliche »feierliche Anlässe« waren sie gewöhnt. Deshalb machte ihm und den anderen die militärische Auf-

1 *Legion Condor* Zunächst Tarnname, dann offizielle Bezeichnung der im Spanischen Bürgerkrieg 1936 bis '39 auf der Seite des aufständischen faschistischen Generals Franco kämpfenden deutschen Truppen (siehe auch Spanischer Bürgerkrieg). Flugzeuge der Legion Condor bombardierten am 26. April 1937 die baskische Stadt Guernica (Guernica y Luno), die total zerstört wurde.

2 *Spanischer Bürgerkrieg 1936 bis '39* Von General Franco 1936 betriebener militärisch-faschistischer Aufstand gegen die spanische Republik. Auf seiten der republikanischen Kräfte kämpften zahlreiche Freiwillige, auch viele Kommunisten (Internationale Brigaden). Die Sowjetunion lieferte Waffen und Flugzeuge. Auf seiten Francos griffen das faschistische Italien und das nationalsozialistische Deutschland ein. Sie verhalfen Franco zum Sieg und zur Macht in Spanien.

stellung dazu keine Schwierigkeiten, was die wenigen, zu ihrer »Betreuung« abgestellten Unteroffiziere sichtlich verblüffte.

Nachdem sie dem Führer wieder einmal Treue geschworen hatten, diesmal als dem Obersten Befehlshaber der Wehrmacht, gab es nach der spärlichen Kost der vorangegangenen Tage hessisches Linsengemüse mit Fleisch, und das in beliebiger Menge. Die vollen Schüsseln und die Linsen blieben im Gedächtnis, der Schwur hingegen verblaßte. Sie, zumindest die HJ-Führer unter ihnen, waren ja längst auf Hitler eingeschworen und mehr noch auf ein Deutschland, wie sie es verstanden: als Heimat einer »Volksgemeinschaft«, die – ihrer germanisch-deutschen Herkunft bewußt – treu zum Führer stand (auch einem späteren, denn Hitler würde ja nicht ewig leben), und sich anschickte, den Rang unter den Völkern einzunehmen, der den Fähigkeiten und Eigenschaften des Deutschen entsprach (die selbstverständlich alle positiv waren), nämlich den ersten. Einen derartigen Schwulst hätte Hans K. vermutlich damals geantwortet, hätte man ihn nach »seinem Deutschland« gefragt. Heute wissen wir, daß solch einer ungeheuren nationalen Hybris nur ein tiefer Sturz bevorstehen konnte.

Wie ein Soldat funktioniert

Militär steht überall vor zwei Problemen: Um ein brauchbarer Soldat zu sein, muß der Mann seine natürliche Tötungshemmung gegenüber Artgenossen überwinden. Zum zweiten muß er sein ebenso natürliches Sicherheitsstreben unterdrücken, das ihn – ebenfalls als uraltes Erbe – dazu drängt, in aussichtsloser Lage vor einer Gefahr zu fliehen. Mit dem Problem Nummer eins wird das Militär verhältnismäßig leicht fertig. Dazu genügt es, dem Soldatenmenschen einzutrichtern, der Feind sei ein Untermensch, ein Ungeheuer, jedenfalls kein Mensch wie er. Außerdem wird die Gruppensolidarität mobilisiert, besonders wenn der Gegner der Angreifer ist. Und das ist er immer, denn notfalls wird er dazu erklärt.

Bei der Verwandlung der Feinde zu Untermenschen, und falls erforderlich, in Angreifer, wird das Militär außerdem durch jene entlastet, die seine Dienste in Anspruch nehmen und stets in Leuten, die sich zu den Intellektuellen rechnen, bereitwillige Helfer finden. Schließlich kommt zur leichteren Erreichung militärischer Ziele noch hinzu, daß besagte Tötungshemmung optisch gesteuert ist. Wo der Soldat nicht mehr einem Menschen selbst das Bajonett in den Bauch bohren muß, sondern nur auf den Knopf zu drücken braucht, um Männer, Frauen und Kinder die er nicht sieht, ja die er sich nicht einmal vorzustellen braucht, in einer Anzahl zu töten, die für ihn ganz abstrakt ist, kann Tötungshemmung nicht greifen.

Weit schwieriger, als Männer früher zur Verteidigung der Sippe und Horde zu motivieren, – heute zu der von Vaterland und Nation – ist es, einem Soldaten die Fluchtreaktion abzugewöhnen, mit der sich der Mensch normalerweise einer ausweglosen Situation entziehen möchte.

Wenn ein Soldat befürchten muß, daß eine Flucht vor dem Tod nur wiederum Todesgefahr, nämlich die Todesstrafe, mit sich bringt, führt das zu guten militärischen Ergebnissen. Konsequent hat dies wohl zum erstenmal die Armee des Preußenkönigs Friedrich II. erprobt, wenn man sich dabei auch aus Sparsamkeit bei einfachen Soldaten mit dem Spießrutenlaufen begnügte.

Überall, wo Militär Wert auf eine gute Truppe legt, wird die zweite Methode praktiziert. Sie besteht darin, dem Soldaten die sogenannte eiserne Disziplin beizubringen. Sobald er lernt, Befehlen bedingungslos zu gehorchen, auch wenn ihre Ausführung mit äußersten körperlichen Strapazen und hoher Gefahr verbunden ist, wird er – so geht die Rechnung – zum gefühllosen Bestandteil einer Tötungsmaschine. Als international geschätzte Tradition hat es sich bei sogenannten Elitetruppen überall bis heute erhalten, daß im Prozeß dieser Verwandlung die körperlichen Strapazen durch psychische Schikanen wirkungsvoll ergänzt werden.

Ernüchterung

Die Kaserne der Luftnachrichtenkompanie, in der K. und seine ehemaligen Klassenkameraden nach dem kurzen Vorspiel in den Arbeitsdienstbaracken im Westerwald und dem hessischen Schloß landeten, lag im äußersten Winkel des Fliegerhorstes Gießen. Wie sich bald herausstellen sollte, hatte dies für die Rekruten gewisse Nachteile. Aber das Gebäude war, wie der ganze Fliegerhorst, neu, solide und aufs beste ausgestattet. Die gefliesten Toiletten, Waschräume und Flure waren leicht zu reinigen – vom gehetzten »Flurdienst« morgens minutenknapp vor dem »Raustreten« und abends unmittelbar vor dem »Stubendurchgang« des Unteroffiziers vom Dienst. Und wenn sie es geschickt anstellten, rutschten die jungen Soldaten in den genagelten Stiefeln auch nicht aus, wenn sie unter dem Wohlklang der Trillerpfeife und den Aufmunterungen der Unteroffiziere aus allen Stuben quollen, die Karabiner aus den Gewehrständern an der Wand rissen und beschwingt nach draußen eilten.

Die Randlage des Gebäudes verhalf morgens um sechs den »Kaffeeholern« und mittags der ganzen Kompanie auf dem Weg zum weit entfernten Küchenkomplex zu appetitanregender Bewegung. Zeitverluste am Morgen befeuerten die Rekruten zu Rekordleistungen im »Bettenbau« – einer Art Architektur mit Bettüchern, jenen blauweiß karierten Deckenbezügen, die jede Abweichung von der Parallele gnadenlos offenbarten. Abgesehen vom Waffenappell, bei dem ein Stäubchen im ölglänzenden Gewehrlauf (und sei es auch nur bei einem in Ungnade gefallenen Rekruten ein »zum Scherz« erfundenes) den kontrollierenden Unteroffizier beim Blick durch den himmelwärts gerichteten, von seinem Schloß befreiten Karabiner einem Ohnmachtsanfall nahebringen konnte, waren all diese Kommißspiele wie der Spindappell mit scharfkantig gestapelter Wäsche, das »Maskenball« genannte Antreten in jeweils anderem Outfit im Zweiminutentakt und die ausgiebigen Übungen zum Erlernen des Gehens und Stehens für K. keine neuen Erfahrungen und Betätigungen. Außer vielfachen Wochenendveranstaltungen zur »Führerschulung« hatte er einen mehrwöchigen Lehrgang an der HJ-Gebietsführerschule absolviert. Mit Erleichterung nahm er deshalb jetzt zur Kenntnis, daß es hier wenigstens keinen Sechs-Uhr-Frühsport gab. Neu war dagegen das Bewußtsein, daß aus einem »Als ob« nun Ernst geworden war. Hier ging es nun wirklich darum, »Soldat zu werden«. Was das in der harten Wirklichkeit bedeutete, lernte er bald kennen – nämlich jene realistische Einstellung, mit der Hunderttausende seiner (meist unfreiwilligen) Schicksalsgenossen dieses Los ertrugen, und deren Motto lautete: »Sich in Unvermeidliches fügen – wenn es nicht zu umgehen ist. Den Vorgesetzten niemals auffallen – auch nicht positiv.«

Seine schnelle Ernüchterung wurde vor allem durch die Geistesverfassung der ausbildenden Unteroffiziere gefördert. Einen rauhen Ton hatte er erwartet, doch was er hörte und erlebte, war nicht nur Primitivität, sondern oft genug Menschenverachtung, sogar Sadismus – jedenfalls kein Appell an den anfangs durchaus vorhandenen Leistungswillen und den Ehrgeiz der jungen Soldaten, sondern statt dessen wüste Beschimpfungen und Drohungen. Diese Unteroffiziere, die sich etwas darauf zugute hielten, daß die Grundausbildung in dieser Kompanie angeblich die härteste in der Luftnachrichtentruppe sei, schafften es tatsächlich, wie es ihre von ihnen zynisch verkündete Absicht war, »aus Zivilisten erst einmal Menschen zu machen« – doch anders, als sie das verstanden. Sie erreichten den raschen Verfall der idealistischen Begeisterung, den viele junge Soldaten noch aus der Hitler-Jugend in die Kasernen mitbrachten.

Es gab Unterschiede. Sie reichten von dem im Grunde Gutmütigen, der nur so lange mitschrie und tobte, wie er von seinen Kollegen kontrolliert werden konnte, über den, der in aller Einfalt an diese Methode des »Soldatenmachens« glaubte, bis zum Sadisten. Zwei Jahrzehnte später, als Hans K. im Gerichtssaal ehemalige Scharführer der SS als Angeklagte in KZ-Prozessen erlebte und die Zeugenaussagen hörte, erkannte er, daß die erschreckende seelische Verkrüppelung dieser Männer, ihre Unmenschlichkeit, nicht nur der nazistischen Ideologie, sondern auch ihrer Erziehung zum gnadenlosen militärischen Drill zuzuschreiben war.

Manchen dieser Kasernenhofgewaltigen gelang es, sich in der Heimat unentbehrlich zu machen, andere mögen sich draußen an der Front gewandelt haben. Fronterfahrene Unteroffiziere machten es Hitler erst möglich, den Krieg so lange zu führen. Dies trifft auf alle Waffengattungen, auf das Heer, die Luftwaffe und die Marine zu. Besonders für die Infanterie gilt aber auch, daß es nicht selten Unteroffiziere waren, die mit gesundem Menschenverstand und trotz des Drucks wahnwitziger Befehle das Leben von Soldaten retteten.

Und die Offiziere? Die Luftnachrichtenkompanie wurde von einem Reservehauptmann geführt, dem lediglich ein Leutnant der Reserve zur Seite stand. Beide bekamen die Rekruten in den drei Monaten ihrer Grundausbildung nur zweimal zu Gesicht. Der Leutnant hielt den sogenannten Offiziersunterricht, was bedeutete: Unterricht über Themen, die von den Ausbildern nicht bewältigt werden konnten. Dazu gehörte das Militärstrafgesetz, die Folgen von Befehlsverweigerungen, darunter auch das Recht des Soldaten, einen verbrecherischen Befehl zu verweigern.

Mit dem Beispiel, das der Dozent gab, ging er kein Risiko ein: »Sie haben Ausgang, begegnen vor dem Schaufenster eines Juweliers einem Feldwebel. Er gibt Ihnen den Befehl: ›Schlagen Sie das Schaufenster ein, holen Sie eine goldene Uhr heraus und geben Sie sie mir!‹ Müssen Sie diesen Befehl ausführen?« Die Antwort lautete: »Nein, weil das ein Einbruchdiebstahl beziehungsweise in Feindesland eine Plünderung wäre, wofür jeder Soldat schwer bestraft wird.« (Was dann im besetzten Frankreich auch tatsächlich der Fall war.) Welche verbrecherischen Befehle bereits zur gleichen Zeit Deutschen in der Uniform der Waffen-SS in Polen gegeben und von ihnen ausgeführt wurden, das ahnten weder die Luftnachrichten-Rekruten noch der unterrichtende Leutnant.

Der Hauptmann machte auf eine andere Art bei den Rekruten von sich reden. Eines Abends wurden alle Ausbilder einschließlich des Hauptfeldwebels in den Unterrichtssaal befohlen. Noch am anderen Ende des Gebäudes hörten die Rekruten die Stimme des Kompaniechefs. Sie wußten, worum es ging. Der Hauptfeldwebel, gemeinhin »Spieß« genannt (nach der Hellebarde, mit der ein vergleichbarer Dienstgrad vor zweihundert Jahren im preußischen Heer ausgerüstet war), von Militärenthusiasten aber auch »Mutter der Kompanie« gepriesen (für manche Exemplare tatsächlich keine Übertreibung), hatte nicht nur die dienstliche Strenge auf die Spitze getrieben, sondern die Rekruten auch zu privaten Sklavendiensten mißbraucht. Eine halbe Stunde vor der abendlichen Stubenkontrolle hatten sie mit allen im Revier aufzutreibenden Eimern zum Rollfeld des Fliegerhorstes rennen müssen, an dessen Rändern ständig eine Schafherde weidete, um deren Hinterlassenschaften einzusammeln, weil der Spieß damit seinen privaten Garten düngen wollte. Als der Hauptmann von dieser anrüchigen Extravaganz seines Hauptfeldwebels Wind bekam, entlud sich ein Gewitter über ihm und den Unteroffizieren, das für kurze Zeit die Atmosphäre reinigte.

Inzwischen hatte auch die Spezialausbildung begonnen; für die einen zu »Fernsprechern«, für die anderen zu Funkern. K. und seine ehemaligen Klassenkameraden gehörten zu letzteren, was jedoch keinesfalls bedeutete, daß sich die »Funkerei« ausschließlich aus einstigen Oberschülern – im Vokabular der militärischen Ausbilder »Abiturienten« – rekrutierte. Nun lernten die angehenden Funker eine andere Art von Ausbildern kennen, die außer den Unteroffizierstressen mit ihren Kollegen wenig gemeinsam hatten.

Sie hatten, wie man sagte, »was auf dem Kasten«, womit etwa gemeint war, daß sich ihre außerdienstlichen Gespräche nicht, wie sonst meist üblich, allein und so primitiv wie möglich auf das »Thema Nummer eins« (heute sagt man Sex) konzentrierten oder auf das letzte Saufgelage. Die zum Funken, zivil Morsen genannt, notwendigen physischen Fähigkeiten: eine gewisse Feinfühligkeit der Hand sowie Hellhörigkeit, treffen vielleicht häufig mit psychischer Sensibilität zusammen.

Die allmähliche Beherrschung des Morsealphabets, das »Geben« und »Hören«, wie die Betätigung der Morsetaste und das Umsetzen der rhythmischen Töne im Kopfhörer in Buchstaben auf dem Papier hießen, das Erlernen der »Q-Gruppen«, jener internationalen Drei-Buchstabenkombinationen zur verkürzten Verständigung, sowie schließlich die noch in ziemlich weiter Ferne vermutete Aussicht, dies alles praktisch anzuwenden, machten den Rest der Zeit in der Ausbildungskompanie erträglich.

Hinzu kam für den Funker (wie für alle der unterste Dienstgrad lautete) eine Arabeske, die der Komik nicht entbehrte. Beim Austeilen der Gewehre, gleich nach der Ankunft in der Kompanie, hatte Hans K. einen Karabiner in die Hand gedrückt bekommen, der sich in den Holzteilen von allen anderen unterschied. Statt aus gewöhnlichem Fichtenholz bestand sein Schaft aus rötlichem Kirschbaum. Es handelte sich vermutlich um eine noch aus der Frühzeit der Aufrüstung stammende, mit besonderer Sorgfalt angefertigte Waffe. Dies hatte beim ersten Scharfschießen Folgen, die vor allem die Herren Ausbilder verblüfften. Der bebrillte Abiturient, von dessen Schießübungen mit dem Mini-Luftkarabiner in seiner Jungvolkführerzeit sie ja nichts wußten, setzte alle drei Schüsse der ersten Serie genau ins Zentrum! Mit sauersüßer Miene mußte der Spieß ihm die drei Tage Sonderurlaub, die der Kompaniechef traditionsgemäß (und mit geringem Risiko) für drei Zwölfer ausgelobt hatte, bewilligen.

Die Rekrutenzeit endete ohne die obligatorische »Besichtigung« durch irgendein »Hohes Tier«, ja selbst ohne die gefürchteten Vorbereitungen darauf, schneller als vorgesehen im Mai. Im April 1940 war die Luftwaffe mit beträchtlichen Verlusten an der Besetzung Norwegens[1] beteiligt gewesen. Dies war übrigens auf den Stuben kein Gesprächsthema und schon gar kein Anlaß zu Jubel und Siegesfeiern. Auch hatte niemand die aus der Weltkrieg I-Literatur bekannte Sorge »zu spät zu kommen«, als im Mai dann der Angriff im Westen[2] erfolgte und die Bombenflugzeuge von Gießen weiter nach Westen verlegt wurden. Für die Nachrichten-Rekruten bedeutete dies nur, daß sie an den letzten Gießener Sonntagen wegen des Personalmangels zusätzlich auf dem Rollfeld Wache schieben mußten.

[1] *Norwegen-Besetzung* Um die Zufuhr schwedischen Eisenerzes über den norwegischen Hafen Narvik zu sichern und seiner Besetzung durch England zuvorzukommen, befahl Hitler im April 1940 den Überfall auf Dänemark und Norwegen. Dänemark wurde kampflos besetzt, in Norwegen stieß die deutsche Wehrmacht auf Widerstand und lokale englische Gegenangriffe. Eine kritische Lage im Kampf um Narvik wurde von General Dietl gemeistert. Die Kriegsmarine erlitt bei der Besetzung Norwegens hohe Verluste, womit nicht gerechnet worden war.

[2] *Angriff im Westen* Nachdem Deutschland am 1. September 1939 Polen überfallen hatte, erklärten ihm England und Frankreich den Krieg. Frankreich griff jedoch nicht an und fühlte sich hinter seiner starken, aber veralteten Befestigung an seiner Ostgrenze, der Maginotlinie, sicher. Der deutsche Angriff erfolgte am 10. Mai 1940 nach einem Plan Hitlers durch Luxemburg, Belgien und Holland unter Verletzung der Neutralität dieser Staaten und führte durch neuartige Massierung der Panzerkräfte zum schnellen Erfolg. Nach dem erfolgreichen Frankreichfeldzug fühlte sich Hitler in verhängnisvoller Weise als genialer Stratege und den Militärs überlegen.

Dann ging alles sehr schnell. Zuerst wurden jene versetzt, die als »Bordfunker« ausgewählt worden waren. Andere Kommandierungen folgten – für K. die zu einer »1 KW-Station«, einer motorisierten Funkstation. Die Schulfreunde wurden getrennt.

Begegnungen

Das dreistöckige Mietshaus in der Nähe des Flugplatzes, das der Mannschaft des Luftnachrichtenzuges als Quartier angewiesen wurde, war ein Neubau. Mit vier anderen Funkern bezog K. eine kleine Wohnung im obersten Stockwerk. Aus dem Küchenfenster waren in einiger Entfernung am Rande des Rollfeldes mehrere ausgebrannte zweimotorige Potez-Bomber zu erkennen. Sonst war weit und breit nichts zerstört. Auf der anderen Seite überblickte man von einem kleinen Balkon die in der Ferne liegende Stadt Bourges, überragt von ihrer hochgelegenen Kathedrale.

Der Zustand der Wohnung zeugte vom überstürzten Aufbruch ihrer rechtmäßigen Bewohner. Aus den Schränken war offenbar hastig das Nötigste herausgerissen worden. In der Küche standen Essensreste. Strom und Wasser funktionierten. Obwohl sie wußten, daß sie nicht lange hierbleiben würden, machten sich die Eindringlinge in der blaugrauen Luftwaffenuniform ans Aufräumen, wuschen Geschirr. Sie waren es so gewohnt. Daß es deutsche Soldaten auch anders gehalten und zum Beispiel die Wohnungen evakuierter Saarländer verwüstet hatten, erfuhr K. erst einige Jahre später.

Nachdem sie in der Nacht des Waffenstillstandes mit dem Wagen ihrer Funkstation die deutsch-französische Grenze überquert hatten, begegnete ihnen ein Land in der Niederlage. Gemessen an dem, was die Zukunft barg, zeigte sich das Gesicht des Krieges den jungen Soldaten auf ihrem ersten Einsatz mit nahezu milden Zügen. Eine warme Frühsommersonne schien auf ein von der Natur gesegnetes Land und spielte mit Licht und Schatten auf den anfangs im Osten häufigeren, dann nur noch vereinzelten Trümmern der Häuser und Straßenzüge. Der kleine Konvoi begegnete langen Kolonnen französischer Soldaten, die, anscheinend nur spärlich bewacht, auf dem Weg in die Gefangenschaft waren. Wenige Tage später, als die Funkstation weiter nach Westen und Südwesten rollte, gab es andere Begegnungen: Hunderte von Personenautos, meist kleine und ältere, überladen mit Menschen und Gepäck, verstopften die Straßen. Die wenigsten kamen noch voran in Richtung Westen, andere suchten bereits wieder den Rückweg nach Osten. Die meisten lagen fest. Obwohl die Sieger Nachschubschwierigkeiten hatten, die zum Benzinsparen zwangen, und obwohl die »Abzweigung« von »Wehrmachtsgut« streng verboten war, floß bei Stopps wegen Straßenverstopfungen aus grauen deutschen Reservekanistern hin und wieder Benzin in Tanks französischer Zivilautos. Mancher Helfer sackte die dafür angebotenen Geldscheine ein, andere wiesen sie zurück.

Haß, so schien es Hans K., schlug den deutschen Soldaten nicht entgegen. Vielleicht war er nur gut verborgen. So wurde ihnen in ihrem Hochgefühl des Sieges gar nicht so recht bewußt, daß sie ja die Ursache waren für diese Massenflucht. Sie erschien ihnen sinnlos, meinten sie doch, diese Menschen aus Paris und den Provinzstädten hätten keinen Grund gehabt zu fliehen – ihnen sei doch nichts geschehen, außer jenen vielleicht, die aus dem äußersten Nordwesten des Landes kamen, wo gekämpft worden war; im Innern Frankreichs habe die deutsche Luftwaffe nur Flugplätze und Brücken angegriffen. Kurz darauf sah K. freilich in Tours: Die Loirebrücke überspannte unversehrt den Strom, ein Wohnviertel unmittelbar daneben aber lag durch den Fehlwurf mindestens einer ganzen Bomberstaffel in Trümmern.

Wenn sie ein paar Worte mit Flüchtlingen wechseln konnten, und dazu reichten bei einigen Deutschen die Schulkenntnisse in der französischen Sprache immerhin aus, fiel ihnen die Höflichkeit auf, von der die Franzosen selbst jetzt in ihrer schlimmen Situation denen gegenüber, die sie verursacht hatten, nicht abließen, und die deutschen Soldaten versuchten ihrerseits, es ihnen gleichzutun. Franzosenhaß war ihnen fremd, der war ihnen nicht anerzogen worden, auch nicht im Westen des Reiches. Propaganda und »Schulung« in der HJ hatte ihren Blick ganz auf den Osten eingestellt, auf die »bolschewistische Gefahr«, die von dort drohe, auf den »Lebensraum«, der in dieser Himmelsrichtung zu gewinnen sei.

Die Oberschüler aus dem linksrheinischen Gebiet hatten acht oder neun Jahre Französischunterricht (mehr oder weniger) genossen. Dabei hatten sie vielleicht einmal von einem Lehrer hören können, die Franzosen seien »überzivilisiert und dekadent«. Im übrigen hatten sie in der Oberstufe Corneille gelesen, lesen müssen, und sich herzlich dabei gequält und gelangweilt, wogegen Victor Hugos Reisebericht »Le Rhin« sie sympathisch berührt und ihnen einen Schimmer vom Deutschlandbild der Franzosen in der Zeit der Romantik vermittelt hatte.

Und die Kriegsbücher, die sie in der Schule und außerhalb gelesen hatten, so nationalistisch sie auch waren, indem sie den Ersten Weltkrieg als »Verteidigungskrieg Deutschlands« darstellten, waren – von Beumelburgs »Gruppe Bosemüller« bis zu Zöberleins »Glaube an Deutschland« – weit davon entfernt, die französischen Frontsoldaten zu verteufeln. Die deutschen Soldaten, die jetzt Frankreich besetzten, hatten als Fünfzehn-, Sechzehnjährige erlebt, wie der »Führer«, als ehemaliger »Frontsoldat des Weltkriegs«, seinen »Willen zum Frieden und zur Aussöhnung mit Frankreich« beteuerte, und immer wieder mal von herzbewegenden deutsch-französischen Frontkämpfertreffen gehört.

Wollte Hitler in dieser Phase wirklich Frieden mit Frankreich, vielleicht in der Hoffnung, sich den Rücken für Österreich, die Tschechoslowakei und Polen freizuhalten? Vermutlich rechnete er damit, daß die Staatsmänner Frankreichs sein Buch »Mein Kampf« genausowenig gelesen hatten wie seine deutschen »Volksgenossen«; denn darin hatte er die »endgültige Abrechnung mit Frankreich« angekündigt.

Daß es nun doch wieder zum Krieg mit Frankreich gekommen war, sahen die Nachdenklicheren unter den jungen Soldaten bei ihrer Fahrt quer durch Frankreich eher als Bereinigung einer falschen Nachkriegspolitik der alten und neuen Alliierten an, die sich an den Versailler Vertrag geklammert hatten, denn als Ausdruck deutscher Eroberungsgelüste, und schon gar nicht als Vergeltung für die Okkupation Deutschlands durch Napoleon I. oder die Verwüstung der Pfalz durch die Truppen Ludwigs XIV. Darüber gab es zwischen den Ex-Abiturienten aus Trier und Oberstein, dem Offiziersanwärter aus Kaiserslautern, dem Handelsschüler aus der Vorderpfalz, dem Feinmechaniker aus Hamburg keine Meinungsverschiedenheiten auf ihrer Fahrt zur Atlantikküste. Ganz allgemein aber pflegten die deutschen Soldaten und Offiziere in jenen Tagen des Jahres 1940 ihre Anwesenheit einfältig und kriegsbejahend zu rechtfertigen: »Frankreich hat sich – wenn auch widerwillig – wegen des Polnischen Korridors in den Krieg begeben. Es mußte besiegt werden, damit England ausgeschaltet werden kann.« Diese Überheblichkeit sollte ihnen in den nächsten Jahren ausgetrieben werden.

Der Funker Hans K. erinnerte sich an vier Fotografien, Luftaufnahmen aus dem Ersten Weltkrieg, die der Vater, der nach seiner Verwundung Schreibstuben-Unteroffizier bei den Fliegern geworden war, zusammen mit einem Schuhkarton voller Fotos von »fliegenden Kisten« mit heimgebracht hatte. Die Aufklärerfotos zeigten das Verdun-Fort Douaumont jeweils im Abstand von einigen Monaten. Auf dem ersten waren die Kasematten als fünfeckiger Erdwall deutlich zu erkennen. Nur vereinzelte Granattrichter waren darüber verstreut. Auf dem zweiten Bild war das Gemälde ziemlich dicht übersät mit Einschlägen. Das dritte ließ in einer Mondlandschaft noch ganz schwache Reste des Kasematten-Fünfecks erkennen. Auf der vierten Aufnahme waren auch die verschwunden.

Nun befand sich der Sohn des Weltkrieg I-Unteroffiziers mit seinen Kameraden im Juni 1940 in der Phase des ersten Fotos – und nahm es schon für die ganze Wahrheit des neuen Krieges. Vier Jahre später sollten im Norden des Landes, durch das er jetzt als Soldat zog, wieder ähnliche Kraterlandschaften wie 1916 bei Verdun entstehen. Nur daß die Urheber diesmal weniger als eine Stunde brauchten, um sie herzustellen. In einem solchen Bombardement der Invasion starb sein bester Schulfreund.

Enigma

Die Funkstation, genauer gesagt der sogenannte Betriebswagen, eine Art fahrbares Büro mit Kurzwellenempfängern und Morsetasten, stand kaum hundert Meter vom Badestrand entfernt im Pinienwald, der sich hinter den Strandvillen von Royan erstreckte. Leitungen verbanden ihn mit dem einen Kilometer entfernt plazierten schweren, dreiachsigen Sender-Fahrzeug. Wegen der starken atmosphärischen Störungen am Tage war einwandfreier Funkverkehr nur nachts möglich. Die langen Funksprüche, die von der Station gesendet werden sollten, brachte abends ein Kurier. Sie bestanden aus Schiffslisten mit Positions- und Zeitangaben. Aufklärungsflugzeuge hielten den Schiffsverkehr in der Biskaya unter Kontrolle.

Der Text eines Funkspruches mußte zunächst verschlüsselt werden, damit er für ungebetene Mithörer unverständlich wurde. Dies besorgte ein besonderer »Schlüsseltrupp« mit Hilfe einer teils elektrisch, teils mechanisch funktionierenden Chiffriermaschine. Ihre Konstrukteure hatten sie stolz »Enigma«, das Rätsel, getauft, galt sie doch als unschlagbar: Die in eine scheinbar sinnlose Folge von Buchstaben verwandelten Funksprüche würden dem Feind wohl immer ein ungelöstes Rätsel bleiben.

Tatsächlich bedeutete die Chiffrierung mit dieser Maschine bei Kriegsbeginn einen Vorsprung, das Äußerste, was zu jener Zeit auf dem Gebiet der Kryptografie erreichbar war. Das Gerät war in einem Holzkasten etwa von der Größe einer gewöhnlichen Schreibmaschine eingebaut, an die auch ihre Buchstabentastatur erinnerte. Alle 24 oder 48 Stunden mußte es erneut auf den wechselnden Code eingestellt werden, der bei höheren Stäben aufbewahrt wurde – eine zeitraubende Arbeit, bei der kein Fehler unterlaufen durfte, wenn nicht sowohl alle gesendeten als auch alle empfangenen Funksprüche als unentzifferbar verlorengehen sollten. Ein Dutzend paarige Steckerverbindungen an der Vorderfront der Maschine waren in mit Buchstaben versehene Kontakte einzuführen. Drei herausnehmbare, zahnradartige Scheiben mußten auf den Code eingestellt werden.

Zusätzlich wurde jedem Funkspruch eine willkürlich gewählte Buchstabengruppe vorangestellt, die – ihrerseits verschlüsselt – eine dritte Sicherung bedeuteten.

Natürlich war alles, was mit diesem Codesystem zusammenhing, und die Enigma selbst streng geheim. Nichts davon durfte dem Feind in die Hände fallen. Zur Vernichtung der Maschine lagen stets Handgranaten bereit. Aber auf die Dauer war es auch nicht zu verhindern, daß eine »Enigma« auf der anderen Seite landete, zumal die Engländer schon im Frieden von ihrer Existenz erfahren hatten. Ein Braintrust aus Mathematikern und Geheimdienstfachleuten brauchte allerdings fast ein Jahr, um das Enigma-Rätsel zu lösen. Etwa von Mitte 1941 an war es den Engländern möglich, deutsche Funksprüche innerhalb von drei Tagen zu entziffern. Das wirkte sich besonders im U-Boot-Krieg aus, während die deutschen Nachrichtenverbindungen auf dem Land durch Fernschreiber mit Kabelübertragung ersetzt werden konnten. Für besonders wichtige Übermittlungen gab es »Geheimschreiber«-Maschinen, die den Text bei Eingabe und Ausdruck selbständig chiffrierten beziehungsweise dechiffrierten und ihn so auch beim Anzapfen des Kabels schützten. Eine Fernschreibverbindung machte denn auch noch im Laufe des Sommers den Sender an der Atlantikküste überflüssig.

Die alten Männer

Die Soldaten der Sendermannschaft bewohnten eine zweistöckige Villa am Strand von Royan, die aus den zwanziger Jahren stammte. Entlang der weitgeschwungenen Corniche des mondänen Badeorts standen in unregelmäßigen Abständen solche massiven bürgerlichen Residenzen aus der Zeit um die Jahrhundertwende. Sie gehörten wohlhabenden Franzosen, die den Sommer dort verbrachten, bis 1940 die Deutschen kamen. Hier, an der Mündung der Gironde in den Atlantik, waren es vor allem Stäbe der Kriegsmarine und der Seeflieger, die eine Anzahl Villen und einige Hotels in der Nähe des geschlossenen Spielkasinos in Beschlag nahmen. Vom Strand waren die Villen durch eine Straße und eine Promenade getrennt, auf der eine Minidampflok auf schmalem Gleis die kleinen, offenen Wagen einer Strandbahn zog. Das Bähnlein fuhr auch im Sommer 1940 noch ein paarmal am Tage den mehrere Kilometer langen Bogen der Bucht entlang. Wer dienstfrei hatte, konnte mit ihm bequem in den Ort gelangen.

Als sie das Haus bezogen, waren fast alle Zimmer bis auf wenige Tische und Stühle ausgeräumt. Matratzen auf dem Fußboden dienten als Nachtlager. Den Unteroffizieren standen Betten zur Verfügung. Führer war Feldwebel Dahlmeier, ein kleiner, dunkelhaariger Pfälzer. Seine Klugheit machte den Kommiß erträglich; obwohl Berufssoldat, tolerierte er das »Unsoldatische« bei vielen seiner Funker. Bis zu einem gewissen Grad nahm er auch militärische Nachlässigkeiten gegen fachliches Können in Kauf. Dies galt besonders für die beiden Gefreiten, die für den Funkbetrieb sorgten, und für zwei ranglose Soldaten, die den Sender technisch betreuten – einen Reservisten, der von Beruf Hochfrequenzingenieur war, und einen jungen, hochgewachsenen überschlanken Hamburger mit auffällig feingebildeten Händen, der einen seltenen Beruf ausgeübt hatte, bevor er die Uniform anziehen mußte. Er war Feinmechaniker bei einer in Fachkreisen weltbekannten Firma für Zauberebedarf gewesen. Dort hatte er für professionelle Illusionisten jene Apparate gebaut, mit denen sie auf der Bühne ihre Tricks vollführten. Die Kameraden versuchten immer wieder, ihm das eine oder andere Geheimnis zu entlocken, aber unerschütterlich bewahrte er seine Berufsinterna. Obwohl er außerdem auch noch so gut französisch sprach, daß er als Dolmetscher einspringen konnte, interessierte ihn das Erkerzimmer der Villa nicht, in dem zwei Wände von Bücherschränken ausgefüllt waren, in denen dicht an dicht die typischen broschierten Bände der Bibliothek eines französischen Bildungsbürgers standen. Die Glastür dieses Zimmers blieb verschlossen. K. trieb die Neugier, sich vom Feldwebel den Schlüssel zu erbitten. Aber zum Schmökern in den französischen Romanen war sein Schulfranzösisch leider viel zu mangelhaft.

Das Bordell, eine einzeln stehende Villa bei Royan, war sehr plüschig eingerichtet. In einem großen Wohnzimmer konnten die Besucher alkoholische Getränke erwerben. Auch auf diesem Gebiet bot die Luftwaffe eben mehr Komfort als das Heer. Dabei war dieses Etablissement lediglich den Mannschaften und Unteroffizieren gewidmet. Den Herren Offizieren stand da wohl noch was Feineres zur Verfügung. Gemeinsamkeit bei solch intimem Tun, so fürchtete man wohl zu Recht, könnte der Disziplin schaden.

Die Waffengattung mit der größten Bordellerfahrung war die Marine. Die »Lords«, wie sich Matrosen und Dienstgrade der Kriegsmarine nicht ungern nennen hörten, hatten sie, soweit altgedient, schon auf Friedensfahrten sammeln können.

In den besetzten Ländern arbeiteten in den Soldatenbordellen in der Regel einheimische Prostituierte. Für sie hatten die Kunden sozusagen nur die Uniform gewechselt. Die meisten Damen waren zu ihrem beruflichen Service am deutschen männlichen Geschlecht vermutlich freiwillig bereit. In großen Städten hatten sie bei Truppenverschiebungen oft auch quantitativ einen heftigen Stoßbetrieb zu bewältigen. Trotz Abfertigung im Fünfminutentakt kam es zu Warteschlangen bis auf die Straße. Viel zu tun hatte dann am Ausgang auch der »Sani« mit der »Spritze«, dem desinfizierenden Miniklistier an ungewohnter Stelle.

Der uralte militärische Bordellbetrieb, den es auch auf alliierter Seite gab, war ein wohlüberlegter Teil der »Truppenbetreuung«. Damit sollte die Stimmung gehoben, vor allem aber der Ausbreitung von Geschlechtskrankheiten durch »Freiverkehr in Feindesland« vorgebeugt werden. Daß Vergewaltigungen verhältnismäßig selten vorkamen, ist wohl ebenfalls nicht zuletzt auf die Soldatenbordelle zurückzuführen, und nicht nur auf die harten Strafen, die dafür verhängt wurden.

Den Funkern war der Besuch der einsamen Villa sozusagen augenzwinkernd »befohlen« worden. Den zwei, drei Einzelgängern, die nicht mitfuhren, drohten nicht mehr als spöttische Bemerkungen, nicht einmal ein Verdacht in anderer Richtung; denn dafür kannte man sich in dem kleinen Haufen viel zu gut. Die Verweigerer brachten scheinbar sachliche Vorwände vor. Moralische Bedenken wurden verschwiegen, wenn sie überhaupt vorhanden waren, denn die Soldaten hatten kein Keuschheitsgelübde abgelegt. Im Gegenteil: In dieser Männerwelt war Sex immer wieder das »Thema Nummer eins«. Hinzu kam, daß bei Soldaten, die an der Front gewesen waren oder demnächst dorthin, in den Bereich ständiger unmittelbarer Lebensgefahr (und den Zwang, selber zu töten) gelangen würden, sich offenbar die sexuelle Phantasie mit dem gesteigerten Lebenswillen aufheizte. Die zunächst meist weniger gefährdeten Funker blieben auch davon eher verschont.

Für Hans K. war der Besuch in der Villa nicht besonders erhebend. Die kleine Französin, die ihn mit auf ihr Zimmer nahm, tat zwar lieb und freundlich, kam aber sehr schnell »zur Sache«. Das war er nicht gewohnt. Danach hatte er in Frankreich – »befohlen« oder nicht – keine Gelegenheit zur Wiederholung, und später, als er die Luftnachrichtentruppe verlassen hatte, war das für ihn sowieso ganz anders.

Ohne ihren Sender wurden die Funker bald auf eine Reise nach Norden geschickt, in die Bretagne, dann in die Normandie, wieder zurück in die Bretagne und so mehrfach hin und her. Die »Luftschlacht um England« war im Gange.[1] Beim Verlassen der Atlantikküste führte die

1 *Luftschlacht um England* Versuch Deutschlands, im Zweiten Weltkrieg die Luftherrschaft über England zu erringen. Dabei verlor die Luftwaffe vom 10. Juni bis 30. September 1940 von 1 700 an Bombenangriffen und Luftkämpfen beteiligten Flugzeugen (800 Bomber, 700 Jäger, 200 Zerstörer) insgesamt 1 408. Die Royal Air Force büßte nach britischen Angaben im gleichen Zeitraum 934 Jagdflugzeuge ein. Der Verlust an Piloten verminderte sich dabei durch Fallschirmabsprünge über eigenem Gebiet. Die Niederlage in der Luft zwang Hitler, die Pläne zur Invasion Englands (»Unternehmen Seelöwe«) aufzugeben.

Fahrt über eine Straße, an der entlang ein »Feldfernkabel« provisorisch verlegt war – vielleicht für jene Fernschreibverbindung, die die Funkverbindung ersetzt hatte. An diesem Kabel stand alle hundert Meter ein Mensch, viele Kilometer weit – alte Männer, die meisten mit dem dunkelblauen oder schwarzen Béret auf dem Kopf, eine Segeltuchtasche umgehängt, so wie französische Arbeiter zu ihrem Tagewerk gingen, oder auch zum Angeln. Sie standen da oder saßen am Rand des Straßengrabens, manche rauchten, einer nahm einen Schluck aus der Flasche, die er aus einem Brotbeutel zog. »Die bewachen das Kabel. Das ist vorige Woche an zwei Stellen durchgeschnitten worden«, wußte jemand im Wagen. »Bewachen das Kabel? Wie denn, ohne Gewehre?« Fast mitleidig wurde dem Frager Auskunft erteilt: »Wenn es nochmal durchgeschnitten wird, werden die Posten links und rechts der Stelle erschossen.« Das sei, so hieß es, das einzige Mittel, sich gegen Saboteure zu wehren. Die seien schwer zu fassen.

Wem oblagen eigentlich solche Sicherungsaufgaben? Wer hatte die alten Männer entlang des Kabels aufgestellt? Wer würde womöglich welche von ihnen erschießen? Die Ortskommandantur?[1] Die Feldgendarmerie? Da gab es noch den SD[2]. Zwei Buchstaben für eine geheimnisumwitterte Organisation außerhalb der Wehrmacht. Solchen Fragen genauer nachzugehen, empfahl sich nicht. Bald hatte der Funker Hans K. die Männer am Straßenrand vergessen. Vom SD sollte in seinem Umkreis später noch einmal die Rede sein, in Norwegen. Auch dann würde er das, was er davon wußte und mehr noch mutmaßte, als »sicherlich notwendig« erachten und aus seinem Bewußtsein verdrängen. Erst als für ihn unter gänzlich veränderten Umständen eine Abkürzung von gleicher Bedeutung in kyrillischen Buchstaben Gewicht gewann, sollte er sich der Chiffre »SD« und dessen, was er inzwischen davon erfahren hatte, wieder erinnern – in russischer Kriegsgefangenschaft.

1 *Ortskommandantur (Ortskommandant)* Dienststelle der Wehrmacht in allen Städten und größeren Orten in den besetzten Gebieten; die Ortskommandantur war zuständig für Truppenunterkünfte und ähnliches sowie für bestimmte zivile Verwaltungsangelegenheiten (in den Ostgebieten gab es darüber hinaus zusätzlich eine nicht der Wehrmacht unterstehende deutsche Zivilverwaltung).

2 *SD (Sicherheitsdienst des Reichsführers SS Himmler)* Als politisches Überwachungsorgan der SS durchsetzte der SD den Partei- und Staatsapparat sowie alle Lebensbereiche mit Vertrauensmännern; führte organisatorisch die Judenverfolgung in den besetzten Ländern und die »Endlösung« durch (Eichmann). Zugriff auf die Wehrmacht erhielt der SD nach dem 20. Juli 1944 (Attentat auf Hitler).

Die ganze Wahrheit wurde ihm jedoch erst Jahre danach offenbar, als er einen Prozeß verfolgte, in dem es um die Judenverfolgung in Frankreich ging, und in dem zur Sprache kam, daß genau zu jener Zeit, als es ihn in einer deutschen Soldatenuniform an die französische Atlantikküste verschlagen hatte, der SD in Bordeaux besonders früh und eifrig mit seiner Menschenjagd begann.

Abwehrkreis

Flugzeuge und Fliegerei hatten Hans K. schon als Kind fasziniert. Neun Jahre war er alt, als auf einem flachen Höhenrücken über seiner Heimatstadt ein »Flugtag« stattfand. Drei kleine Doppeldecker bestritten ihn mit Scheinluftkämpfen und anderer Flugakrobatik. Dagegen war der Zeppelin LZ 129, der bei einem seiner Deutschlandflüge eines Tages auch über der kleinen Stadt am Himmel brummte, ein mehr nationales als fliegerisches Ereignis.

Die deutschen Flugzeuge des Ersten Weltkriegs kannte K. von den Fotografien, die der Vater mitgebracht hatte. Sie dokumentierten die rasche Modernisierung der Typen. Berühmte Namen und Flugrekorde der Nachkriegszeit motivierten seine Begeisterung für die Fliegerei, aber selbst Flieger zu werden, war ihm nie in den Sinn gekommen. Nun trug er zwar Luftwaffenuniform, doch als »Bodenfunker« war er bei der Fliegerei auch weiter nur Zuschauer, was er nicht bedauerte. Die Luftnachrichten-Funker wurden zu dieser Zeit allerdings auch nicht aufgefordert, sich zur Bordfunkerausbildung zu melden. Und Flugzeugführer in einem Jagd- oder Kampfgeschwader zu werden, lag wegen der Anforderungen an die körperliche Eignung und bei der Dauer der Ausbildung (»Bis dahin ist der Krieg zu Ende!«) außerhalb jeder Realität. Vor allem aber hatten alle schnell gelernt, daß sich ein »alter Soldat« nie freiwillig meldet. So blieb er also ein Bodenverhafteter. Er fand es richtig, die Leistungen der Jagdflieger am Kanal, die trotz Schwierigkeiten und Verlusten den Engländern zunächst überlegen waren, wie die hohen Abschußzahlen eines Wick, Mölders und Galland bewiesen, zu würdigen. Schließlich glaubte er noch daran, daß Deutschland den Krieg gewinnen werde (das Wort »Endsieg« wurde erst später erfunden). Allerdings konnte er die bombastische Beweihräucherung nach Stammtischart, die den »Helden der Luft« von Schreibtischen in der Heimat aus widerfuhr, nicht leiden. Diese Abneigung teilte er mit den Jagdfliegern. Doch das erfuhr er so richtig erst später, als er mit ihnen in engeren Kontakt kam. Als in der Folgezeit Hitler, Göring und Goebbels an ihren eigenen Lügen würgten und die (Luft-) Kriegswirklichkeit nicht mehr erkennen wollten, befielen ihn allmählich Ratlosigkeit und Wut.

Weil die Funker der ehemaligen 1 KW-Station an der Kanalküste einem Jagdgeschwader unterstellt waren, erlebten sie Glanz und Elend der Luftwaffe in der sogenannten Luftschlacht um England, wenn auch nur vom Boden aus und damit mittelbar, so doch aus der Nähe mit. In Hans K. nisteten sich dabei zunehmend erhebliche Zweifel an der angeblich unüberwindlichen Stärke der deutschen Rüstung und nicht zuletzt an der Klugheit der dafür Verantwortlichen und an der Strategie der obersten Führung ein.

Das einmotorige, einsitzige Jagdflugzeug Messerschmidt Me 109 war zwar dem von den Engländern anfangs fast ausschließlich geflogenen Typ »Hurricane« in allen Belangen deutlich überlegen, doch keineswegs der immer häufiger in die Luftkämpfe eingreifenden »Spitfire«. An fliegerischem Können und »Schneid« standen die englischen Piloten den deutschen nicht nach. Daß sie zunächst sehr hohe Verluste erlitten, lag auch an ihrer veralteten Luftkampftaktik in geschlossenen Verbänden. Die deutschen Jagdflieger erreichten demgegenüber mit der im Spanischen Bürgerkrieg von den späteren Weltkriegs II-Jagdfliegern Mölders und Galland »erfundenen« sogenannten »freien Jagd« in ungebunden operierenden Zweier-»Rotten« hohe Abschußzahlen. Die Engländer lernten rasch und stellten sich um. Vor allem aber wurden sie von einer Kette von Radarstationen unterstützt und geführt. Das englische Radar arbeitete zwar noch unvollkommen, konnte Flughöhen und die genaue Zahl anfliegender Maschinen nicht ermitteln, doch auf deutscher Seite standen an der französischen Küste keine vergleichbaren Einrichtungen zur Verfügung, obgleich die deutsche Industrie Radargeräte hätte liefern können, die zu dieser Zeit den britischen sogar noch überlegen gewesen wären.

Ein weiterer Vorteil des Gegners bestand darin, daß englische Piloten, denen es gelang, aus zerschossenen Maschinen mit dem Fallschirm abzuspringen, auf eigenem Boden landeten und oft genug wenig später mit einem neuen Flugzeug starten konnten. Göring reagierte darauf mit dem Ansinnen an seine Jagdflieger, am Fallschirm hängende feindliche Flieger zu beschießen. Als er damit auf einhellige Ablehnung stieß, weil sich die Flugzeugführer, wie die Piloten damals hießen, in der Tradition des Ersten Weltkriegs einer »ritterlichen« Kampfführung verpflichtet fühlten und dies als Mord empfunden hätten, machte er einen Rückzieher. (Allerdings befürchteten die Piloten auch, daß die Engländer auf gleiche Weise antworten könnten. Entsprechende Befehle gab es dann auch dort.) Dagegen wurde jedoch versäumt, die englischen Flugzeugwerke, insbesondere das einzige Spitfire-Motorenwerk, konzentriert zu bombardieren.

Die deutschen Bombenangriffe – anfangs nur bei Tage geflogen – beschränkten sich zunächst auf Flugplätze und südenglische Häfen, vor allem von London. Beim Begleitschutz für die Kampfflugzeuge wurde dann die Krise offenbar. Die Me 109 war dafür nur beschränkt geeignet. Sie verbrauchte bereits beim Anflug über den Kanal gut ein Drittel ihres Treibstoffvorrats. Das für den Begleitschutz eigentlich vorgesehene zweimotorige Langstrecken-Jagdflugzeug Me 110 erwies sich als bei weitem zu langsam. Die Verbände dieser »Zerstörer« genannten Me 110-Flugzeuge konnten sich vor den angreifenden Spitfire-Jägern nur retten, indem sie einen »Abwehrkreis« bildeten und darin sozusagen wie auf einem Karussell wirkungslos festsaßen. Immer wieder mußten sie von Me 109-Jägern »herausgehauen« werden und erlitten Verluste.

Noch schlimmer erging es den Bombenfliegern (im damaligen deutschen Sprachgebrauch Kampfflieger genannt) bei ihren Tagesangriffen. Die Flugzeugtypen, mit denen Deutschland den Krieg begonnen hatte – der einmotorige Sturzkampfbomber, der berühmtberüchtigte »Stuka«, der bei den polnischen und französischen Soldaten mit heulenden Sirenen Panik verursacht hatte, und der Heinkel-Bomber He 111 –, waren inzwischen viel zu langsam und konnten sich mit ihren veralteten Maschinengewehren nur höchst unzulänglich selbst schützen. Die Umrüstung auf den neuen Typ Ju 88 ging nur allmählich vonstatten. Und selbst diese schnellen Kampfflugzeuge wurden von der englischen Flugabwehr und von englischen Jägern in großer Zahl vom Himmel geholt, so daß die Angriffe bei Tag schließlich eingestellt werden mußten. In dieser Zeit lernten die Funker der 1 KW-Station den Jagdgeschwader-Kommodore Adolf Galland kennen, auf dessen Konto damals 50 »Luftsiege« gingen. Mit seiner lässig zerknautschten Mütze, dem schwarzen Schnauzbart, ständig Zigarren rauchend, war er ein ausgesprochen »undeutscher« Männertyp. Doch gerade deshalb beeindruckte er die jungen Luftwaffensoldaten.

Nach der Umstellung des Luftkriegs gegen England auf Nachtangriffe wurden zunächst wieder nur Häfen bombardiert: Sie waren selbst ohne Mondlicht einfach auszumachen. Das Schwergewicht lag dabei weiterhin auf dem Londoner Hafenviertel. Mit Coventry änderte sich das zumindest teilweise. Der Angriff auf die Stadt Coventry im November 1940 wurde als von höchster Stelle befohlener »Vergeltungsschlag« für die Bombardierung Münchens ausgegeben. Er eröffnete (mit der danach nie wieder erreichten Zahl von 449 Maschinen) die zweite Phase der deutschen Luftangriffe, mit denen zwar auch Industrieanlagen und Versorgungseinrichtungen getroffen werden sollten, die sich jedoch in ihrer Auswirkung auf die Zivilbevölkerung nicht von den britischen Nachtangriffen auf deutsche Städte (nur die US-Air Force flog ihre Angriffe später auch am Tag) unterschieden, die von Goebbels lauthals als »Terrorangriffe« angeprangert wurden. Allerdings: Während die Engländer trotz keineswegs unerheblicher Verluste immer stärker wurden, nahm die Zahl der deutschen Bomber zusehends ab.

In der kurzen Zeit, in der die Funkstation auf dem Feldflugplatz bei Cherbourg stationiert war, erlebte Hans K. die Kampfstaffeln nur von fern. Ihre Verluste durch Flak, Nachtjäger und vor allem Radarerfassung sprachen sich herum. Was diese Angriffe für die Besatzungen bedeuteten, erfuhr er erst später, als er auf einem anderen Kriegsschauplatz selber mit ihnen flog und es zum »EK II« sowie einer bescheidenen »Frontflugspange« brachte. Genauso wie ihre Kollegen auf der anderen Seite bemühten sie sich, ihren Auftrag auszuführen und dabei selbst davonzukommen. Daß ihre Bomben »Zivilisten« töteten, belastete nur wenige. Sie wurden damit fertig, indem sie sich einredeten, daß sie ja nur Gleiches mit Gleichem vergalten – wohl kaum anders als die britischen Flieger: Symptom des selektiven Wahnsinns, den der Krieg mit sich bringt. Aber darüber dachten die Überlebenden von ihnen auf beiden Seiten erst nach, als die Arbeit getan und der Krieg beendet war. In jenen Tagen und Monaten wurde ihr Denken vom Kurshalten, von der Kontrolle der Motoren, von Flakfeuer, Ausweichmanövern, Nachtjägern vollauf beansprucht. Wer heil zurückkam, schlief todmüde ein paar Stunden bis zum nächsten Start. Zuvor erfuhr er noch, wen es zuletzt »erwischt« hatte. Wenn eine ihm gut bekannte Besatzung darunter war, ging ihr Tod ihm nahe: »Gerade die!« Blieben »Neue« aus – und gerade die hatten die meisten Verluste – berührte es ihn kaum. Man lernte, mit seinen Gefühlen ökonomisch umzugehen, um selbst durchhalten zu können.

Als immer häufiger deutsche Jagdflieger über dem Kanal mit dem Fallschirm »aussteigen« oder ihre Maschine aufs Wasser setzen mußten, und nur wenige von ihnen von den Seenotflugzeugen (die anfangs von den Engländern nicht angegriffen wurden) gefunden und gerettet werden konnten, erhielt der Funker-Trupp, zu dem K. gehörte, wiederum eine neue Beschäftigung. Zuvor aber streifte die jungen Männer – wenn auch nur flüchtig und aus vergleichsweise geringem Anlaß – jene Wahrheit dieses Krieges, die sie noch lange Zeit nicht gänzlich begreifen sollten: daß es ein Eroberungs- und Vernichtungskrieg war, in dessen mörderischem Räderwerk sie ein Teilchen waren.

Während es den Funkern mit den braunen Kragenspiegeln in ihrer knappen dienstfreien Zeit nicht möglich war, von dem Flugplatz schnell einmal einen Abstecher zu den Vergnügungen in der über 20 Kilometer entfernten Hafenstadt zu machen, gelangten Angehörige des fliegenden Personals (gelbe Kragenspiegel) hin und wieder in die Stadt, weil ihnen Fahrmöglichkeiten zur Verfügung standen. Als eines Tages zwei Flieger im Hafenviertel von Cherbourg von hinten erstochen wurden, war die Empörung über den heimtückischen Mord groß. Die deutschen Soldaten auf dem Flugplatz wußten noch nicht, daß seit Sommer 1941 im besetzten Frankreich im Untergrund eine Widerstandsbewegung, die Résistance[1], heranwuchs. Und bei Hans K. war die Geschichte von dem unfreiwilligen Brückensturz eines französischen Kolonialsoldaten in Oberstein, die

---

1 *Résistance (franz. Widerstand)* Nach dem deutschen Überfall auf die Sowjetunion am 22. Juni 1941 gewannen vorher nur

ihm sein Onkel erzählt hatte, tief auf den Boden der Erinnerung gesunken.

Eine andere Episode des beginnenden Widerstands der Franzosen war eher harmlos und komisch. Sie ereignete sich in Deauville, wohin die Funker im Winter zum Aufpolieren der sogenannten militärischen Disziplin für einige Wochen verlegt worden waren. Das Kommißzwischenspiel fand im feudalen »Hotel du Golf« statt, dessen Golfplatz sich gut zu erdverbundenem Stumpfsinn eignete. Die Freizeit wurde mit Wacheschieben auf dem etwas abseits und oberhalb des Badeorts gelegenen Areal des Hotels ausgefüllt. Als K. zusammen mit seinem Doppelposten-Pendant nach der Ablösung vom Streifendienst schlafgierig der Wachstube im Souterrain des Hotels zustrebte, bemerkten die beiden, wie zwei französische Zivilisten damit beschäftigt waren, einen großen Kokshaufen, der an der Straße als Vorrat zwecks Erwärmung der ungebetenen Hotelgäste aufgeschüttet worden war, abzutragen und den Koks auf einen kleinen Lastwagen zu schaufeln. Von den beiden Soldaten, die mit umgehängten Gewehren an ihnen vorbeischlürften, ließen sie sich nicht stören. Dies wiederum suggerierte den müden Boches[1], daß es mit dem Lastwagen und dem Aufladen seine Ordnung haben müsse. Auch ein zweites Postenpaar nahm keinen Anstoß an dem Kokstransfer und hielt ihn ebenfalls nicht für ein meldepflichtiges »besonderes Ereignis«. Erst als im Lauf des Tages auffiel, daß der Kokshaufen erheblich geschrumpft war, wurde klar, daß couragierte Franzosen für sich und ihre frierenden Landsleute dem Brennstoffmangel abgeholfen hatten – zu Lasten und unter den Augen und damit auch noch zur Blamage derer, die den Mangel verursacht hatten.

schwache bürgerliche Widerstandsgruppen im besetzten Frankreich an Gewicht durch Zustrom von Kommunisten, die bis dahin wegen des Hitler-Stalin-Pakts untätig geblieben waren. Die Résistance verübte Sabotageakte und Anschläge auf Soldaten. Die Verschleppung ziviler französischer Zwangsarbeiter durch die Deutschen (»Nacht- und Nebelaktionen«, während zuvor »Freiwillige« angeworben wurden) verschaffte der Résistance einen verstärkten Zustrom, so daß sie auch paramilitärische Verbände in unwegsamen Gebieten aufstellen konnte. Die deutsche Besatzungsmacht begegnete ihren Aktionen mit Vergeltungsterror durch den SD (siehe Anm. S. 116) und normale Wehrmachteinheiten, vor allem mit nicht durch Kriegsrecht gedeckten Geiselerschießungen. (Aus Rache für die Tötung eines SS-Offiziers wurde 1944 der Ort Oradour sur Glane von einer Einheit der Waffen-SS eingeäschert und die Bevölkerung umgebracht.)

1 *Boche* (franz.) Abwertende Bezeichnung von Franzosen für Deutscher.

Gefährliche Träume

Die nächste Aufgabe erwartete die Funker im äußersten Zipfel der Bretagne. Dort und an anderen Stellen der Kanalküste wurde eine neue Errungenschaft erprobt. Im Gegensatz zur Radar-Funkmeßtechnik, die in Deutschland früher entwickelt worden war als in England und die 1939 in der Deutschen Bucht zum ersten Mal im Krieg erfolgreich verwendet, dann aber vernachlässigt und vom britischen Radar überholt wurde, handelte es sich bei den Versuchen in der Bretagne um die Anwendung einer englischen Erfindung. Auf der Kanalinsel Guernsey hatte die Luftwaffe Geräte zur Funkpeilung mit Kurzwellen erbeutet. Während man bisher zur Peilung, das heißt zur funktechnischen Bestimmung des genauen Standortes eines Senders, nur größere Wellenlängen verwenden konnte, war mit den englischen Geräten (sowie mit eiligst angefertigten Nachbauten) die Peilung nun auch auf Frequenzen möglich, wie sie in Jagdflugzeugen zum Funksprechverkehr benutzt wurden. Damit wollte man deutschen Piloten helfen, die über dem Kanal in Bedrängnis geraten waren. Die Funker am Boden hatten dabei die Verbindung mit den an der Kanalküste verteilten Peilstationen herzustellen. Das großangelegte Unternehmen stieß auf mancherlei Schwierigkeiten und mußte lange mit den Jagdfliegern geprobt werden. Nach dieser Erprobungs-Phase wurden die Verbindungsfunker durch eine andere neue Errungenschaft »arbeitslos«: Zwischen den Peilern und der Zentrale wurden mit großem Aufwand Richtfunkstrecken für Sprechfunk im Dezimeterwellenbereich eingerichtet. Eine Radarüberwachung des Luftraumes an der Kanalküste, die weit effektiver gewesen wäre, konnte dagegen nicht aufgebaut werden. Es fehlte an geeigneten Geräten. Hitler höchstpersönlich hatte – wie nach dem Krieg aus Kreisen der Wehrtechnik und Rüstungsindustrie mehrfach bezeugt – nach der Niederlage Frankreichs zunächst alle waffen- und funktechnischen Entwicklungen auf längere Sicht gestoppt und untersagt, da der Krieg schon demnächst siegreich beendet sein würde. Wie der ganze Krieg entsprang auch dieser Befehl folgerichtig Hitlers (von zu vielen Deutschen übernommenen) Größenwahn.

In dem kleinen bretonischen Dorf, in dem sich die Funker zu dieser Zeit aufhielten, trugen die älteren Frauen noch jeden Tag ihre bretonische Tracht mit den ausladenden weißen Hauben, selbst wenn sie am felsigen Strand, bis zu den Knien im Wasser stehend, mit großen Rechen den angeschwemmten Blasentang ernteten, aus dem in einer kleinen Fabrik Jod gewonnen wurde. Das Dorf hieß L'Armor nach dem alten Namen der ganzen Halbinsel. Für die deutschen Soldaten klang dies allerdings nicht anders als das in ihrer Phantasie französischste Wort, das sie kannten: l'amour. Für einen von ihnen wurde der Ort denn auch wirklich zum Dorf der Liebe. Peter, ein neunzehnjähriger Blondschopf, verliebte sich in die bildhübsche Kellnerin des einzigen Bistros, einer dunklen Cidre-Kneipe. Fast mehr noch schien das Mädchen dem Deutschen verfallen. Das konnte den Einheimischen nicht verborgen bleiben. Mögen sie es der kleinen Bretonin nicht allzu schlimm vergolten haben, als nach der Befreiung, im Racherausch der Résistance, Französinnen, die sich mit deutschen Soldaten eingelassen hatten, kahlgeschoren durch die Straßen getrieben wurden.

Die Trachten der alten Frauen und Aufschriften in bretonischer Sprache an Mauern und Hauswänden waren für die Soldaten die einzigen Anzeichen für die Eigenständigkeit und das Selbständigkeitsstreben der Bretonen. Wie im übrigen Frankreich vermieden die Einheimischen jeden Kontakt mit den Deutschen. Der Lehrer des kleinen Ortes wagte es dennoch, einem von ihnen Fragen zu stellen, die ihn bewegten. Auf dem von der Straße nicht einsehbaren Schulhof, auf dem die Fahrzeuge des Nachrichtentrupps standen, machte er sich vorsichtig an den Gefreiten K. heran und begann eine Unterhaltung in Französisch, aus der K. mit seinen dürftigen Schulkenntnissen immerhin entnehmen konnte, daß sich Monsieur l'instituteur brennend dafür interessierte, wie denn wohl das vereinigte Europa unter deutscher Führung und Vorherrschaft, von dem in der Propaganda die Rede war, aussehen werde. K. zweifelte nicht daran, daß den Bretonen nach dem endgültigen deutschen Sieg die staatliche Selbständigkeit gewährt würde, wenn sie es wünschten, und bekräftigte die Hoffnungen des offensichtlich von einer autonomen Bretagne träumenden Lehrers.

Im Spätherbst hatten die Funker noch immer nicht ihren 1 KW-Sender zurückerhalten. Seine geplante und bevorstehende Verwendung blieb bis zum Januar 1942 genauso unter dem Siegel der höchsten Geheimhaltungsstufe verborgen wie der Grund für die Quarantäne, der sie in einem Wald bei Brest in ihrem lückenlos umzäunten Quartier unterworfen waren: Ihr Sender sollte als Leitstation für die Jagdflieger am bevorstehenden Durchbruch der Schlachtschiffe »Scharnhorst« und »Gneisenau« vom Kriegshafen Brest durch den Ärmelkanal in die Deutsche Bucht teilnehmen[1]. K. gehörte nicht mehr zu den Funkern, als diese letzte gelungene kombinierte Luft-See-Operation stattfand. Ausgerechnet aus der strengen Abgeschiedenheit im Wald bei Brest wurde er im Dezember 1941 versetzt – nach Berlin, zur »Luftwaffen-Kriegsberichterkompanie zur besonderen Verwendung (z. b. V.)«.

1 *Kanaldurchbruch* Die im französischen Kriegshafen Brest festliegenden Schlachtschiffe »Scharnhorst« und »Gneisenau« sowie der Kreuzer »Prinz Eugen« fuhren in der Nacht zum 12. Februar 1942 und am darauffolgenden Tag mit Begleiteinheiten und unter Jagdschutz der Luftwaffe ohne Verluste durch den Ärmelkanal in die Deutsche Bucht. Großangelegte elektronische Störmanöver legten die britische Radarüberwachung lahm (siehe unter *Radar* S. 248). Bei den See- und Luftgefechten während der Kanaldurchbrüche verlor die Royal Air Force 60, die deutsche Luftwaffe 17 Flugzeuge.

Die überraschende Veränderung hatte eine Vorgeschichte. Nach der Niederlage Frankreichs und nach der überhasteten, durch die bevorstehende Landung der Briten verfrüht ausgelösten Besetzung Norwegens war in Hitlers Eroberungsprogramm eine Pause eingetreten. Der »größte Feldherr aller Zeiten« zögerte und schwankte, ob er nun England, seine unglückliche Liebe, erobern oder besser schon jetzt den Pakt mit Rußland zerreißen sollte. Während dieser Zeit konnten in der Wehrmacht Medizinstudenten und solche, die es werden wollten, Studienurlaub auf Widerruf erhalten. Zwei Funker des Nachrichtenzuges meldeten sich zur Universität ab. K. hätte die Gelegenheit ebenfalls gerne genutzt, doch Arzt wollte er auf keinen Fall werden. Vielmehr dachte er an ein Germanistik- und Geschichtsstudium, wie es sein Freund und Vorbild aus Jungvolktagen, Paul Stolz, begonnen hatte, doch nicht, um Studienrat zu werden, sondern um irgendwie und irgendwann einmal der schreibenden Zunft anzugehören. Dafür gab es natürlich keinen Studienurlaub. Aber da existierten doch die Propagandakompanien (»PK«)¹, die bei der Luftwaffe sympathischerweise Kriegsberichterkompanien hießen! K. hatte keine Ahnung, was sich genau hinter diesem Namen verbarg, und wie man als ein Niemand eine Versetzung zu solch einem exklusiven Verein erreichen könnte. Aber vielleicht konnte man dort Funker brauchen? Ebenso naiv wie kühn reichte er ein Versetzungsgesuch ein, das tatsächlich akzeptiert und weitergeleitet wurde; denn viele Monate später – er dachte schon gar nicht mehr an sein abenteuerliches Unterfangen – erreichte ihn ein Fragebogen, ein simples, hektografiertes Blatt, von dessen Fragen er nur drei positiv beantworten konnte – zwei noch dazu nur bei äußerst großzügiger Auslegung. Keine Schwierigkeiten machte die Beantwortung der Frage nach Mitgliedschaft in der NSDAP oder einer ihrer Gliederungen. Schließlich war er ja jahrelang Jungvolkführer gewesen. Die Frage nach Fertigkeiten in Stenografie konnte er bejahen. In der Schule hatte er einen freiwilligen Kurs absolviert. Da der aber nicht zu einer nennenswerten Silbengeschwindigkeit geführt hatte, blieb die entsprechende Zusatzfrage besser unbeantwortet. Gänzlich die Grenze zur Hochstapelei überschritt die Beantwortung der Frage nach einschlägigen beruflichen Kenntnissen und Fähigkeiten: Dafür mußten jene abiturbedingte, kurze »Ausweichtätigkeit« als Pressereferent der Jungbannführung und der unerwartete Erfolg im »Federwettstreit« herhalten.

---

1 *PK* (Abkürzung für Propagandakompanie): Sondereinheiten des Heeres und der Kriegsmarine. Ihre Aufgabe, aktive Propaganda zur Beeinflussung des Feindes zu betreiben, verlor im Laufe des Krieges an Bedeutung. Rundfunksendungen für das Ausland oblagen nicht der PK. Zu ihrem Tätigkeitsbereich gehörten unter anderem: die Kriegsberichterstattung für Presse und (Reichs-)Rundfunk, Pressefotos, Filmaufnahmen für die Wochenschau. Bei der Luftwaffe: Kriegsberichterkompanien beziehungsweise -züge. (Kriegsberichte in Zeitungen wurden in der Regel durch die Buchstaben »PK« und den Zusatz »Kriegsberichter« gekennzeichnet.)

Kompanie ohne Kommiß

In dem Jahr, das verstrich, bis dieser Fragebogen seinen Rückweg angetreten hatte, war mit K. eine unauffällige Wandlung geschehen. Er hatte sich ans Soldatendasein und mehr noch an das eines Luftnachrichtenmannes gewöhnt, war damit sogar zufrieden. Sein Versetzungsgesuch hätte er am liebsten zurückgenommen; doch gab er ihm sowieso keine Chance. Als die Versetzung dann im Dezember 1941 kam, überraschte sie ihn deshalb nicht weniger als seine Vorgesetzten – diese der besonderen Umstände wegen, in der sich die Einheit befand, und die es eigentlich nicht erlaubten, daß einer aus der geheimnisvollen Isolierung entlassen wurde, deren Anlaß K. nicht kannte, weil er der höchsten Geheimhaltungsstufe unterlag und deshalb den Soldaten natürlich nicht bekanntgegeben wurde. Wie schon erwähnt, handelte es sich um den »Kanaldurchbruch« der Schlachtschiffe »Scharnhorst« und »Gneisenau«. Doch der Versetzungsbefehl kam vom OKW[1], und so nahm der Gefreite K. mit gemischten Gefühlen Abschied von den Kameraden und dem milden Winter der Bretagne und machte sich auf den Weg nach Berlin.

1 *OKW (Oberkommando der Wehrmacht)* 1938 gebildeter oberster Stab der deutschen Wehrmacht; stand unter Hitlers direktem Befehl. Die Oberkommandos des Heeres, der Luftwaffe und der Kriegsmarine waren nicht dem OKW, sondern dem »Führer« direkt unterstellt.

Für den zwanzigjährigen Soldaten aus einer Kleinstadt in der tiefen Provinz war selbst noch das Berlin des dritten Kriegswinters eine Offenbarung. Die Bombenschäden verloren sich zunächst noch im Häusermeer der Millionenstadt und beeinträchtigten ihr Leben scheinbar nicht. Berlin schien noch intakt. Freilich war es das Berlin mit Hitlers Reichskanzlei, doch auch mit Abend für Abend ausverkauften Theatern, den großen Uraufführungskinos rund um die Gedächtniskirche, mit seinem noch funktionierenden Verkehrsnetz aus U- und S-Bahn. Die verdunkelten Nächte waren längst zur Gewohnheit geworden, und über die Tarnnetze, die über den Nollendorfplatz (wie über einige andere markante Punkte) ausgespannt waren, wagte im Metropol-Theater der Operetten-Oberst Ollendorf im »Bettelstudenten« nur einen flauen Witz. Auch Willy Schaeffers war in seinem »Kabarett der Komiker« vorsichtig geworden, seit Werner Finck von der Gestapo abgeholt worden war.

Zu melden hatte sich der Gefreite K. in der Kaserne des Luftwaffen-Infanterieregiments »Hermann Göring« in Reinickendorf. Dort, in den komfortabelsten Kasernen der ganzen Wehrmacht, die der »Reichsmarschall« für sein Leibregiment mit den weißen Kragenspiegeln hatte errichten lassen, war in einem der bescheideneren Gebäude die »Kriegsberichterkompanie z. b. V.« untergebracht. Welch höchst eigenartiger Einheit er nun angehörte, erfuhr der Ankömmling sogleich an der ersten Anlaufstation: in der Schreibstube. Nachdem ihm der Spieß sein Quartier zugewiesen hatte, belehrte er den Gefreiten K.: »Wenn Sie sich morgen beim Kompaniechef melden, klappen Sie bloß nicht die Hacken zusammen! Das kann er nicht leiden.«

Major von Pebal war aber nun keineswegs, wie man hätte vermuten können, ein dünnhäutiger Intellektuellentyp, sondern ein bulliger Mann mit einer schon früh leicht ergrauten Löwenmähne. Die bezwingende Überlegenheit, die er ausstrahlte, ging nicht von seinen geflochtenen Schulterstücken aus, sondern von seiner Weltläufigkeit und seinem österreichischem Charme. Von Pebal war Österreicher und im Zivilleben Chef der Fox-Filmwochenschau für den Balkanbereich. Die Schreibstubenfama, wonach er auf dem Balkan vor dem Krieg mit allen Fürstlichkeiten, ob noch regierend oder ex, per Du gewesen sei, verdiente geglaubt zu werden.

K. sollte in den Monaten seiner unmittelbaren Zugehörigkeit zur Kompanie erfahren, daß der Chef nicht die einzige bemerkenswerte Persönlichkeit war, die zu ihrem weitgespannten Einzugsbereich gehörte. Im Unterschied zu den anderen Kriegsberichterkompanien, die jeweils einer Luftflotte, das hieß einem Kriegsschauplatz, zugeteilt waren, stellte die z. b. V.(»zur besonderen Verwendung«)-Kompanie eine Art Heimathafen für sogenannte Sonderberichter dar – Fotografen, Kameraleute und Schreiber, die damals einen Namen hatten (und zum Teil nach dem Krieg wieder einen gewannen). Sie wurden zu den Brennpunkten des Krieges entsandt. Dabei und darüber hinaus erwies sich die Luftwaffen-Kriegsberichterkompanie noch in ganz anderer Hinsicht als zweckdienlich – allerdings gänzlich inoffiziell und sozusagen unterderhand. Ein Beispiel dafür war der Schauspieler Heinz Rühmann. Er gehörte ihr ebenfalls an. Als einfacher Soldat ohne Dienstgrad und quasi externes Mitglied war er ständig beurlaubt. Gewisse Verstimmungen des den Film beherrschenden Propagandaministers hatten es Leuten mit Einfluß und Beziehungen angeraten erscheinen lassen, den Schauspieler und Hobby-Piloten für den Fall eines Falles zu seinem Schutz militärischer Befehlsgewalt zu unterstellen. Weniger prominente Beispiele dafür, wie mit Hilfe der Luftwaffen-Kriegsberichterkompanie Leute »aus der Schußlinie genommen« wurden, waren beispielsweise Ludwig von Danwitz und Kurt W. Marek. Von Danwitz drohten als Mitglied der Bekennenden Kirche Schwierigkeiten. Als Sonderberichter der Kompanie feierte er dann in Nordafrika den Jagdflieger Marseille als strahlenden jungen Helden. (Ludwig von Danwitz wurde nach dem Krieg Chefkorrespondent des Nordwestdeutschen Rundfunks in Bonn. Kurt W. Marek, der als C. W. Ceram nach dem Krieg den ersten deutschen Bestseller schreiben würde, sollte K. dann später, als er sich selber Kriegsberichter nennen durfte, in Norwegen näher kennenlernen.)

So ähnlich wie man auf einem Schiff einen entdeckten blinden Passagier zum Kartoffelschälen in die Kombüse steckt, fand der Gefreite K. bei der Luftwaffen-Kriegsberichterkompanie Beschäftigung in einer Art Büro. Dort wurden von draußen eingehende Kriegsberichte durch Abschreiben vervielfältigt, eine Kopie für die Kompanie, eine für die militärische Zensur durch das Oberkommando der Wehrmacht und eine für das Propagandaministerium. Außerdem schrieben routinierte Redakteure im Rang von Gefreiten und Obergefreiten klischeehafte und verlogene Bildunterschriften zu oft guten und nicht selten unter höchst riskanten Umständen aufgenommenen Kriegsfotos. Hier und in den nächsten beiden Jahren lernte K., wie die deutsche Kriegsberichterstattung in Wirklichkeit funktionierte.

Zunächst einmal waren alle Berichterstatter Soldaten mit einer Grundausbildung und (bei der Luftwaffe) häufig mit der zum Mitfliegen förderlichen und alsbald unerläßlichen Bordschützenausbildung. Ihre Dienstgrade – die meisten waren Unteroffiziere und Feldwebel – hatten sie sich in der Regel »ehrlich erdient«. Anfangs waren manche als sogenannte Sonderführer in Offiziersuniform gesteckt worden. Diese »Schmalspuroffiziere« mußten nachträglich eine militärische Laufbahn absolvieren.

Bei ihrer Arbeit, dem Fotografieren, Filmen, Schreiben, waren die Kriegsberichter militärtaktisch jeweils der »IC-Abteilung« eines hohen Fliegerstabes unterstellt. Allerdings konnte einem Geschwader-Kommodore und den Gruppenkommandeuren nur in eingeschränktem Maße befohlen werden, Kriegsberichter aufzunehmen und bei ihrer Arbeit zu unterstützen, was vor allem hieß, sie mitfliegen zu lassen. Da kam es manchmal auf die Eitelkeit eines Kommandeurs an und besonders darauf, ob der »PK-Mann« von den Flugzeugbesatzungen akzeptiert wurde. Meistens mußte er ja in den engen Bombenflugzeugen und Fernaufklärern die Funktion eines Bordschützen übernehmen und konnte nicht einfach als überzähliger Gast und »Sandsack« mitgeschleppt werden. So mancher machte sich dabei unbeliebt.

Die sogenannten Wortberichte unterlagen (wie auch Fotos und Filmaufnahmen für die Wochenschau) der militärischen Zensur. Darüber hinaus gab es keine Form und Inhalt betreffenden Vorschriften oder »Richtlinien«. Die journalistische Qualität war Sache des Kriegsberichters. »Linientreue« verstand sich von selbst. Natürlich rangierte die »positive« Darstellung deutscher Siege und Erfolge an erster Stelle – solange es sie gab. Erfundene »Hurraberichte« waren Ausnahmen. Bei den Fliegern trugen sie ihren Verfassern nur Hohn ein. Daß die eigenen Verluste, Fehlschläge und die Katastrophen nicht geschildert werden durften, gehörte sozusagen zum Geschäft und war keine Besonderheit allein der deutschen Kriegsberichterstattung. Mit der Dauer des Krieges ergab es sich zwangsläufig und war auch bis zu einem gewissen Grade »erwünscht«, daß die Berichte etwas von der »Härte des Kampfes« widerspiegelten. Allzu realistisch sollten sie aber auch wieder nicht sein. Es konnte vorkommen, daß solche Berichte zwar von den Zeitungen gedruckt wurden, aber dann nachträglich Schwierigkeiten für den

Verfasser zur Folge hatten. Hans K. sollte diese Erfahrung noch selbst machen.

Die Möglichkeit, »zwischen den Zeilen« zu schreiben, wie sie in der Heimat von ganz wenigen Zeitungen und Zeitschriften bis zur Einstellung dieser Blätter virtuos praktiziert wurde, bestand für Kriegsberichter nicht. Ihre Leser waren keine Intellektuellen. Die PK-Berichter fühlten sich den Soldaten – ob des Heeres, der Marine oder der Luftwaffe – verbunden und wollten mit ihren Berichten vor ihnen bestehen, auch wenn es nicht möglich war, den Krieg völlig realistisch zu schildern. »Umgeschrieben« wurden ihre Berichte nicht. Zeitungsredaktionen durften PK-Berichte weder kürzen noch ändern. Das Propagandaministerium beschränkte sich darauf, in den letzten Kriegsjahren in seltenen Fällen einzelne Berichte als zu negativ zu rügen. Von der Presseabteilung des OKW wurde die Arbeit der einzelnen Kriegsberichterkompanien quantitativ bewertet, und die Berichter wurden erwähnt, die nach Meinung dieser Dienststellen besonders gute Artikel geliefert hatten. Außerdem gab es in Berlin eine Art Ausschnittdienst, der die PK-Berichte aus sämtlichen Zeitungen erfaßte. Diese Belege gelangten dann auf dem Dienstweg irgendwann an die Verfasser.

Berlin, auch noch das Berlin von 1942, bot K. Sensationen: die Theater. In den letzten Jahren vor dem Krieg war er zu einem eifrigen Kinobesucher geworden. In den Filmen, die ihn fesselten, beeindruckten ihn Käthe Dorsch, Luise Ullrich, Marianne Hoppe, Emil Jannings, Werner Krauß, Werner Hinz, Eduard Balser und wie sie alle hießen. (Eine Sonderstellung nahm Luis Trenker mit seinen Bergfilmen ein. In den Ferien hatte K. ihn in der Nähe von Mittenwald bei der Arbeit beobachten können. Er drehte dort Szenen eines Film über den Tiroler Freiheitskampf gegen Napoleon. Nach diesem Film, der nur nach rigorosen Schnitten in die Kinos kam, fiel Trenker bei Goebbels und Hitler in Ungnade.) Bei den weiblichen Filmstars kam die erotische Ausstrahlung hinzu. Brigitte Horney und Margot Hielscher bewunderte Hans K. am meisten, beide wahrlich nach Art und Typ keine »zeitgemäßen« Frauen.

Nun befand er sich also in Berlin, wo die meisten dieser Idole lebten und arbeiteten, und er konnte fast alle auf der Bühne sehen, wobei die Auswahl der Stücke dem Zufall überlassen war: der Mischung des Kontingents von Theaterkarten, das der Kriegsberichterkompanie ständig zur Verfügung stand. Da sich viele vom allgemeinen Kompaniepersonal nicht sonderlich fürs Theater interessierten oder als Berliner die Abende, an denen sie Ausgang hatten, lieber bei Angehörigen oder Bekannten verbrachten, war immer eine Karte zu haben. Sogar für die beliebten Operetten im Metropol und im Admiralspalast mit Heesters und anderen Stars. So lernte K. alle Bühnen der Reichshauptstadt kennen, von deren großen Jahren vor 1933 er nichts wußte. Keine Freikarten gab es für die Gründgens'sche Faustinszenierung im Großen Haus des Staatstheaters, die mit Gründgens als Mephisto, Käthe Gold als Gretchen, Elisabeth Flickenschildt als Marthe Schwerdtlein und Paul Hartmann als Faust in die Theatergeschichte einging. Mit Wolldecken saßen die Berliner auf Klappstühlen bereits vor Mitternacht Schlange vor der Kasse, die erst am nächsten Morgen öffnete. Einen Star der leichten Muse erlebte er aus nächster Nähe. Zur Weihnachtsfeier kam ein Teil des Wintergarten-Varietés in die Kaserne der Kompanie, mit ihm auch die chilenische Sängerin Rosita Serrano. Auf dem Höhepunkt der Veranstaltung gab es Fliegeralarm. Zusammen mit ihrer Mutter und drei winzigen Hunden, die den Star überallhin begleiteten, begab sich Rosita im Pelzmantel zu den Soldaten in den Luftschutzkeller. Plötzlich großes Lamento: Ein Hund hatte sich davongemacht! Zu dem stahlhelmbewehrt ins nächtliche Kasernengelände ausgesandten Suchtrupp gehörte auch der Gefreite Hans K. Das Tierchen blieb verschwunden.

In den folgenden Jahren führten ihn seine dienstlichen Wege noch einige Male zu kurzen Aufenthalten und einmal zu einem mehrwöchigen militärischen Lehrgang nach Berlin. Während des Lehrgangs hörte er zum ersten Mal amerikanische Schallplatten – Gershwin, und Shirley Temple sang: »Putting on the top-hat«. Ein Schriftsteller-Unteroffizier hatte die Platten in der Baracke auf seinem Koffergrammophon aufgelegt. Obwohl ein Shirley Temple-Film noch 1938 in deutschen Großstadtkinos gezeigt worden war, war diese Musik für Hans K. neu. Er fand sie interessant und schmissig, hätte auch ganz gern mehr davon gehört, ohne nun gleich süchtig danach zu werden. Ein besonderes Risiko war mit diesem Schallplattenkonzert nicht verbunden. Die vier Feldwebel auf der Stube, von denen zwei noch im Frieden das Ausland kennengelernt hatten, kannten sich. Und vor dem Lehrgangsleiter, einem hinterhältigen Ehrgeizling, der unter seinem niedrigen Leutnantsrang litt, waren sie sicher. Er traute sich nicht in ihre Stube. Auch zwei andere Lehrgangsteilnehmer trugen zur Kurzweil bei. Graf H., ein wegen seiner sensationellen Wochenschauaufnahmen berühmter Kameramann, und sein Freund, der Neffe eines Armeegenerals; den allseits wegen seiner aufdringlichen Linientreue und charakterlichen Perfidie verachteten Lehrgangsleiter brachten sie regelmäßig zur Weißglut, weil sie vom ständig überschrittenen Stadturlaub stets eine vom Onkel General unterschriebene Entschuldigung vorlegten.

Ein anderes Wiedersehen mit dem inzwischen deutlich vom Krieg gezeichneten Berlin wurde durch einen »politisch-fachlichen Kurzlehrgang« zu einem makabren Zwischenspiel. Der Goebbels-Adlatus Hans Fritzsche referierte über die Stärkung des Durchhaltewillens, und ein Professor hielt einen Vortrag über die USA: Da deren militärische Stärke angesichts der Bomberströme nicht mehr zu leugnen war, befaßte er sich »aus nationalsozialistischer Sicht« mit dem demokratischen Freiheitsbegriff »unter besonderer Berücksichtigung der USA«. Dort bestehe die vielgepriesene Freiheit darin, so meinte der Dozent, daß jedermann nach Belieben verrückte Rekorde aufstellen dürfe, zum Beispiel wochenlang auf einem Pfahl ausharren könne, ohne daß sich die Polizei einmische, während im bürgerlichen Alltag die gegenseitige nachbarliche Kontrolle über die Einhaltung amerikanischer Sitten und Gebräuche eine Gleichschaltung der Menschen bewirke, die viel weiter gehe als »unsere Volksgemeinschaft«. Ähnliche Halbwahrheiten verkündete der Redner über das politische System der Vereinigten Staaten. Es sei, wie die Presse, vom großen Geld beherrscht. Von den Zuhörern dürfte kaum einer Amerika oder auch nur die »New York Times« aus eigener Anschauung gekannt haben.

Berlin war grau geworden, schien auch in jenen Bereichen zu zerbröckeln, in denen ihm die Bomben noch keine Wunden geschlagen hatten. Bei Aschinger am Zoo standen längst keine Gratis-

Schrippen mehr auf den Tischen. Das Café Wien am Kurfürstendamm bot keinen (lebensmittel-)markenfreien Haferbrei mit Marmelade mehr an. Irgendwo in der Nähe des Halleschen Tors fiel K. eine ärmlich gekleidete alte Frau auf, die eilig und offensichtlich verängstigt an der Häuserfront entlangtrippelte. An ihrem dunklen Mantel haftete ein gelber Stern. K. kannte den Erlaß, und er glaubte auch zu wissen, daß die Juden ins »Generalgouvernement« gebracht wurden, wo sie in geschlossenen Ortschaften leben und arbeiten sollten. Diese Maßnahme hatte er in Ordnung gefunden und sie nicht weiter beachtet. Darauf waren sie alle in den Jahren vor dem Krieg systematisch vorbereitet worden. Juden hatte er seit seiner Kindheit nicht mehr kennengelernt. Nur noch Klischees bestimmten sein Bild vom jüdischen Menschen. Beim Anblick der mit dem gelben Stern gebrandmarkten Frau aber war ihm einen Augenblick lang unbehaglich zumute gewesen. Hätte er, zurück in der Unterkunft, fragen, vorsichtig nachforschen können? Das aber war nun allen bekannt: Auffälliges Interesse für Juden konnte gefährlich werden! Er vergaß die Begegnung, verdrängte sie.

Irgendwann im Krieg hörte er später von irgendwem das Wort »vergasen«. War es vielleicht am Ende seines Aufenthalts in Norwegen und von jenem Adjutanten ausgesprochen worden, der vor dem »Heldenklau«- und Etappenschreck-General von Unruh nach Oslo geflüchtet war. Der specknackige Mann namens Leutnant Schmitt trug den Totenkopfring, den Himmler verschenkte. Dieses Bild blieb in der Erinnerung haften: das Untertanengesicht (viel später fühlte sich K. bei dem Film »Der Untertan« nach dem Roman von Heinrich Mann von der Figur des Heßling lebhaft daran erinnert) und der makabre Ring. Wenn jener Leutnant Schmitt damals von »vergasen« gesprochen hatte, war höchstwahrscheinlich im Zusammenhang damit auch das Wort »die Juden« gefallen. Welche Bedeutung hatte er damals dem Wort »vergasen« überhaupt beigemessen? »Schleifen bis zur Vergasung« war eine bei den Ausbildern beliebte Drohung. Sie bedeutete: Exerzieren bis zur völligen Erschöpfung. Blieb jene Bemerkung, deshalb nicht besser in Erinnerung? Und: Welcher Bedeutungsunterschied sollte zwischen dem Verb und dem Substantiv bestehen – in diesem Zusammenhang, für ihn?

Zwischenbemerkung

Von den schrecklichen Gesichtern des Krieges kannten die Soldaten, die auf Befehl Hitlers in die Länder Europas eingefallen waren, jeweils nur das ihnen gerade zugewandte, das Geschehen, das sich in ihrer unmittelbaren Nähe abspielte. Von den Massenerschießungen und der systematischen Menschenvernichtung durch Gas, die im Krieg im Osten begann, wußten lediglich die Beteiligten. Das waren nur wenige, und sie schwiegen oder wagten nur Andeutungen. Gerüchte sickerten durch, aber was war glaubwürdig? Je härter und opferreicher der Krieg, um so mehr konzentrierte in der Heimat jeder seine Kräfte darauf, den mühevollen und oft gefahrvollen Alltag zu bewältigen, verdrängte unangenehme Gedanken und Ängste. Die Stimmung der Soldaten wie des größten Teils der heimischen Bevölkerung wandelte sich mehr und mehr zu Resignation und Fatalismus – bald ging es nur noch ums Überleben.

Das Kriegsszenario des Zeitabschnitts vom Winter 1941/42 bis zum Beginn des Jahres 1943 bot in großen Zügen folgendes Bild:

In Rußland waren die deutschen Angreifer in Schnee und großer Kälte liegengeblieben. Im Dezember 1941 begann die russische Gegenoffensive unter Beteiligung gut ausgerüsteter Einheiten aus dem fernen Osten. Auf ihrem Rückzug erlitten die deutschen Truppen außerordentlich hohe Verluste; wo sie konnten, hinterließen sie ein zerstörtes Land, verbrannte Erde.

Im April 1942 hatte sich die Frontlinie im Osten wieder stabilisiert. In ihrem Südabschnitt stieß die 6. Armee auf Hitlers Befehl in Richtung Stalingrad vor.

In den Frühjahrsmonaten intensivierte die britische RAF (Royal Air Force) ihre nächtlichen Bombenangriffe auf west- und norddeutsche Städte.

Im Juni begann, geleitet und organisiert vom SD (Sicherheitsdienst) der SS[1], die Ausführung

---

1 SS   Abkürzung für »Schutzstaffel«. Die SS ging 1925 aus der »Stabswache« zum Schutz Hitlers hervor (schwarze Uniform, Totenkopfabzeichen). Ab 1929 entwickelte sie sich unter der Führung des zum »Reichsführer SS« ernannten Himmler (siehe S. 242) zu einer Sonderformation mit eigener politischer Zielsetzung innerhalb der NSDAP (Elitebewußtsein, extreme Rassenideologie, Germanenkult). Die allgemeine SS hatte 1939 240 000 Mitglieder. Sie trat im Krieg in ihrer Bedeutung hinter der Waffen-SS (siehe Anm. S. 88) und dem SD (siehe Anm. S. 116) zurück.

eines in der Geschichte einzig dastehenden Verbrechens, eines Völkermordes, betrieben mit bürokratischer Pedanterie: die Ermordung von Millionen europäischer Juden. Sie wurden aus Deutschland und den besetzten Ländern in Konzentrations-Vernichtungslager[1] außerhalb des Reiches deportiert und dort in Gaskammern umgebracht, Männer, Frauen und Kinder. Von dieser schrecklichen »Endlösung der Judenfrage« erfuhr die weitaus überwiegende Mehrheit der Deutschen erst nach dem Krieg.

In den USA, die sich seit Dezember 1941 mit Japan und Deutschland im Krieg befanden (Kriegserklärung Hitlers an die USA nach Pearl Harbour am 11. 12. 41), wurde der Bau der Atombombe beschlossen, weil man befürchtete, die Deutschen könnten ihnen darin zuvorkommen, nachdem Otto Hahn und F. Stratmann nach Vorarbeiten von Lise Meitner 1938 die Kernspaltung entdeckt hatten.

Am 31. Januar und 2. Februar 1943 kapitulierten in Stalingrad an der Wolga die Reste der eingeschlossenen 6. Armee. Hitler hatte ihnen sowohl einen Ausbruchsversuch als auch die Kapitulation untersagt.

1 *Konzentrationslager (KZ)* Nach 1933 wurden rassisch Verfolgte, vor allem Juden, sowie politische Gegner, Bibelforscher, Kriminelle, sogenannte Asoziale, Homosexuelle und Angehörige anderer diskriminierter Minderheiten in Konzentrationslager verschleppt. Zwangsarbeit, Hunger, Seuchen, Folter, tödliche medizinische Versuche verursachten eine hohe Sterblichkeit. Bis 1939 bestanden die Lager Dachau, Buchenwald und Sachsenhausen und 29 kleinere. Durch Schweigegebot wurde das Ausmaß der Greuel verschleiert. Im Krieg stieg die Zahl der KZs auf 85, darunter die Vernichtungs-KZs Auschwitz, Maidanek, Treblinka, in denen Millionen Juden und hunderttausende »Zigeuner« (Sinti und Roma) mit Giftgas ermordet wurden.

Peer Gynt, Edvard Munch

Die Sonne tauchte während der hellen Nacht nur für wenige Stunden hinter die Buckel der Tunturiberge. Die Knospen der Zwergbirken färbten die Tundra violett. Vereinzelte Schneereste tauten ab. Mai auf dem Kriegsflugplatz Petsamo, 110 Kilometer westlich von Murmansk auf finnischem Gebiet. Hierhin, zu den Jagdfliegern, war der Obergefreite K. als »Hilfsberichter« geschickt worden. Vorausgegangen war im März 1942 die Kommandierung von Berlin nach Oslo zum »Kriegsberichterzug Norwegen«.

Dessen Führer, ein Leutnant Dr. Hermann Kindt, war gleichzeitig Chefredakteur – Hauptschriftleiter, wie es damals hieß – der regionalen Luftwaffen-Truppenzeitung, der monatlich erscheinenden, durchschnittlich achtzehn Seiten starken Illustrierten »Luftflotte Nord«. Der Leutnant hatte am Frankreichfeldzug teilgenommen und darüber ein Buch geschrieben. K. und ein anderer Schreibstuben-Obergefreiter mußten das Manuskript druckfertig abschreiben. Die von Carossa und Binding »befruchtete« Prosa des Chefs in die Schreibmaschine zu klappern, entsprach nicht dem Ehrgeiz des Anfängers K. Nachdem ihm in Berlin erlaubt worden war, aus dem SOS-Ruf eines von einem deutschen U-Boot torpedierten Schiffes, den er als Luftnachrichtenfunker im Klartext: »I am torpedoed by submarine« an der Kanalküste aufgefangen hatte, einen PK-Bericht zu fabrizieren, und nachdem er in Oslo zur Probe über die Versorgung eines vom Eis eingeschlossenen norwegischen Leuchtturmwärters durch ein deutsches Flugzeug berichtet hatte, sah er sich schon als Kollege der angesehenen uniformierten Journalisten, die in dem kleinen Hotel, in dem der Kriegsberichterzug untergebracht war, ein- und ausgingen. Nach zwei Monaten hatte er es geschafft. Dr. Kindt, dem man auch nachsagte, daß er unliebsame Untergebene nach Kirkenes, einen der nördlichsten Luftwaffenstützpunkte, versetzte, wo ihnen im Polarwinter »die Zähne ausfallen« würden, schickte ihn als Berichter-Volontär noch ein bißchen weiter weg, nach Petsamo. Zahnausfall oder andere Vitaminmangel-Krankheiten gab es dort übrigens nicht – dank der an die Soldaten verteilten Vitamintabletten.

Bevor er in den »hohen Norden« gelangte, bescherten K. die Wochen in der norwegischen Hauptstadt eine bescheidene Erweiterung seines geistigen Horizonts, der freilich weiter größtenteils von ideologischen Nebeln verhangen blieb. Die Menschen im wunderschön gelegenen Oslo erschienen ihm irgendwie vertraut, und prompt zog er Schlüsse, die ihm seine nationalsozialistische »Schulung« nahelegten: Daß sich die deutsche Wehrmacht hier eigentlich fast in einem befreundeten Land befinde und es nicht sehr schwierig sein könne, die Norweger von der Notwendigkeit eines »deutschen Europas« mit der für sie als »nordische« Menschen darin vorgesehenen Rolle zu überzeugen. Die Bekanntschaft mit einer jungen Norwegerin, die der unbedeutenden, von den Deutschen ausgehaltenen Nazi-Organisation des Norwegers Vidkun Quisling angehörte, bestärkte ihn in dieser Vorstellung. Der Besuch eines Meetings der Quisling-Jugend enttäuschte ihn denn doch: In einem Saal kamen etwa zweihundert Jungen und Mädchen in imitierten Jungvolk- und BDM-Uniformen zusammen, um Geschenkpakete mit Lebensmitteln in Empfang zu nehmen. Das war alles.

Die wahre Einstellung der Norweger gegenüber den deutschen Besatzern erschloß sich K. aus winzigen Anzeichen, noch bevor er von der Tätigkeit des norwegischen Widerstands hörte – und von dessen Bekämpfung durch den SD. Zusammen mit zwei Redaktions-Soldaten der »Luftflotte Nord« besuchte er eine Aufführung von »Peer Gynt« im Nationaltheater und ein kleines Theater, in dem Shaws »Pygmalion« gegeben wurde. Den Inhalt der ihm unbekannten Stücke verstand er mangels nennenswerter Sprachkenntnisse nur in groben Zügen. In beiden Häusern war das verlorene Grüppchen deutscher Soldaten während der Pausen in den Wandelgängen von einem »Cordon sanitaire« eisiger Nichtbeachtung umgeben. Nur hin und wieder streifte ein verstohlener Blick aus Augenwinkeln, in dem Erstaunen zu liegen schien über diese uniformierten Deutschen, die sich – wenn auch mit langen, gebügelten Hosen und nicht in Knobelbechern – hierher verirrt hatten.

Noch eine andere, überraschende Kulturerfahrung machte Hans

K.: In Räumen des klassischen Universitätsgebäudes gegenüber dem Staatstheater waren Gemälde des großen norwegischen Malers Edvard Munch ausgestellt, der nach der nationalsozialistischen Kunstdoktrin als »entartet« galt. K., der 1938 in München die Ausstellung »Entartete Kunst« gesehen und ihre verfälschende Propaganda, unberaten wie er war, willig geschluckt hatte, konnte sich nun, einige Jahre älter geworden, des starken Eindrucks dieser Bilder nicht entziehen.

Bei einem späteren Aufenthalt in Oslo mußte K. mehrfach dienstlich mit der Holmenkollenbahn fahren. Im Holmenkollen-Hotel auf dem Berg über der Stadt logierte der Luftflottenstab mit dem Generaloberst Stumpff an der Spitze, einem bei seinen Fliegern wenig beliebten Befehlshaber. Von ihm war an menschlichen Zügen nur bekannt, daß er im Sommer, wenn er nahe der nordfinnischen Stadt Kemi residierte, Kurierflugzeuge nach Oslo zu schicken pflegte, die ihm von dort Hummer für die Kasinotafel holen mußten. Als alles vorüber war, sollte es ihm als einzigem noch verfügbaren hohen Luftwaffengeneral obliegen, im Mai 1945 die Kapitulation mitzuunterschreiben. 1942 und 1943 stöhnten die Illustriertenmacher des Luftwaffenkriegsberichterzuges unter seiner Eitelkeit. Sie konnten sein Konterfei nicht oft genug ins Blatt setzen. Bei einer Fahrt zum Holmenkollen mit weitem Ausblick über den Oslofjord traf K. die Bahn vollbesetzt an. Er fand einen Sitzplatz vor einer Dame reiferen Alters, die ersichtlich der Oberschicht angehörte. Als wäre er in Berlin, erhob er sich automatisch und bot ihr seinen Platz an. Verächtlich wandte sie sich ab.

Die Angst des Jagdfliegers

Mit der unverwüstlichen Reiseschreibmaschine Marke »Erika« im Gepäck kam der Obergefreite K. im Mai 1942 bei den Jagdfliegern am Eismeer an und mußte sich wie üblich außer beim Gruppenkommandeur und beim Kapitän der Staffel, die ihn aufnehmen sollte, auch beim Kommandeur des Fliegerhorstes melden. Die Aufnahme bei diesem »Raupenträger«, wie die Stabsoffiziere wegen ihrer geflochtenen Schulterstücke im Soldatenjargon genannt wurden, entsprach ganz und gar nicht dem Rangunterschied. Dieser Major war ebenfalls, wie der Chef der Kriegsberichterkompanie in Berlin, ein österreichischer Adliger und mit ihm auch noch gut bekannt. »Wenn's was brauchen, kommen's nur zu mir. Morgen laß ich Sie erst mal zur Eismeerstraße fahren, damit's die berauschende Gegend hier kennenlernen.« Das großzügige Angebot umfaßte seinen Dienst-Horch samt Fahrer. Auf dieser Fahrt lernte der »Hilfsberichter« dann auch gleich, daß dort »oben« und besonders auf der Eismeerstraße zwischen Rovaniemi und Linahammari ein völlig anders gearteter Offizier den Ton angab. Dort spukte ein Heeresgeneral herum, der sich mit Wohlgefallen »Schrecken der Eismeerstraße« nennen ließ, und der mit Degradierungen auf der Stelle, Kriegsgerichtsverfahren und später dann 1945 im »Protektorat« Böhmen und Mähren mit Standgerichtsurteilen nur so um sich warf, wie sein Vorgänger, der Bergsteigergeneral Dietl, an der Eismeerfront früher mit Zigaretten.

Mangels Feldherrenerfolgs – Murmansk blieb unerreichbar wie im April 1940, als man nach dem Sieg von Narvik schon einen Kommandanten für den wichtigen Hafen an der Kolabucht bestimmt hatte – qualifizierte sich jener General Schörner bereits Anfang 1942 für seine Rolle als schlimmster »Führer befiehl!«- und Durchhaltegeneral in der letzten Phase des Krieges. Zum Glück kam es nicht zu einer persönlichen Begegnung. Ein Landser am Steuer eines Lastwagens informierte den Horchfahrer: »Schörner ist unterwegs!«, worauf der gewitzte Obergefreite mit seinem ranggleichen Fahrgast bei nächster Gelegenheit von der Eismeerstraße in einen der seltenen

Nebenwege abbog. Die Eismeerstraße, die einzige Nachschubverbindung zu Lande, war zu dieser Zeit nicht durch die Nähe der Front und nicht durch die winterlichen Schneestürme zu einer gefährlichen Route geworden, sondern durch einen General.

An ihrem nördlichen Ende lernte K. bei einer anderen Gelegenheit einen weiteren Aspekt dieser Straße kennen. Als er zu Beginn des langen Winters die Gebirgsjäger aufsuchte, wurde an einer Abzweigung nach Osten gebaut. Offensichtlich hoffte man »oben« immer noch, eines Tages doch nach Murmansk vorstoßen zu können. Beim Straßenbau schufteten in der Kälte und Dämmerung des arktischen Frühwinters sowjetische Kriegsgefangene. K. sah die ausgemergelten Gestalten, ihre mehr als elenden Unterkünfte in Erdlöchern und hatte dabei nur den einen zwar naheliegenden, aber nicht weit genug reichenden Gedanken: »Nur nicht in russische Gefangenschaft geraten!«

Auf dem großen Flugplatz, um den die Unterkunftsbaracken auch für Fliegerhorstverhältnisse außergewöhnlich weit gestreut zwischen mannshohen Tundrabirken lagen, lebte der Obergefreite K. bei seiner »Gastgeberstaffel«, ganz seinem Mannschaftsstand entsprechend. Die Staffel hatte ihn bei den Kraftfahrern und den sogenannten zweiten und dritten Warten einquartiert. »Warte« hießen alle Flugzeugmonteure, Motorenschlosser, Waffenspezialisten und Funktechniker. Die »ersten Warte« gehörten dem Unteroffiziersstand an, waren Feldwebel und Oberfeldwebel. Sie trugen die Verantwortung für die Funktionsfähigkeit der Flugzeuge, besonders der Motoren. Diesen Männern, und natürlich den Jagdfliegern selber, mußte das Interesse des Berichter-Anfängers gelten. Auch bei ihnen, in der militärischen Fliegersprache »Flugzeugführer«, handelte es sich in der weit überwiegenden Mehrzahl um Unteroffiziere und Feldwebel. Die Offiziere befanden sich deutlich in der Minderheit. Alle waren jung, die meisten zwischen 20 und 25 Jahre alt. Hier am Eismeer, wo sie noch die Lufthoheit besaßen, waren die Verluste sehr gering.

Das Soldatische und das Fliegerische lag bei ihnen im Streit, einem Streit, der – gerade bei den Besten – eigentlich längst entschieden war: In erster Linie waren sie Flieger. Das militärische Gehabe war bei ihnen, gleich, welche Dienstgradabzeichen sie trugen, auf das Unumgängliche reduziert. Eine gewisse Lässigkeit in Sachen Disziplin war nicht zu übersehen, auf dem Boden, aber auch in der Luft. Für die höheren Sphären galt die vielberufene »fliegerische Disziplin«, ein Korsett, das der Jagdfliegerei nicht angemessen war, und auf das nur solche höheren Vorgesetzten große Stücke hielten, die selber schlechte Jagdflieger waren.

Da gab es zum Beispiel bei der Staffel der III/JG 5 (3. Gruppe des Jagdgeschwaders 5) auf dem Fliegerhorst Petsamo den Feldwebel Heinrich Bartels, ein Luis-Trenker-Typ, der es im Laufe der Jahre nur in der Art der Echternacher Springprozession zum Oberfeldwebel brachte. Zweimal war er zum Unteroffizier degradiert worden, weil er in Oslo und im Heimaturlaub einmal einen Offizier beleidigt, das andere Mal einen braun Uniformierten k. o. geschlagen hatte. Das Ritterkreuz an seinem Hals rettete ihn vor schlimmeren Folgen.

Heinrich Bartels war ein wortkarger Mensch. Dafür konnte er um so besser Ziehharmonika spielen. Einmal ritt er eines Nachts – ziemlich betrunken – auf einem Esel der Gebirgsjäger im Schein der Mitternachtssonne auf dem Rollfeld spazieren, seiner Quetschkommode dabei Musik entlockend, als zwei russische IL 2-Flugzeuge einen Tiefangriff flogen. Bartels ließ sein Instrument los, zog seine 08-Pistole und feuerte auf die gepanzerten Maschinen. Anfang 1945 schoß Heinrich Bartels über dem Rhein bei Remagen ein zweimotoriges amerikanisches Flugzeug ab. Es war seine Nummer 99. Danach war er selber an der Reihe. Auf einem Dorffriedhof in der Nähe von Bad Godesberg liegt er begraben.

Wenn damals in Petsamo einer nicht zurückkehrte, berührte dies nicht nur seine engeren Kameraden, sondern auch die anderen Staffeln. In den Jahren 1942/43 kam es dort im hohen Norden allerdings noch selten vor.

Jagdflieger wollten Sieger sein, natürlich. Die menschliche Psyche ist offenbar so eingerichtet, daß sich im Krieg ein Kampfpilot seines Erfolges freut, obgleich ein solcher Sieg Leid und Tod bedeutet. In Hiroshima sollten es am Ende Hunderttausende sein, die Opfer einer einzigen Bombe wurden. Ein gut Teil der Siegesfreude eines Jagdfliegers bestand freilich aus der Erleichterung und Befriedigung, selbst wieder einmal heil davongekommen zu sein. Dabei konnte man dann oft, jedoch keineswegs bei allen, jene Luftkampfdarstellungen mit Armen und Händen beobachten, wobei die Hände je ein Flugzeug in den verschiedenen Fluglagen darstellten, um das »ich oder er« deutlich zu machen. Die Männer waren dabei nicht unbedingt ruhmsüchtig, wenn auch ein bißchen eitel und stolz auf ihr fliegerisches Können. Wer auf Ritterkreuz und Eichenlaub[1] aus war, suchte dies zu verbergen, doch wußten alle schnell Bescheid.

Der Hintergrund des Krieges, Anlaß und Grund, die sie hier in den Norden geführt hatten, kamen in den Gesprächen höchst selten vor. Dafür bot sich dann die Ausrede aus den PK-Berichten an: der »Kampf gegen den Bolschewismus«. Mit der Zeit aber gewann die Skepsis an Boden. Sie machte sich im Spott über die Führung, die höhere und ganz hohe, Luft. »Führer befiehl, wir tragen die Folgen«, diese sarkastische Abwandlung des Goebbels-Slogans »Führer befiehl, wir folgen!« war sehr beliebt. Noch aber beherrschten Urlaubserwartungen und -erlebnisse, in deren Mittelpunkt selbstverständlich holde Weiblichkeit stand, die Unterhaltungen der jungen, durch die Bank noch unverheirateten Piloten. Darin bestand kein Unterschied zwischen den Dienstgraden.

Das Vorgesetztenverhältnis zwischen den Offizieren und den Nichtoffizieren endete, sobald beim Start die Kabinendächer geschlossen waren. Aber auch auf der Erde funktionierte es nicht nach der gewohnten militärischen Weise. Welcher Leutnant mit dem EK I hätte einem Feldwebel mit dem Ritterkreuz Belehrungen erteilen wollen? Was in pathetischen PK-Berichten »Fliegerkameradschaft« hieß und was auf eine selbstverständliche Art tatsächlich existierte (und im langen Polarwinter zu beträchtlichem Alkoholkonsum beitrug), hätte allenfalls durch das exklusive Offizierskasino gefährdet werden können. Bei den Jagdfliegern am Eismeer war diese Gefahr gering, weil die Flugzeugführer die Zeit zwischen den Flü-

---

1 *Ritterkreuz und Eichenlaub* Das von 1939 bis '45 verliehene Ritterkreuz war eine von Hitler erfundene höhere Stufe des Eisernen Kreuzes (siehe Anm. S. 32). Es sollte die Tradition des von Friedrich dem Großen gestifteten Ordens Pour le mérite fortsetzen, wurde jedoch im Zweiten Weltkrieg nicht mehr nur Offizieren verliehen; im Verlauf des Krieges durch das »Ritterkreuz mit Eichenlaub« sowie als weitere Stufe »mit Schwertern« ergänzt. Als höchste Kriegsordensstufe kreierte Hitler die nur in wenigen Exemplaren verliehenen »Brillanten zum Ritterkreuz mit Eichenlaub und Schwertern«.

gen und den Flugbereitschaften meist ohne Unterschied des Dienstgrades gemeinsam verbrachten.

Sie kamen aus den unterschiedlichsten Berufen. Anfänger in allen Sparten, Handwerker, Angestellte, Oberschüler waren sie einmal gewesen. Alle hatten sie irgendwann Flieger werden wollen, doch keineswegs immer Jagdflieger. Bei vielen hatte die militärische Auswahl den Ausschlag gegeben. Was aber macht die Eignung zum Jagdflieger, dem »Einzelkämpfer der Luft« aus? Physisch und psychisch fliegertauglich mußten auch die Piloten in Bombern und Aufklärern sein: Reaktionsschnelligkeit, technisches Einfühlungsvermögen, Handlungsfähigkeit unter Streß und möglichst viel von dem mußten sie besitzen, was man fliegerisches Talent nannte, und was sich nur schwer definieren läßt. Ein Jagdflieger aber brauchte noch etwas darüber hinaus, etwas, das ihn befähigte, immer wieder das Duell »Du oder Ich!« anzunehmen und durchzustehen.

Aber zunächst einmal mußten sie diese Situation, die »Feindberührung«, überhaupt erst aufsuchen. Selbstverständlich gab es dazu vor dem Start oder über Funk den entsprechenden Befehl. Außerdem steifte die gegenseitige Kontrolle das Rückgrat. Bei einem erfolgreichen Jagdflieger mußte aber noch etwas hinzukommen. Manche sprachen von einem dem Waidmännischen verwandten »Jägerinstinkt«, der notwendig sei, um Erfolg zu haben. Nun befähigte zwar Nachdenklichkeit zu keiner Zeit im Krieg zu »soldatischer Leistung«, doch der stolze Bezug auf den sogenannten Jagdinstinkt war eine ebenso unreflektierte wie barbarische Schönfärberei. In den feindlichen Flugzeugen saßen weder Hasen noch Hirsche. Gemeint und erwünscht, ja für »Abschüsse« erforderlich, war außer fliegerischem Können ein soldatisch verbrämter »Killerinstinkt«. Wenn man aber auf einem angeblich archaischen männlichen Jagdtrieb beharrte, dann mußte man, um im Bild zu bleiben, in den Auszeichnungen und Orden die »Beute« sehen. Sie waren zweifellos ein starker Antrieb und halfen dem Jagdflieger, seine Angst zu verdrängen.

Selbstverständlich kannten auch die Jagdflieger die ganz gewöhnliche Angst vor dem Tod. Sie stieg jedesmal mit ihnen in die Maschine, bei einem Alarmstart, und auch schon, wenn nur »Sitzbereitschaft« für einen bevorstehenden »Einsatz« befohlen war. (Hier und in anderen vergleichbaren militärisch-kriegstechnischen Bereichen hat der stereotype Gebrauch des Wortes »Einsatz« seinen Ursprung. Es wurde vom täglichen »Bericht des Oberkommandos der Wehrmacht« und den PK-Berichten in die Alltagssprache hineingehämmert. Noch weit mehr aber belasten dieses Wort jene »Einsatzkommandos« genannten Spezialeinheiten der SS, die sich durch die Massenerschießungen in Polen und Westrußland mit diesem Namen ins »Wörterbuch des Unmenschen«[1] eingetragen haben. Unverständlich ist es deshalb, daß das Wort »Einsatz« heute so gedankenlos und bis zum Überdruß benutzt wird. Jedes Ausrücken der Feuerwehr wird zu einem »Einsatz«.)

Seine Angst half dem Jagdflieger zu überleben. Sie trieb ihn zu jener Vorsicht und Umsicht an, die bei ihm eine ganz wörtliche Bedeutung besaß. Den Gegner im dreidimensionalen Luftraum eine Sekunde früher oder später zu erkennen, konnte darüber entscheiden, wer als Fackel vom Himmel stürzte. Andererseits war es notwendig, die Angst zu überwinden. Sie verschwand, wenn der Automatismus des Angreifens, Schießens und Ausweichens einsetzte. Doch nicht jeder schaffte den Sprung über diesen Graben. Der Angriff auf die geschlossenen, kanonenstarrenden, vom schnellen »Jagdschutz« umschwirrten Verbände der amerikanischen viermotorigen Bomber forderte von den Jagdfliegern der sogenannten »Reichsverteidigung« eine Selbstentäußerung, die jener der japanischen Kamikaze-Piloten nahekam. Sie wurde von einem Luftwaffenchef gefordert, dem man nachsagte, daß seine Weltkrieg I-Luftsiege als Richthofen-Nachfolger nicht korrekt gezählt worden seien. Dieser Göring beschimpfte »seine« Jagdflieger und warf ihnen vor, sie seien feige, obwohl er selbst es nicht gewagt hatte, von seinem tobenden Führer und obersten Befehlshaber das Düsenflugzeug Me 262[2] für die Jagdflieger zu verlangen.

Harte Luftkämpfe waren an der Eismeerfront über Murmansk lange Zeit die Ausnahme. Zwar hatte die sowjetische Führung den Hafen mit gut

---

1 *»Wörterbuch des Unmenschen, Aus dem«* Titel eines von Dolf Sternberger, Gerhard Storz und W. E. Süßkind verfaßten, 1957 erschienenen Buches über die Instrumentalisierung der deutschen Sprache durch nationalsozialistische Schlagworte und das Fortwirken dieses Einflusses nach dem Krieg.

2 *Düsenjäger* Jagdflugzeug mit Strahlantrieb. Der erste Düsenjäger (Me 262) flog bereits 1942. Hitler untersagte die Serienproduktion bis 1944 und forderte dann, die

einem Dutzend Flugplätzen umgeben, auf denen ständig mehrere hundert Jagdflugzeuge stationiert waren. Auch handelte es sich dabei längst nicht mehr um langsame »Ratas«, sondern um moderne Yak- und Lak-Typen, vor allem aber um Lieferungen der westlichen Alliierten: britische Hurricanes, amerikanische Airacobras und Curtiss-Tomahawks. Doch sie alle waren der Messerschmitt 109 F unterlegen. Vor allem aber gründete sich die deutsche Überlegenheit bis in das Jahr 1943 noch auf die bessere Ausbildung der Piloten. Die hohen Verluste zwangen die sowjetische Luftflotte, immer schneller für immer ungeübteren Ersatz zu sorgen – eine Menschenmühle, die in der deutschen Luftwaffe bald ebenfalls zu mahlen begann – im Westen zuerst – und deren Lauf Hitler noch beschleunigte.

Me 262 statt zum Schutz des Luftraums über dem Reichsgebiet als »Blitz- und Vergeltungsbomber« zu verwenden.

Die Jagdflieger-Gruppe (Sollstärke rund 50 Flugzeuge, Ist-Stärke meist kaum die Hälfte) in Petsamo dokumentierte ihre Überlegenheit mit phantastisch klingenden, aber verläßlich ermittelten Abschußzahlen: Bis Juli 1942 waren es 500 Abschüsse. Fünf Jagdflieger einer Staffel waren daran allein mit über 300 beteiligt.

Der bis Anfang 1943 gemäß der damaligen Terminologie »erfolgreichste Jagdflieger der Eismeerfront« war ein Feldwebel, für den sich der Kriegsberichter K. nicht nur deshalb interessierte, weil die Würdigung der Ritterkreuzverleihung und später des sogenannten Eichenlaubs zu seinen Aufgaben gehörten. Feldwebel Rudi Müller war wie K. einundzwanzig Jahre alt. Der Frankfurter Dialekt des Ritterkreuzträgers klang K. heimatlich. Doch vergeblich versuchte er, mit dem Altersgenossen in näheren Kontakt zu kommen. Es blieb bei »Interviews«, bei denen sich Müller nur widerstrebend Privates entlocken ließ. Sogar über die Schlagersängerin Evelyn Künnecke, deren Lied »Haben Sie schon mal im Dunkeln geküßt?« bei den Hörern von Radio Finnmarken in Vadsö, dem nördlichsten Soldatensender des Krieges, weit vor Lale Andersens »Lili Marlen« rangierte, wollte er nicht sprechen. Dabei war es ein offenes Geheimnis: Als die Sängerin ihre – wie es heute heißt – Fans im »hohen Norden« besuchte, hatte Rudi Müller die Offiziere aus dem Feld geschlagen, die in der Gunst von Schauspielerinnen und Sängerinnen im allgemeinen stark bevorzugt waren. Auf ein Gespräch über die Hitler-Jugend ließ er sich erst recht nicht ein. Diese Zurückhaltung wurde für K. erst verständlich, als Müller, der inzwischen mit 91 Abschüssen weit vor allen anderen lag und zum Oberfeldwebel, aber nicht zum Offizier befördert worden war, nach seinem Start gegen die Flugplätze von Murmansk nicht zurückgekehrt war. »Abgeschossen und tot«, hieß es zunächst offiziell. Dann sickerte durch, er sei mit zerschossenem Motor auf dem russischen Feldflugplatz Warlamowo I gelandet.

K. wußte, daß sich jeder Flieger davor fürchtete, über der Tundra zwischen der Kolabucht und der von den Gebirgsjägern gehaltenen, nach einem Flüßchen benannten Liza-Front östlich des Flugplatzes Petsamo mit dem Fallschirm »auszusteigen«. Er hatte Suchaktionen mit dem Fieseler »Storch«[1] erlebt – gefährliche Aktionen, die intensiven Schutz durch Jagdflugzeuge erforderten. Mit einem Jagdflieger, der den Marsch durch die sumpfige Wildnis schaffte, hatte er gesprochen. Über die »Notausrüstung«, die für solche Fälle vorgesehen war (ein am Fallschirm befestigter leichter Schlafsack, Notverpflegung, ein Fläschchen mit stinkendem Öl gegen die Moskitos, ein Kompaß am Handgelenk), hatte er berichtet. Außerdem mußten alle Flieger, auch die Besatzungen der Kampf- und Aufklärungsflugzeuge, statt der weichen, pelzgefütterten »Fliegerstiefel« genagelte Bergschuhe tragen.

1 *Fieseler Storch (Fi 156)* Erstes Kurzstartflugzeug, konstruiert von Gerhard Fieseler. Einmotoriger Hochdecker für zwei bis vier Personen.

Hatte Rudi Müller die Notlandung bei den Russen und damit die Gefangenschaft einem Absprung über der Tundra vorgezogen? Ein Gerücht kam auf, wonach Müllers Landung bei den Russen andere Gründe gehabt haben könnte. Sein Vater war als Kommunist im KZ gewesen. Einen Brief von ihm, so hieß es, habe er immer in der Tasche gehabt. Nach dem Krieg bestanden ehemalige »Eismeerjäger«, die sich in einem Verein zur – wie sie sagen – »Pflege des Andenkens an die gefallenen Kameraden« zusammenfanden, auf einer angeblichen Nachricht des Roten Kreuzes, wonach Rudi Müller ein halbes Jahr nach seiner Landung in Gefangenschaft gestorben sei.

Verbürgt ist dagegen die Geschichte eines anderen Feldwebels, die der (1987 gestorbene) Bonner Journalist und Chronist Walter Henkels, ehemals zeitweiliger Führer des »Luftwaffenkriegsberichterzuges Norwegen«, in seinem 1978 erschienenen Buch »Eismeerpatrouille« verzeichnete: Der Feldwebel Sepp Kaiser, ein aus Wien stammender Jagdflieger, der im Dezember 1942 bei Murmansk abgeschossen wurde und in Gefangenschaft geriet, hatte den KPÖ-Mitgliedsausweis seines Bruders bei sich getragen. Nachdem ihn die Russen einige Zeit später mit einem Sabotageauftrag an der Murmanskbahn abgesetzt hatten, kehrte er zu Fuß nach Petsamo zurück und offenbarte wahrheitsgemäß seinen russischen »Auftrag«.

Gleichsam das Spiegelbild solcher »Abschußgeschichten« bot sich dem Kriegsberichter Hans K., als eines Tages ein Wagen der Gebirgsjäger von der Lizafront einen jungen russischen Unterleutnant zum Flugplatz Petsamo brachte – einen Jagdflieger, der über der deutschen Frontlinie aus seinem getroffenen Flugzeug ausgestiegen war. Der Staffelkapitän bewirtete ihn mit Cognac und Kaffee und ließ ihn von einem etwa gleichaltrigen Leutnant durch die Unterkünfte führen – wohl damit er sehen sollte, wie komfortabel die faschistischen Jagdflieger lebten. Der Russe, ein überlanger, dürrer Mensch mit kurzgeschnittenen Haaren, bewahrte Haltung, bedankte sich knapp. Was half es ihm, daß ihm hier keine Feindseligkeit entgegenschlug? Was sollte überhaupt die überhebliche Demonstration von Großmut? Alle wußten, daß der Gefangene spätestens in wenigen Tagen von ganz anderen Leuten abgeholt würde. Alle hatten irgendeine Vorstellung davon, was ihn erwartete, von denen keine die Wirklichkeit traf. Von der erfuhr K. lange nach dem Krieg, als er einen Prozeß gegen SS-Schergen des Konzentrationslagers Oranienburg beobachtete. Dort waren kriegsgefangene russische Offiziere reihenweise erschossen worden – bei einer vorgespielten ärztlichen Untersuchung im Sanitätsraum mit dem Rücken zu einer Meßlatte, hinter der sich in passender Höhe ein Schlitz in der Wand befand, durch den der ausführende Mörder aus dem Nebenraum die Genickschüsse abfeuerte.

Der Ruhm der »Eismeerjäger« blieb nicht ungetrübt. K. erlebte ein trauriges Versagen. Vom Rollfeld aus sah er, wie eine heimkehrende Ju 88, ein eigenes Kampfflugzeug mit einem roten »A« als Staffelkennzeichen, das vor der Landung in geringer Höhe eine Platzrunde flog, von einer Me 109 abgeschossen wurde. Die Me gehörte zu einer Alarmrotte, die gerade gestartet war, weil die Flugwache russische IL 2-Tiefflieger im Anflug gemeldet hatte. Die Ju 88 stürzte ab und explodierte. Es gab keine Überlebenden. Der Unglücksrabe, der sie für ein feindliches Flugzeug gehalten hatte, und der danach schnell aus Petsamo verschwand, war ein junger Leutnant – ein Bruder des späteren Generals der Jagdflieger Adolf Galland.

Weitaus gravierender als dieser Einzelfall war, was sich im November 1944 ereignete. Beim Angriff der Engländer auf das in einen Fjord bei Tromsö geflüchtete Schlachtschiff »Tirpitz« hatten die »Eismeerjäger« nach Meinung der obersten Führung kläglich versagt.

Kein deutsches Jagdflugzeug war erschienen, um die britischen Torpedobomber anzugreifen und abzuwehren. Die Jäger waren zu spät oder überhaupt nicht von ihren Plätzen gestartet. Das kostete ihren Kommandanten Rang und Auszeichnungen. Ihm, dem Major Heinrich Ehrler (K., der sich zu dieser Zeit längst nicht mehr im »hohen Norden« befand, hatte ihn noch als Oberleutnant und Staffelkapitän kennengelernt) wurde vorgeworfen, den Untergang der »Tirpitz« mitverschuldet zu haben, weil er die wichtige taktische Aufgabe des per Funk vom Boden aus koordinierenden »Jägerleitoffiziers« einem Feldwebel überlassen hatte, statt sie selbst zu übernehmen. Ehrler, so lautete der Vorwurf, habe selber fliegen wollen, um bei dieser Gelegenheit seinen 200. Abschuß zu erlangen. In Wirklichkeit hatte aber vor allem die höhere Führung sowohl bei der Luftwaffe als auch bei der Kriegsmarine versagt. Der vom Major zum Unteroffizier degradierte Ehrler schoß als Düsenjäger-Pilot am 4. April 1945 über Deutschland drei viermotorige Bomber ab, verbrauchte dabei seine Luft-Luft-Raketen (deren Massenproduktion auf Hitlers Befehl hinter dem Bau der »Vergeltungswaffe« V 2 hatte zurückstehen müssen) und rammte einen vierten Bomber, wobei er den Tod fand.

Walter Schuck, ein anderer ehemaliger Eismeerjäger, überlebte. Er gehörte zuletzt ebenfalls zu der Handvoll Piloten, denen die wenigen Düsenjäger zur Verfügung gestellt wurden, mit denen sie sich in die »Bomberströme« über Deutschland stürzen sollten. Leutnant Schuck schoß dabei ebenfalls vier »Fliegende Festungen« (Boeing B 17) ab und erreichte damit insgesamt 206 »Luftsiege«. An einem vierundzwanzigstündigen arktischen Sommertag des Jahres 1942 hatte K. am Rande des Rollfeldes in Petsamo gestanden, als der Unteroffizier Walter Schuck »wackelnd« den Platz anflog, um seinen ersten Abschuß anzuzeigen. Dreißig Jahre nach dem Krieg traf er ihn wieder. Von »damals« wollte Walter Schuck nicht mehr sprechen.

Die Angst des Kriegsberichters

Als der Obergefreite K. im Frühsommer 1942 nach Petsamo geschickt worden war, um dort die Jagdflieger »kriegsberichterisch zu betreuen«, erlebte er sozusagen als Zaungast den letzten Erfolg der Luftwaffe im Kampf gegen die großen Schiffsgeleitzüge mit, die amerikanisches Kriegsmaterial nach Murmansk brachten: die fast völlige Zerschlagung des PQ 17 (ostgehende Konvois wurden von den Briten mit den Buchstaben PQ und einer laufenden Nummer gekennzeichnet). Von den 37 Schiffen des Geleits versenkten U-Boote und Kampfflieger in der Barentsee zwischen Spitzbergen, Nowaja Semlja und der Kola-Halbinsel 24 mit 143 000 Bruttoregistertonnen. Die Kampfflugzeuge, zweimotorige Ju 88, waren während ihrer tagelangen Angriffe zuletzt von ihrem weiter westlich gelegenen Flugplatz Banak nach Petsamo verlegt worden. Neid regte sich bei K., als er mit dem Kriegsberichter-Kollegen sprach, der dem Kampfgeschwader zugeteilt war, dem Gefreiten Altvater, in friedlicheren Zeiten Leiter einer Lokalredaktion in Winsen an der Luhe. Immer wieder startete er als Bordschütze einer Ju 88 zu einem neuen Flug. Seine Berichte erschienen in vielen Zeitungen.

Vier Monate später hatte K. es erreicht: Nach einer Bordschützenausbildung gehörte er zunächst zur vierköpfigen Besatzung von Ju 88-Fernaufklärern, die (mit Zusatztanks) sechs, acht Stunden lang über dem Eismeer unterwegs waren. Dabei schärfte sich das Gehör selbst des Neulings so sehr, daß er bei der geringsten Drehzahländerung der Motoren die Stirn runzelte. Auf die Motoren kam es an. Mit einem allein würde man wohl noch »nach Hause kommen«. Versagten beide, ging es ab »in den Bach«.

Dennoch beachtete niemand die Stapel spezieller grauer Fliegerkombinationen im Flur der Unterkunftsbaracke. Diese Anzüge waren dick gepolstert. Das Futter enthielt eine Chemikalie, die bei Berührung mit Meerwasser angeblich genug Wärme abgab, um einen Menschen bei einer Wassertemperatur von nahe Null Grad einige Stunden lang am Leben zu erhalten. Daß niemand diese Kombination zu Flügen über dem Eismeer anzog, lag nicht daran, daß zu ihrer Entwicklung mörderische Unterkühlungsversuche mit KZ-Häftlingen vorgenommen worden waren. Das wußte keiner der Flieger. Erst lange nach dem Krieg sah K. ein Foto von diesen unmenschlichen Experimenten. Wohl in erster Linie die abergläubische Furcht, mit zuviel Vorsorge das Schicksal herauszufordern, hielt die Besatzungen von Fernaufklärern und Kampfflugzeugen davon ab, die Wärmekombinationen zu tragen, die ihnen ja ohnehin nur eine Galgenfrist von ein paar Stunden einräumten; finden würde man sie draußen in der Wasserwüste doch nicht. Außerdem waren die Anzüge unbequem und in der engen Flugzeugkanzel hinderlich. Ein Befehl, sie zu tragen, erging nie.

Nach den Fernaufklärern wurde eine Kampfstaffel K.s militärische Heimat. Er lernte den berüchtigsten und berühmtesten der nördlichen Kriegsflugplätze kennen: Banak, ein Flugfeld zwischen Felswänden am Ende eines Fjords, zehn Flugminuten vom Nordkap entfernt. Dort wurden ihm jene Männer zu guten Kameraden, die das modernste Kampfflugzeug flogen, den Horizontal- und Sturzkampfbomber Ju 88. Sie beherrschten die leistungsfähige, aber hochgezüchtete Maschine, die beim Start und bei der Landung hohe Anforderungen an das fliegerische Können der Piloten stellte. So als sei sie ein harmloses Kurierflugzeug. Diese Unteroffiziere und Feldwebel auf dem Pilotensitz der Ju 88 empfand der Zweiundzwanzigjährige als »gestandene Männer«. Sie strahlten sichere Erfahrung und Ruhe aus. Die meisten gaben sich, auch mit festem Boden unter den Füßen, schweigsam wie friesische Fischer, obwohl sie aus allen Gegenden Deutschlands stammten. Auffällig viele waren, bevor sie die Uniform der Luftwaffe anzogen, Handwerker gewesen – keineswegs nur in technischen Sparten. Einer der beiden, mit denen der Unteroffizier und Kriegsberichter K. am liebsten flog, hatte das Schuhmacher-, der andere das Bäckerhandwerk erlernt.

Inzwischen »vernichtete« das Kampfgeschwader keine Geleitzüge mehr. Die kamen jetzt nur noch im Winter, wenn die Polarnacht und das schlechte Wetter Angriffe über See unmöglich machten. Und wenig später hatten sie noch Flugzeugträger dabei, so daß es die Führung nicht wagte, den knappen Bestand an Flugzeugen und vor allem an Piloten dem sicheren Untergang auszuliefern. Die Kampfstaffeln wurden ja noch für Angriffe auf ein anderes wichtiges Ziel gebraucht: Murmansk. Besatzungen, die das Flakfeuer über England erlebt und überlebt hatten, versicherten, daß Stärke und Zielgenauigkeit der Abwehr von Murmansk der über britischen Häfen nicht nachstünden.

Ein Flug im April 1943 wurde zum letzten Tagesangriff auf dieses Ziel, den sich die Luftwaffe noch erlauben konnte. K. lernte dabei eine neue Qualität der Angst kennen. Die Maschine, in der er als Bordschütze in der »Bodenwanne« mit Sicht nach hinten lag, flog am Rand des nach dem taktischen Vorbild der Amerikaner eng aufgeschlossenen Pulks von dreißig Flugzeugen. So sah er die Lage einer Salve aus hundert schweren Flakgeschützen genau in Flughöhe explodieren – fünfzig Meter »zu kurz«. Das Feld der schlagartig dicht an dicht erblühenden »Kohlköpfe« der Explosionswolken war gerade so groß, daß der ganze Flugzeugverband hineingepaßt hätte. Die Angreifer waren dem Verderben nur entgangen, weil sie – aus der äußersten Gipfelhöhe von 7 500 Metern leicht »drückend« und damit ständig beschleunigend – die russischen Meßgeräte bei der Bestimmung der Fluggeschwindigkeit getäuscht hatten.

Nächte mit »rollenden Einzelangriffen«, die vom näheren Petsamo aus geflogen wurden, um Treibstoff zu sparen und eine größere Bombenlast mitnehmen zu können, deckten K.s Bedarf an Feuerwerk für Jahrzehnte. Vier-, fünfmal in Folge startete jede Maschine mit je zweitausend Kilo Luftminen, die im Sturzflug punktgenau auf die von Leuchtbomben und Bränden erhellte »Schwurfingermole« zu setzen waren. Diesen Namen verdankte der große Entladekai von Murmansk seiner gegabelten Form. Nach dem Salut der schweren Flak beim Anflug in 3 000 Metern hieß es, hinabzutauchen in die Leuchtspurfontänen der leichten Flugabwehrgeschütze. Nur einmal noch war die Angst größer: als die Hälfte des Geschwaders Flugplätze auf der Kola-Halbinsel angreifen sollte und dabei im Anflug über See bei dichtem Nebel in der Sprechfunkverbindung der Flugzeuge untereinander der Schreckensschrei: »Jäger!« ertönte, worauf alle Maschinen, mit dem Risiko von Zusammenstößen, wild zu »kurbeln« begannen, bis der mitfliegende Gruppenkommandeur fluchend das ganze Unternehmen abbrach.

Wer hatte sowjetische Jagdflugzeuge gesehen? Vor allem: Wer hatte den Alarmruf ausgestoßen? Niemand wollte es gewesen sein. Der Bordschütze und Kriegsberichter K. verwies darauf, daß er sogleich mit: »Wo? Ich sehe nichts!« reagiert hatte. Doch die andere Angst, daß man ihn verdächtigen könne, nervenschwach Gespenster gesehen zu haben, blieb, bis vom Funkmeßgerät schließlich die Bestätigung kam, daß trotz des schlechten Wetters tatsächlich sowjetische Abfangjäger gestartet waren.

Aktuelle Kriegsberichte wurden über die militärischen Fernschreibleitungen sofort nach Berlin übermittelt und vom Propagandaministerium an die Agenturen, Pressedienste und direkt an Zeitungen weitergeleitet, die über den Abdruck entschieden. Die Verfasser erhielten (lückenhaft) Zeitungsausschnitte als Abdruckbelege.

Bei Tag über Murmansk
Wir trafen die Werft
Von Kriegsberichter Hans R. Queiser

Wenn der Winter im Bannkreis des Nordkaps seine Stellung auch noch nicht aufgegeben hat, so läßt der täglich sich größer über den Himmel schwingende Sonnenbogen keinen Zweifel mehr, daß ein neuer Sommer naht. Monatelang hatten die Kampfflieger die langen Nächte ausgenutzt, um in Nachtangriffen schwere Bombenlasten nach Murmansk zu tragen, heute nun sollte der von den Sowjets erbittert verteidigte Hafen zum erstenmal für dieses Jahr wieder am Tage angegriffen werden.
Die Staffel besteht aus alten »Murmansk-Spezialisten«. Fast alle zählen in ihrem Flugbuch um fünfzig Angriffe gegen Murmansk. Der Befehl zum Angriff war da, und sie würden wieder fliegen.
Hoch und frei unter dem blauen Himmel schweben die Kampfflugzeuge, umschwirrt von ihren schützenden Begleitern, den schnellen Messerschmittjägern. Nur noch Minuten sind es bis zum Ziel. Wenn der Bordschütze durch das Seitenfenster seiner Bodenwanne sieht, kann er kurz voraus schon den blauen Trichter der Kolamündung entdecken, und auch die Kais von Murmansk sind schon auszumachen. »Achtung, Zielanflug!«
Das Flugzeug des Staffelkapitäns legt sich als erstes mit einer Biege in Angriffsrichtung, alle anderen Maschinen folgen. Vor

dem Bordschützen öffnen sich langsam die Bombenklappen. Nun ist auch die sowjetische Flak da. Rings um die Flugzeuge tanzt der gefährliche Reigen der Detonationswolken. »Etwas nach rechts« verbessert der Beobachter die Angriffsrichtung. »Bomben fallen!« Eine nach der andren rutscht torkelnd aus den Schächten und bleibt noch lange unter dem Flugzeug sichtbar. Die Bomben der Staffelkameraden kommen dazu. Etwas südlich der Stadt, in der deutlich die schweren Zerstörungen durch die Winterangriffe als ausgedehnte Trümmerfelder zu erkennen sind, im Werftviertel – mitten im Ziel, dem unser Angriff galt – schießen die Explosionswolken empor. Der Kampfverband befand sich schon lange auf dem Rückflug, als eine Staffel der begleitenden Jäger angreifende Sowjetjäger in einen erbitterten Luftkampf verwickelten, in dessen Verlauf von den deutschen Jagdfliegern 18 feindliche Jadgflugzeuge abgeschossen wurden. Weder unser Kampfverband noch die eigenen Jagdflieger hatten Verluste.

Veröffentlicht unter anderem in: Breslauer Neueste Nachrichten 113/23. 4. 43, Landeszeitung für Mecklenburg und Nachbargebiete 101/3. 5. 43, Revaler Zeitung 103/7. 5. 43, Deutsche Zeitung in Norwegen 93/20. 4. 43

Nicht zum Helden geeignet

Bevor seine Zeit im sogenannten hohen Norden abgelaufen war, wurde K. aufgefordert, einen Beitrag zu einer Jugendheftreihe »Deutsche Kriegshelden« zu liefern. Das Sujet war freigestellt. K. wollte ein Porträt des Wetterfliegers Rudolf Schütze schreiben. Schütze besaß zwar den militärischen Rang eines Oberleutnants, war aber seinem ganzen Wesen nach der zivile Flieger geblieben, als der er bereits vor dem Krieg mehr Zeit in der Luft als auf dem Boden zugebracht hatte. Das Ritterkreuz, das ihm schließlich verliehen wurde, trug er nur, wenn es sich nicht vermeiden ließ. Bei den Staffeln wurde er zur Legende. Keinen noch so ausgefallenen Auftrag lehnte er ab, ein »Unmöglich« gab es für ihn nicht.

Seine Spezialität waren Landungen ohne Flugplatz und Rollfeld zur Aufstellung automatischer, funkbestückter Wetterstationen an möglichst fernen, extremen Stellen und ihre spätere Versorgung mit neuen Akkus. Eine Landung auf Spitzbergen mochte dabei noch angehen. Dort standen in Ny Aalesund immerhin noch die Reste der Luftschiffhalle, die der italienische General Umberto Nobile 1926 für seinen Flug über den Pol hatte errichten lassen. An dieser Stelle war also fast eine Art Piste vorhanden. Davon konnte auf Nowaja Semlja nicht die Rede sein. K. hatte als Bordschütze einer Ju 88, die Schütze bei einer Landung auf der südlichen der Doppelinseln gegen Überraschungen seitens russischer Flugboote sichern sollte, solch ein Manöver miterlebt.

Es begann stets mit »Rollversuchen« auf einem »handtuchbreiten«, hindernisfreien Geländestreifen, den er fast immer fand. Bei mehreren Anflügen setzte Schütze lediglich das Fahrwerk seiner He III mit mehr oder weniger Belastung auf und startete wieder durch. Aus der Luft sah er sich dann die Radspuren an, um abzuschätzen, ob der Permafrostboden tragfähig sei. Nun erst landete er.

Das Unternehmen, das Hans K. als Bordschütze in der ständig über der gelandeten Maschine kreisenden Ju 88 beobachtete, wäre beinahe schiefgegangen. Die He III mit ihren noch halbvollen Tanks begann langsam einzusinken. Schütze, der derartige Flüge immer allein unternahm, mußte die Aktion abbrechen. Dank der vorsorglich mitgenommenen Stahlbleche, die er auf eine vor dem Fahrwerk gegrabene schiefe Ebene legte, und mit virtuoser Bedienung der Gashebel schaffte er jedoch auch diesen Start. Ein andermal kam er halbwegs heil von Grönland zurück, nachdem ein Blitzschlag einen Teil der Kanzelverglasung zertrümmert und den Kreiselkompaß außer Betrieb gesetzt hatte.

Das ›Heldenheft‹ über ihn kam nicht zustande. Bei einem Flug mit einem neuen, noch wenig erprobten Transportflugzeug (Arado 232), das versuchsweise mit einem Kettenfahrwerk ausgestattet war, stürzte er über den Bergen Norwegens ab. Schütze und eine große Zahl Urlauber, die er auf dem Flug nach Süden ohne Erlaubnis mitgenommen hatte, fanden den Tod. Bei den Herausgebern der Hefte in Berlin war er damit für eine Heldenrolle disqualifiziert.

Walter Henkels und Kurt W. Marek

Nach einem Urlaub, den K. auf dem von Winterstürmen lahmgelegten Flugplatz Banak bewilligt bekommen hatte, fand er im Quartier des Kriegsberichterzuges einen neuen Chef vor, Leutnant Walter Henkels. Den ehemaligen Redakteur einer Zeitschrift hatte es auf diesen Posten verschlagen, weil zwei Jahre zuvor in seinen Armen an der Ostfront der schwer verwundete einzige Sohn jenes Majors von Pebal der Kriegsberichterkompanie gestorben war. Henkels bedeutete Lebensgenuß weit mehr als Politik oder gar Weltanschauung. Unbehagen war ihm anzumerken, wenn er als Hauptschriftleiter der Soldatenzeitung »Luftflotte Nord« die sogenannten »Auflage«-Artikel von Goebbels oder anderen Nazigrößen an hervorragender Stelle ins Blatt setzen mußte. Beim Fall von Stalingrad brauchte er eine lange Zeit, um den Gedenkartikel zu Papier zu bringen, in dem dann selbstverständlich mit keinem Wort von der Opferung einer Armee als Menetekel der Niederlage die Rede war, sondern von Heldentum und Opferbereitschaft.

K., der die schwere Geburt des unaufrichtigen Textes miterlebte, gehörte freilich nicht zu jenen, die durch Stalingrad zu der Erkenntnis gekommen waren, daß der Krieg (spätestens) nunmehr verloren war. Ihm wie vielen anderen seines Alters stand zunächst noch die Periode bevor, in der er sich weder den »Endsieg« noch die Niederlage vorstellen konnte.

Der neue Führer des Kriegsberichterzuges nahm sich der »beruflichen Weiterbildung« des Jungreporters K. an. Noch ein anderer nahm seine Möglichkeit wahr, ihm ein wenig die Augen zu öffnen: der Leutnant und Kriegsberichter Kurt W. Marek, den K. im neuen Quartier des Kriegsberichterzuges bei Drontheim kennenlernte. Marek hatte bei einer Flakeinheit am Kampf um Narvik teilgenommen und schilderte ihn in dem Buch »Wir hielten Narvik«, das den Krieg in einer für damalige Verhältnisse kraß realistischen Weise beschrieb. Das Buch passierte dennoch zunächst die Zensur, bis seine Verbreitung von Goebbels gestoppt wurde. So wurde Marek zu einem der besonderen Schützlinge der Kriegsberichterkompanie (Unter der Überschrift »Wir hielten Marek« bezeugte Walter Henkels nach dem Krieg diese Episode im »Spiegel«.)

Im Haus des Kriegsberichterzuges an einer stillen Bucht des Drontheimfjordes beschäftigte sich Marek mit einem Essay für die Frankfurter Zeitung. Der Titel lautete: »Das Feuilleton stirbt«, was heftige Scheingefechte mit dem eingeschworenen Feuilletonisten Walter Henkels zur Folge hatte. Der Sarkasmus des Berliners Marek war dabei der Ironie des Rheinländers Henkels überlegen. Marek fragte K. eines Tages, welche Bücher er denn bisher gelesen habe. K. zählte sie auf, die Blunks, Beumelburgs, Grimms, Kolbenheyers, und verstummte vor dem spöttischen Lächeln. Marek nannte ihm ganz andere Dichter und Schriftsteller, die man gelesen haben müsse. Angefangen mit Hemingway waren es vor allem Amerikaner, die offiziell verpönt und in den Buchhandlungen schon längst nicht mehr zu kaufen waren. Über verbotene deutsche Schriftsteller zu sprechen, konnte sich auch Marek nicht leisten, der einmal bei »Väterchen« Ernst Rowohlt Lektor werden und dem widerstrebenden Verleger das Buchmanuskript eines unbekannten »C. W. Ceram« ans Herz legen würde – sein eigenes, das unter dem Titel »Götter, Gräber und Gelehrte« ein Welt-Bestseller werden sollte.

Noch ein dritter Leutnant bewohnte zu dieser Zeit die Kriegsberichter-Villa am Fjord, der Maler und Zeichner Erich Klumbies, ein zierlicher Mann, dessen Haar zu ergrauen begann. Über ihn erfuhr K. nichts von den anderen, doch glaubte er, in dem kargen, ein wenig widerborstigen Strich der Illustrationen, die Klumbies zu Kriegsberichten zeichnete, eine gewisse Ähnlichkeit mit dem zeichnerischen Stil der berühmten und beliebten »Vater und Sohn«-Bildgeschichten von »e. o. plauen« zu erkennen. Nach seiner Heimkehr aus der Kriegsgefangenschaft erfuhr K., daß dies wohl kein Zufall war. Erich Klumbies war mit Erich Ohser, wie der Zeichner von »Vater und Sohn« wirklich hieß, befreundet gewesen. Ohser wurde 1944 denunziert und verhaftet, weil er in einem Berliner Luftschutzkeller vom verlorenen Krieg gesprochen hatte. Im Gestapogefängnis nahm er sich das Leben.

Zu einem Kaleidoskop des Wahnwitzes jener Zeit wurden K.s Begegnungen in dem Haus am Fjord schließlich durch eine weitere Begegnung. Der Fahnenjunker-Feldwebel Willi Manthey war Filmberichter und verbrachte wie K. nur die kurze Übergangszeit zwischen zwei »Einsätzen« beim Kriegsberichterzug. Schnell hatten sie sich, rang- und altersgleich, angefreundet. Manthey war der erste, der sich K. gegenüber als Hitlergegner bekannte. Als Assistent eines namhaften Spielfilm-Kameramannes hatte Manthey die besondere Atmosphäre in den Filmateliers während des »Dritten Reiches« kennengelernt. Alle, die für den Film arbeiteten, trugen letzten Endes im Sinne des Regimes dazu bei, die »Stimmung im Volk« hochzuhalten, doch gleichzeitig sabotierten nicht wenige von ihnen die Goebbels'schen Absichten nach Kräften. Außerdem erfuhr Manthey als Kamera-Assistent viele unappetitliche Interna aus der Privatsphäre der Großen des Reiches. Seine Entrüstung steigerte sich noch, als er Wochenschau-Kameramann geworden war und für Goebbels privat eine der rauschenden Ballnächte filmen mußte, die der Minister auf der Pfaueninsel im Wannsee veranstaltete. Daß ihn Goebbels dabei wegen der zuwenig ehrerbietigen Anrede: »Herr Doktor« abkanzelte: »Für Sie immer noch Herr Reichsminister!« hatte auf Manthey eine besondere Wirkung. Er war bereits 1930 in Berlin Mitglied der Hitler-Jugend gewesen (sogar in derselben Schar wie jener Herbert Norkus, der nach seiner Ermordung zum »Horst Wessel« der Hitler-Jugend wurde), gehörte dem sozialrevolutionären Flügel der Nazipartei an und war Anhänger Gregor Strassers, der sich mit Hitler überwarf. »Damals hieß es, kein Minister werde ein höheres Gehalt als 3000 Mark beziehen, wenn Hitler an die Macht käme. Und was wurde daraus?« meinte Manthey im Gespräch mit K. unter vier Augen. Staunend erfuhr der Ex-Fähnleinführer K., daß man ein »alter Kämpfer« und dennoch nicht hitlerhörig gewesen sein konnte. Und seitdem, das war K. schnell klar, war der schmächtige Willi Manthey, dem man das Hantieren mit der schweren Ariflex Handkamera in einer engen Ju 88 kaum zutrauen mochte, gewiß kein Bewunderer des Führers mehr.

Walter Henkels, der Verantwortliche für diese bunte Schar, wurde schließlich als Chefredakteur der Illustrierten »Luftflotte Nord« abgelöst. Den letzten Anstoß dazu gab ein PK-Bericht von ihm, der in der Renommier-Wochenzeitung »Das Reich« erschienen war und der dem Herausgeber Goebbels sehr mißfallen hatte. »Auf diesen Bericht hin wird sich kein junger Mensch mehr zu den Fliegern melden!« soll er getobt haben. Auch K. bekam Ärger. Nach dem Bericht eines Überlebenden hatte er den Absturz eines viermotorigen Aufklärungsflugzeugs vom Typ Focke-Wulf »Condor« geschildert. Zwischen Weihnachten und Neujahr war die Maschine bei der Rückkehr von einem langen Flug über den Nordatlantik bei aufliegenden Wolken im norwegischen Hochgebirge durch »Bodenberührung« zu Bruch gegangen. Von den fünf Männern der Besatzung überlebten zwei.

Der folgende Bericht erschien mit einer dramatischen Zeichnung in einer Illustrierten, ungekürzt und unter dem Originaltitel »Silvester im Reich des weißen Todes«. Bald darauf mußte K. dienstlich zu einer harschen Beschwerde des Oberkommandos der Luftwaffe Stellung nehmen. Zum Vorwurf des Defaitismus fehlte nicht viel. Die Darstellung könne nicht der Wahrheit entsprechen, hieß es. In der Maschine hätte sich gemäß Vorschrift die Notverpflegung befinden müssen. Der Staffelkapitän der Fernaufklärer entkräftete den Vorwurf. Der hier leicht gekürzte Kriegsbericht, den die Illustrierte »Der Adler« im Januar 1944 veröffentlichte, wurde von der Luftwaffenführung als zu negativ beanstandet.

Silvester im Reich des weißen Todes
Ein ungewöhnlicher Jahreswechsel im hohen Norden
Von Kriegsberichter Hans R. Queiser

Es war am 27. Dezember. Als der Feldwebel Fritz A., Bordmechaniker eines schweren Kampfflugzeuges, aus der Ohnmacht erwachte, dauerte es nur wenige Augenblicke, bis ihm klar wurde, daß die flockige Kühle, die ihn umgab, Schnee war – tiefer, weicher Neuschnee. Mit den ersten noch reflexartigen Bewegungen meldete sich das Alarmsignal des Schmerzes. Nun sah er auch das Blut, das langsam und klebrig auf die zerrissene Kombination tropfte.
›Ich lebe also noch, bin aber verwundet. Wo ist die Maschine, wo sind die anderen?‹ Die Gedanken flossen noch träge unter der dröhnenden Schädeldecke. Der Feldwebel versuchte sich zu erheben, es gelang ihm, obwohl die Knie aus Gummi zu sein schienen. Das Atemholen löste kleine, stechende Schmerzen im Brustkorb aus: Rippenbrüche. Außerdem eine leichte Kopfwunde und wahrscheinlich eine kleine Gehirnerschütterung, soweit war er schon mit seinen Feststellungen.

Doch der Wille hatte sich bald wieder zur Herrschaft über den Körper durchgerungen und befahl, helfen, wenn noch zu helfen ist. Und der Feldwebel sah das Flugzeug, oder vielmehr was davon übrig war und sich schwarz vom dämmrigen Weiß des Schnees abhob. Der hintere Teil des Rumpfes lag, kurz vor der Tür abgebrochen, sonst unbeschädigt, im lockeren Schnee, getrennt davon alles übrige, Kanzel, Flächen, Motore, zu einer unkenntlichen Masse zerbeult. ›Bin ich etwa der einzige, der ... ?‹
Der Feldwebel spürte plötzlich nicht mehr die zerdrückten Rippen, nicht mehr den geschundenen Kopf, er spürte auch nicht mehr die schneidende Kälte des Windes. Er taumelte wie ein Betrunkener auf das Flugzeugwrack zu. Und dort fand er, was er nicht zu hoffen gewagt hatte – noch einen Überlebenden. In den Trümmern eingeklemmt, bewußtlos, aber anscheinend nur leicht verletzt, hing der zweite Funker, der Unteroffizier Sch. Der Feldwebel befreite ihn mit klammen Fingern und schleppte ihn keuchend in das abgebrochene Rumpfende. Und während er sich um den Kameraden bemühte, ordneten sich endlich die Gedanken zur Erinnerung. Sie waren am Morgen dieses nachweihnachtlichen Tages von dem Flugplatz im Fjord zu bewaffneter Aufklärung über dem Atlantik gestartet. Das Wetter versprach wenig Gutes. Und dann war auch richtig der Platz bei ihrer Rückkehr vollständig »zu«. Nach vergeblichen Runden in den vereisungsträchtigen Wolken entschloß sich der Flugzeugführer, einen Ausweichhafen weiter südlich an der norwegischen Küste anzufliegen. Aber der Sprit war knapp, sehr knapp. Er erlaubte ihnen nicht mehr, höher zu steigen, um aus dem Dreck herauszukommen. So krochen sie blind durch die dicken Wolken über den Bergen und Fjellen dahin, die hier zu alpinen Höhen aufwuchteten und auf denen ein arktischer Winter hauste. Ja, und dann mußten sie wohl »unfreiwillig Bodenberührung« bekommen haben; denn zwischen dem Dahinschweben im unheimli-

chen, grauen Nichts und dem Erwachen im Schnee fehlten dem Feldwebel die Ereignisse.

Feldwebel A. schaute auf seine Armbanduhr. Wenn sie noch richtig ging nach dem Absturz, dann war es jetzt gerade 22 Uhr. Und Sonntag dazu. Der Wind hatte wieder aufgefrischt und peitschte neue Schneefluten durch die Nacht. Sie würden das Grab der Kameraden mit einem weißen Bahrtuch überziehen, das war gut so. Doch bis in den Schlupfwinkel der beiden Überlebenden durften die Leichenfinger des weißen Todes nicht tasten. Sie wollten ja noch leben, sie wollten ihr Ich hinüberretten in das neue Jahr, das vor den Toren stand, und hinunter von den Bergen des Todes in die Täler der Lebenden. Der Feldwebel und der Unteroffizier rissen ihre Fallschirme auf, verstopften mit der Seide den klaffenden Bruch des Rumpfes so gut es gehen wollte, verbanden ihre Wunden notdürftig und sichteten das, was ihnen zur Rettung dienen konnte. Es war nicht viel, ja es war sogar beängstigend wenig. Die Taschenlampe gab nur einen schwachen, trüben Schein. Sie fanden eine Sanitätstasche. Sonst war ihnen nur das geblieben, was sie am Leibe trugen. Eine Leuchtpistole mit zwölf roten Patronen, die Armbanduhr, ein Kompaß, eine Schachtel Schokolade und zwei Packungen Keks, das war alles.

So verging die erste Nacht unter Wachen und Lauschen auf den Sturm. Die Schmerzen waren gute Wächter. Sie dehnten zwar die Stunden zu Ewigkeiten, aber sie wehrten dem Schlaf und damit dem Tod – oder schoben sie ihn nur auf? Schlafend wären die beiden jedenfalls schon in der ersten Nacht unweigerlich der Kälte zum Opfer gefallen.

Der 28. Dezember dämmerte spät von einem schneeverhangenen Himmel. Unteroffizier Sch. arbeitete sich mit halberstarrten Gliedern aus dem eingeschneiten Rumpf. Drinnen saß der Feldwebel mit schmerzverzerrtem Gesicht und einer elenden Wut auf sich selbst, auf den Schnee, auf die erbar-

mungslosen Berge. Seine Knie waren über Nacht dick angeschwollen, er konnte die Beine kaum bewegen, geschweige denn sich in den tiefen, lockeren Schnee hinauswagen. So machte sich der Unteroffizier allein daran, die Lage auszukundschaften. Die Flugzeugtrümmer staken in einer flachen Mulde, knapp unterhalb des Berggipfels. Die einzige Abstiegsmöglichkeit war im Süden, über einen steilen, etwa fünfzig Meter hohen Schneehang. Von dort, vom Fuße dieses Steilhangs aus, würde man wohl in die Täler gelangen können.
»Komm, wir versuchen es! An die Tür binden wir Fallschirmgurte, du setzt dich drauf und ich ziehe dich!«
Doch es ging nicht. Der Schnee war viel zu locker. Mit dem Körpergewicht des Feldwebels belastet, sank der improvisierte Schlitten tief ein und war nicht von der Stelle zu bringen.
»Du mußt allein gehen – mußt versuchen, Hilfe zu erreichen! Dann holst du mich ab. Ich halte schon so lange aus. Vielleicht suchen sie auch nach uns. Sicher suchen sie uns, aber ob sie uns finden? Du mußt runter!«
Und Unteroffizier Sch. machte sich auf den Weg. Nur den Kompaß nahm er zu sich, alles andere ließ er dem Kameraden. Sie waren ja schließlich in einem bewohnten, wenn auch dünn besiedelten Land, er würde schon durchkommen. Der Feldwebel war aus dem Rumpf hervorgekrochen und schaute dem Unteroffizier nach, wie er, an der Kante des Steilhangs sich noch einmal umdrehend, vorsichtig den ersten Schritt abwärts tat. Von den nun folgenden Tagen erzählte der Feldwebel mit sparsamen Andeutungen. Vielleicht hat er diese Tage tief in seinem Innersten verschlossen, vielleicht leben sie in ihm auch nur als ein Dämmern, aus dem nur wenige wache Augenblicke über die Brücke der Erinnerung in sein weiteres Leben gelangten.
Zuerst ließ sich alles noch leidlich ertragen. Nachdem er allein zurückgeblieben war, malte er sich aus, wie sich Sch. über die Schneefelder herabkämpfte. In achtundvierzig Stunden

konnte Hilfe da sein. Wenn es überhaupt so lange dauerte. Vielleicht würden schon vorher Flugzeuge die Überreste seiner Maschine entdecken.

Das Wetter wurde allmählich auch besser, die jagenden Wolkenfetzen zerrissen, und blendend schoß eine tief am Himmel stehende Sonne ihre Lichtpfeile über das gleißende Schweigen. Schlimm war nur, daß der kärgliche Proviant schon bald verbraucht war und daß der Schnee den Durst nicht stillen wollte. Bitter war auch die erste einsame Nacht. Die offene Kopfwunde brannte, und an den Händen und Füßen biß eine satanische Kälte.

Am 30. Dezember, am dritten Tag und nach der vierten Nacht geschah folgendes: Noch immer roch es in der nun völlig unter dem Schnee begrabenen Rumpfhöhle durchdringend nach Benzin. In der Ecke unter dem Heckstand lag ein unkenntlicher weißer Haufen, ein Mensch, der sich gegen die Kälte in eine zerfetzte Fallschirmbahn gewickelt hatte. Ab und zu schüttelte es den regungslosen Körper; das Fieber hatte ihn gepackt. Die weit geöffneten Augen starrten durch die geöffnete Tür in eine weiße Ferne, aus der jeden Augenblick das Rettungskommando auftauchen mußte. Immer und immer wieder redete der Mensch sich die Worte vor: »Sie kommen, sie kommen bestimmt, es dauert nur ein wenig länger!« Er redete sie laut in die Stille, um ihr das Unheimliche zu nehmen.

Die Armbanduhr zeigte die erste Nachmittagsstunde, als das überwache Gehör Motorengeräusch vernahm. Der Mensch kroch aus seiner Höhle. Das Motorengeräusch blieb, es wurde sogar lauter, wie die Sinne des Menschen klarer wurden in der frischen Luft, die ihre eisige Kälte gemildert hatte. Und dann sah der Mensch das Flugzeug. Er erkannte es, es war eine Do 17. Zittrige Finger schoben die erste Leuchtpatrone in den Lauf. Patsch! – Die rote Kugel stieg und senkte sich in steilem Bogen. Die nächste, und die nächste. Das Flugzeug mußte sie

doch sehen, mußte doch den Menschen entdecken, den Kameraden in Not! Doch das Flugzeug flog, viele Kilometer weit entfernt an dem Menschen vorbei ...
Es verging eine andere Nacht und der Mensch erlebte den vierten Morgen, nun schon zwei Tage lang ohne Nahrung, verwundet und geschwächt auf dem tausend Meter hohen Berg im Schnee. An den Fingern konnte er die Tage nicht mehr abzählen, die waren zu starr und steif – erfroren. Aber im Gedächtnis blätterte er nach, und ihm fiel ein, daß heute der 31. Dezember war. Jahreswechsel. Sollte das neue Jahr sein Sterbejahr werden? Der Mensch war Soldat, ihm waren Gedanken an den Tod nicht so fremd und schrecklich wie sie vielleicht einem anderen gewesen wären. Nun, da er das Ende vor sich sah, dachte er daran, wie es sein würde, wenn er nicht mehr nach Hause zurückkehrte. Er sah jene vor sich, die ihm nahe waren, er sah seine Frau. Er sah sie jetzt, in den letzten Stunden des alten Jahres, leibhaftig vor sich, sah sie in Gedanken und Sorgen um ihn weinen. Und da wußte er plötzlich, daß er um sein Leben kämpfen mußte, solange er atmete, daß er sich nicht ergeben durfte, wenn ihm die Möglichkeit zum Kampf blieb. Er dachte nicht mehr an sich, seine Wunden, seine erfrorenen Glieder. Vor der Not eines Herzens in weiter Ferne sah er seine eigene verblassen. Mit dem Willen zum Kämpfen und Aushalten strömten ihm neue Kräfte zu. Auf dem Leuchtzifferblatt seiner Uhr verfolgte er die kriechenden Zeiger. Und als auf wallenden Nordlichtern das neue Jahr aus der Ewigkeit auf die Erde glitt, da fand es auf einen einsamen Fjell in Norwegen einen deutschen Flieger entschlossen, sich nicht zu ergeben.
Am 3. Januar, am sechsten Tag nach dem Absturz, machte sich der Mensch auf den Weg. Aus dem Hülsensack eines Maschinengewehres hatte er sich, unsäglich mühsam, mit erstarrten Fingern einen Rucksack für seine paar Habseligkeiten gebastelt. Die Hände mußte der Mensch frei haben; denn auf seine

geschwollenen Beine und seine erfrorenen Zehen konnte er sich nicht verlassen.

Bis zur Kante des Steilhanges brauchte der Mensch beinahe eine Viertelstunde. Den Hang ließ er sich hinunterfallen, eine lächerlich kugelnde, schneestäubende, winzige Lawine. In weiteren vier Stunden war der Mensch so weit gekommen, daß er die verschneiten Flugzeugtrümmer oben in der Mulde kaum mehr erkennen konnte.

Als dann talabwärts schwarze Gestalten auftauchten, glaubte der Mensch, daß es nun doch mit ihm vorbei sei; denn er habe ja schon Halluzinationen meinte er. Die schwarzen Pünktchen aber waren Wirklichkeit. Und Wirklichkeit war es, als der Mensch wieder Stunden später in einer wohlig warmen Norwegerhütte erwachte, unter weichen Decken, die nach Holzrauch rochen. Das war am 3. Januar, am sechsten Tag nach dem Start der bewaffneten Seeaufklärung über dem Atlantik.

»Wie grüßen Sie denn?«

Die Fernaufklärer starteten von einem ehemaligen norwegischen Militärflugplatz in der Nähe von Drontheim aus. Ihre Langstreckenflüge führten sie bis nach Island und bis in die Nähe von Grönland. Die soliden norwegischen Blockhäuser auf dem Flugplatz boten den wenigen Fliegern der Aufklärerstaffel reichlich Platz. Dem Kriegsberichter K. stand ein großer Raum zur Verfügung, den er allein bewohnte. Den Ofen versorgte ein junger russischer Gefangener, ein sogenannter Hiwi (so wurde die offizielle Benennung »Hilfswillige« abgekürzt). Der zweite Raum in der Baracke war unbewohnt, bis dort ein junger Fähnrich einzog, also ein künftiger Berufsoffizier. K. kam mit ihm schnell in Kontakt. Mit seinen 22 Jahren fühlte er sich dem Achtzehnjährigen gegenüber als »alter Hase«. Bald schüttete der Jüngere dem Älteren sein Herz aus: Er sei verlobt, und seine Verlobte erwarte schon ein Kind. Doch jetzt habe er eine Norwegerin kennengelernt, ein traumhaftes Mädchen, das er am liebsten heiraten würde. Des Fähnrichs Liebeskonflikt wurde rasch auf schreckliche Weise gelöst: Einen Tag, nachdem er den Zimmernachbarn gerade noch mit einem großen Stück geräucherten Lachs erfreut hatte, einer Liebesgabe seiner schönen Norwegerin, verabschiedete er sich plötzlich kreidebleich. »Ich muß mich bei der Feldgendarmerie melden. Aber Sie dürfen mit niemandem darüber sprechen«, verriet er nach einigem Zögern. Seine Freundin war unter Spionageverdacht verhaftet worden.

K. sah den Fähnrich nicht wieder. In der Staffel, der er kaum zwei Wochen angehört hatte, fiel kein Wort über ihn. Auch vom Stabsarzt nicht. Den traf K. jeden Morgen beim Frühstück im Kasino, einer Art nordischer Halle mit schwerem Gebälk, in der man nur in der Nähe des riesigen eisernen Ofens nicht fror. Als notorische Frühaufsteher waren die beiden morgens stets die ersten und allein in der Halle. Da deutete der Doktor im Gespräch schon einmal an, wie wenig er von dem ganzen »Heldenbetrieb« halte. Über den Fähnrich schwieg er jedoch. Es wurde viel geschwiegen, schon lange und immer mehr. K. war immerhin soweit, daß ihm dies auffiel.

Bei einem Frühstück mit dem Stabsarzt in den Winterwochen, die er auf dem Flugplatz bei Drontheim verbrachte, konnte er »Geburtstag feiern«. So nannten es die Flieger, wenn der blinde Zufall einen von ihnen vor dem ziemlich sicheren Ende bewahrt hatte. Am Abend vorher hatte sich K. darüber geärgert, daß er zugunsten eines Meteorologen auf einen Flug verzichten mußte, für den er schon eingeteilt war. Man erwartete von ihm Berichte. Seine Produktivität war merklich gesunken. Die Verfertigung von Kriegsberichten reizte ihn bei weitem nicht mehr so wie früher. Dieser erste Erkundungsflug einer »Condor« nach einer langen, wetterbedingten Pause wäre eine Gelegenheit gewesen, herauszufinden, ob da bei ihm überhaupt noch etwas »drin war«. Beim Frühstück am darauffolgenden Morgen fragte der Stabsarzt dann beiläufig: »Wissen Sie schon, daß die Maschine heute morgen beim Start auf den Bauch gefallen ist? Es ging glimpflich ab. Einer hat beide Beine gebrochen. Nur der Meteorologe ist tot.«

K.s Tage in Norwegen waren gezählt. Dort hatte es beim Luftwaffen-Kriegsberichterzug Veränderungen gegeben. Von Drontheim war man nach Oslo umgezogen, in eine vornehme Villa. Walter Henkels war als Chef abgelöst worden. Seine Stelle hatte ein Hauptmann eingenommen, der jenen bereits erwähnten Leutnant Schmitt mitgebracht hatte. Der PK-Bericht von Walter Henkels in der Wochenzeitung »Das Reich«, der Goebbels so mißfallen hatte, war also für den Verfasser nicht ohne Folgen geblieben. Doch Henkels hatte auch selbst seine Kommandierung zu einem »fliegenden Verband«, wie bei der Luftwaffe die Front hieß, gewünscht. K. traf ihn erst nach dem Krieg wieder.

Als »kasinopflichtiger« Fahnenjunker-Feldwebel fühlte sich auch K. nicht mehr wohl in der Villa am Berghang über Oslo bei diesem Hauptmann und seinem Adjutanten. Eine kurzfristige Kommandierung zu einer Me 110 Zerstörer-Staffel auf der Insel Herdla vor der west-norwegischen Hafenstadt Bergen erlöste ihn von den gemeinsamen Mahlzeiten mit den beiden unsympathischen Offizieren. Die Versetzung auf die kleine Insel vor der Küste erfolgte, weil dort die Invasion der Alliierten befürchtet wurde, die dann am 6. Juni 1944 in der Normandie begann. Nach einem dreiwöchigen ereignislosen

Zwischenspiel auf der norwegischen Insel sollte K. schließlich noch im Osten den letzten Akt des (Luft-)Krieges und dabei das Ende der Göringschen Luftwaffe miterleben.

Das Kampfgeschwader auf dem Feldflugplatz bei Radom in Polen, bei dem Hans K. Anfang Juli 1944 eintraf, hatte kurz vorher am letzten Erfolg der Luftwaffe mitgewirkt. Achtzig aus vier Kampfgeschwadern zusammengekratzte Maschinen hatten einen sowjetischen Flugplatz bei Poltawa in der Ukraine angegriffen. Dort war ein Verband viermotoriger amerikanischer Bomber gelandet, nachdem er auf dem Hinflug seine Bomben über dem »Reichsgebiet« abgeladen hatte. Das Unternehmen sollte der Auftakt zu einem doppelt effektiven Pendelverkehr werden. Bei dem überraschenden deutschen Angriff wurden ohne eigene Verluste 47 von 78 »fliegenden Festungen« und 14 »Mustang«-Fernjäger am Boden zerstört.

Bei den Kampffliegern in Polen erlebte K. den 20. Juli[1]. Mit einem anderen Feldwebel hatte er einen Spaziergang zu den Liegeplätzen der Maschinen am Rande des Flugplatzes unternommen. Auf dem Rückweg begegneten den beiden mehrere Landser. Sie grüßten. Aber wie? Nicht durch »Handanlegen an die Kopfbedeckung«, sondern – obwohl sie Mützen trugen – mit erhobenem rechten Arm, dem sogenannten »deutschen Gruß«. K. und sein Begleiter gehörten nicht zu jenen Tressenträgern, die darauf erpicht waren, gegrüßt zu werden, und das auch noch möglichst »zackig«. Hier aber entfuhr K. denn doch die barsche Frage: »Wie grüßen Sie denn?«

Sichtlich erfreut, zwei Feldwebel belehren zu können, berichteten die Soldaten, was in den letzten zwei Stunden geschehen war. Über das Radio und die militärischen Nachrichtenstränge war die Meldung vom Attentat auf Hitler gekommen sowie gleich darauf der Befehl, daß die Wehrmacht zur Bekundung ihrer Treue zum Führer statt des bisherigen militärischen Grußes

1 *20. Juli 1944* Bald nach Kriegsbeginn bildeten Offiziere Verschwörergruppen. Zunächst war beabsichtigt, Hitler vor Gericht zu stellen. Später erschien seine Beseitigung unvermeidlich. Zwei Attentatversuche mißlangen. Am 20. Juli 1944 gelang es dann dem 34jährigen Oberst Schenk Graf von Stauffenberg im Führerhauptquartier »Wolfsschanze« in Rastenburg (Ostpreußen) bei einer Lagebesprechung eine Aktentasche mit Zeitzünderbombe unter dem Kartentisch zu deponieren und sich zu entfernen. Durch einen Zufall wurde Hitler jedoch nur leicht verletzt. Nach dem mißglückten Attentat griff die Gestapo zu. Alle Verschwörer und Mitwisser wurden verhaftet, die meisten in unwürdigen Schauprozessen zum Tod durch den Strang verurteilt. Stauffenberg war noch am 20. Juli in Berlin, wo er eine wichtige Funktion übernehmen sollte, standrechtlich erschossen worden.

ab sofort den »deutschen« einführe, der schon immer der Gruß der Waffen-SS gewesen war. Die Wehrmacht pflegte dagegen den alten Militärgruß in mehr oder weniger eleganter Form (*ohne* Mütze oder Helm mußten Soldaten und Offiziere auch schon zuvor mit ausgestrecktem rechtem Arm den Hitlergruß zelebrieren). Nur widerwillig fand man sich mit dieser vordergründigen Änderung der Grußform ab. Auch der bald darauf eingeführte »NS-Führungsoffizier«[1], der den Durchhaltewillen stärken sollte, stieß auf kaum verhüllte Ablehnung bei der Truppe und erfuhr bestenfalls – eingedenk der (von Stalin inzwischen abgeschafften) Politkommissare der Roten Armee – als »Politruk« Spott und Nichtbeachtung.

Das mißlungene Attentat verursachte in K.s Umgebung nur vereinzelt laute Reaktionen, wobei der Anschlag selbstverständlich als schändlich verdammt wurde. Viel häufiger wurde geschwiegen – sicherlich mehr aus Verwirrung als in heimlichem Einverständnis mit den Attentätern. Allen aber war klar, daß jede unvorsichtige Äußerung in den nächsten Tagen fatale Folgen haben würde. K. gehörte zu den Ratlosen. Er vermochte sich schon seit geraumer Zeit nicht mehr vorzustellen, wie Deutschland – ob mit oder ohne Hitler – den Krieg überhaupt noch gewinnen könnte.

---

1 *NS-Führungsoffizier (NSFO)* Auf Befehl Hitlers nach dem Attentat am 20. Juli 1944 in allen Wehrmachteinheiten von den Kommandeuren zu bestimmender Offizier, der unter anderem mit Vorträgen für die nationalsozialistische Ausrichtung der Truppe sorgen und inoffiziell seine Kontrollfunktion ausüben sollte. Der Befehl zur Einführung des NSFO wurde weitgehend nur zum Schein befolgt. Franz Josef Strauß, der spätere Ministerpräsident von Bayern, war zum Beispiel ein solcher NSFO.

Zwischenbemerkung

Im zweiten Halbjahr 1944 erreicht der Massenmord in den Gaskammern der Vernichtungslager seinen entsetzlichen Höhepunkt.

Im Zusammenhang mit dem Attentat auf Hitler am 20. Juli 1944 werden in den darauffolgenden Wochen und Monaten rund 5000 Menschen erschossen, darunter etwa 700 deutsche Offiziere.

Die Rote Armee vernichtet bei ihrer Sommeroffensive 25 deutsche Divisionen der Heeresgruppe Mitte und erreicht Warschau.

Nach Beginn der alliierten Invasion in der Normandie am 6. Juni werfen amerikanische Bomber dort bis zum 12. Juni mit 42 000 Tonnen doppelt soviel Bomben ab, wie im Jahr 1941 auf England fielen. Über der Invasionsfront erscheinen nur vereinzelt deutsche Jagdflugzeuge und werden abgeschossen. Die aus der »Reichsverteidigung« abgezogenen Jäger werden bei ihrer Verlegung nach Frankreich größtenteils abgeschossen oder am Boden zerstört.

Im September 1944 erreichen amerikanische Truppen Aachen. Die von Hitler befohlene Ardennenoffensive im Dezember bringt die amerikanischen Streitkräfte vorübergehend in Schwierigkeiten, bis das Wetter sich aufklärt und sie ihre Luftherrschaft wieder ausüben können.

In Italien wird bei heftigen Kämpfen am Monte Cassino das von den Deutschen nicht besetzte berühmte Kloster durch amerikanische Luftangriffe zerstört. Die US-Streitkräfte dringen über Rom, das zur offenen Stadt erklärt wird, nach Norditalien vor.

Die Deutschen räumen Griechenland und Nordfinnland.

Himmler wird nach dem 20. Juli von Hitler zum Befehlshaber des Ersatzheeres ernannt. Er läßt alle Jugendlichen von 16 Jahren an und alle Männer bis 60 zum »Volkssturm« einziehen.

US-Präsident Roosevelt widerruft den kurz vorher bekanntgewordenen sogenannten Morgenthau-Plan, wonach Deutschland mehrfach geteilt und zum Agrarstaat gemacht werden sollte. Goebbels verschweigt diesen Widerruf und benutzt den Morgenthau-Plan sowie die Forderung nach einer bedingungslosen Kapitulation, um die Weiterführung des Krieges zu begründen.

Die Höhle

Auf ihrer immer schnelleren Fahrt in den Abgrund begann die schon fast zerstörte deutsche Kriegsmaschinerie durchzudrehen. Für Hans K. fand sie noch eine verblüffende Verwendung, die am Rande zu den zahlreichen Absurditäten gehörte, die diese Götterdämmerung begleiteten. Zunächst jedoch erlebte er die letzten Anstrengungen der Luftwaffe im Osten mit. Dazu gehörte ein Nachtangriff mit allen noch zur Verfügung stehenden Flugzeugen auf einen großen Eisenbahnknotenpunkt im westlichen Rußland. Dabei ahmten sie die englische Taktik des »Bomberstroms« nach. Vorausfliegende »Beleuchter« warfen Boden-Leuchtmarkierungen und Fallschirm-Leuchtbomben, hängten »Christbäume« über das Ziel. – Danach wurde das Geschwader nach Ostpreußen verlegt, weil sich die Russen Radom näherten. K. bewerkstelligte die Ortsveränderung im Auto eines »Sonderführers« undurchsichtiger Herkunft, dessen Auftrag und bisherige Tätigkeit ihm verborgen blieben. Unterwegs lud der Herr bei einer Schnapsbrennerei den Wagen mit Wodkaflaschen voll. Einmal mußten sie im »Generalgouvernement«[1] übernachten. Der Sonderführer hatte in Züchenau Bekannte. Die sprachen davon, daß der General-Gouverneur Hans Frank »viel zu spät auf eine bessere Behandlung der Polen umgeschaltet« habe.

K. wußte, Deutschland wollte diese Gebiete, in denen die Deutschen zuvor nur eine Minderheit gewesen waren, behalten und beherrschen. Die Polen, Slawen überhaupt, galten als »rassisch minderwertig«. Was dieser Herrschaftsanspruch für die Polen bedeutete, deren Land von der deutschen Wehrmacht 1939 überfallen worden war, was mit ihnen in diesen Jahren der deutschen Besatzung wirklich geschah, darüber hatte er sich noch nie Gedanken gemacht. Anfangs, zu Beginn des »Ostfeldzugs«, hatte er sich gewundert, daß es nicht gelungen war, wenigstens die Ukrainer zu

---

1 *Generalgouvernement* Östlicher Teil des besetzten Polens. Die Einwohner waren völlig entrechtet. Männer und Frauen wurden zu Zehntausenden als »Fremdarbeiter« unter Zwang nach Deutschland gebracht, Angehörige intellektueller Berufe verfolgt und getötet. Unumschränkter Herrscher im Generalgouvernement war der »Generalgouverneur« Hans Frank, ein Jurist. Nach dem Krieg wurde er hingerichtet.

einem Aufstand gegen die »bolschewistische Zwangsherrschaft« zu bewegen. Statt dessen war der Partisanenkampf gegen die deutschen Besatzer ausgebrochen. Doch dies war ja nun alles sozusagen überholt. Jetzt warb die Waffen-SS Freiwillige bei Russen, Ukrainern, bei den Balkanvölkern. Moslems durften den Fez zur Uniform tragen. Und hier, im Generalgouvernement, saßen die deutschen »Landwirtschaftsführer« als Vorhut der ursprünglich geplanten bäuerlich-germanischen Ostbesiedlung und Lebensraum-Erweiterung auf gepackten Kisten und Koffern.

Der neue Platz des Geschwaders war der Fliegerhorst Jesau bei Königsberg. Von hier aus wurden zwei Angriffe geflogen – einer gegen russische Panzerbrücken über die Weichsel, der ohne Wirkung blieb, denn die Brücken waren unter die Wasseroberfläche verlegt und nicht zu finden, der andere bei Nacht auf eine in den Wäldern an der ostpreußischen Grenze vermutete große Truppenbereitstellung. Dann war es mit dem Fliegen vorbei. Die Vorräte an Flugbenzin waren aufgebraucht, neues kam nicht mehr heran. Transporte standen inzwischen unter der »Luftaufsicht« der Alliierten. Vor allem waren die Raffinerien zerbombt. Die Royal- und die US-Air Force waren endlich dahintergekommen, daß sie nur die Werke in Mitteldeutschland, in denen aus Kohle Benzin hydriert wurde, zu zerschlagen brauchten, um den Rest der Luftwaffe auszuschalten.

K. schrieb längst keine Zeile mehr. Die Kriegsberichterkompanie in Berlin kümmerte sich nicht um ihn. Daß dies nicht so bleiben würde, war gewiß. Doch mit der Kriegsberichterei war es für ihn vorbei, das schien sicher. Was noch von der Luftwaffe übrig war – ein paar Gruppen Englandflieger mit dem neuen Kampfflugzeug Ju 288 und vor allem die Jagdflieger der »Reichsverteidigung« – bedurfte keiner großen Kriegsberichterschar. Dafür genügten einige »Prominente«, und zu denen zählte K. nun wirklich nicht. Aber er war mit dem zu erwartenden Abschied einverstanden. Schon bei den letzten Berichten hatte er Hemmungen verspürt. Was sollten solche Reportagen, die *einen* Erfolg aus Dutzenden von Mißerfolgen heraushoben, noch bewirken? Wie sollten sie bei den Menschen ankommen, die Nacht für Nacht und Tag für Tag in den Städten den Bombenkrieg durchlebten – wenn sie überhaupt noch die dünn gewordenen Zeitungen lasen?

Ein Zwischenstadium wie das, in dem K. sich jetzt auf dem Fliegerhorst Jesau befand, würde nicht lange dauern, das war klar. Ein alter Soldat (und K. war lange genug Obergefreiter gewesen) huldigte dem eisernen Grundsatz: eine Frist, in der man ihn in Ruhe ließ, zu genießen. Was noch kommen konnte, war abzusehen: vielleicht noch eine Verzögerung durch die in Aussicht stehende Kriegsschule, dann aber als Offizier um so sicherer die Teilnahme an der Götterdämmerung des »Dritten Reiches«; denn zu gewinnen war dieser Krieg nicht mehr. Die Phantasie versagte, wenn man versuchte, sich das Ende vorzustellen. Für den Augenblick jedenfalls fühlte er sich wie ein Beobachter ohne Auftrag.

Da gab es Paradoxes zu registrieren: Das Kampfgeschwader, sein »Gastgeber«, hatte seinen Laden aus Treibstoffmangel geschlossen. Das fliegende Personal wußte nicht, was aus ihm werden sollte. Die meisten würden zu anderen Einheiten versetzt werden, einige wohl zu den letzten Englandbombern, einem Himmelfahrtskommando. In den folgenden Monaten traf K. dann solche Feldwebel und Oberfeldwebel mit goldenen Frontflugspangen wieder – so auf der Kriegsschule und danach bei der »Führerreserve« der Fallschirmarmee. Dort sollten sie für den »Endsieg« »verheizt« werden.

Zunächst aber ging auf dem leeren Flugfeld, an dessen Rändern die an den Boden gefesselten Maschinen des Kampfgeschwaders in ihren Erdwallboxen standen, mehr aber noch darüber hoch am Himmel Seltsames vor: Auf dem Flugplatz Jesau wurde der Raketenjäger Me 163[1] erprobt. Immer wieder hörte K. ein mit allen ihm bekannten Motorengeräuschen nicht zu vergleichendes Röhren.

Zunächst gelang es ihm nicht, das Flugzeug, das dieses Geräusch verursachte, zu entdecken, bis ihn jemand darauf aufmerksam machte, daß er es weit vor der Richtung, aus der das Dröhnen zu kommen schien, suchen müsse. Zwar erreichte die Maschine mit mehr als 900 km/h keine

1 *Me 163 Komet* Erstes Jagdflugzeug mit Raketenantrieb in wenigen Exemplaren Ende 1944 hergestellt, erreichte in zwei Minuten 9000 Meter und in dieser Höhe 965 km/h; Flugzeit zehn Minuten. Andere Me (Messerschmitt) Jagdflugzeuge: Me Bf 109, Konstrukteur Willy Messerschmitt, Versionen E bis G. Me 109 G (1942: Daimler-Benz-Reihenmotor 1435 PS, Höchstgeschwindigkeit 684 km/h) war das meistgebaute Jagdflugzeug des Krieges; ab 1942 in der Leistung übertroffen von Focke-Wulf 190 (BMW-Sternmotor 1800 PS, 715 km/h), in unzureichender Stückzahl produziert. Zum Vergleich: englische Spitfire 640 km/h (1940) bis 717 km/h (1945). Der »Zerstörer« Me 110, zweimotoriger Nachtjäger, erwies sich als zu langsam. Me 262, Düsenjäger, siehe Anm. S. 146.

Überschallgeschwindigkeit, aber der Schall des Antriebsgeräuschs wurde bei größerer Entfernung doch merklich später wahrgenommen. Nach jeweils einigen Minuten Flug in großer Höhe landete der Erprobungs-Pilot im Gleitflug. Einige dieser Raketenflugzeuge konnten noch in allerletzter Minute zum Schrecken der amerikanischen Bomberbesatzungen gegen die »Fliegenen Festungen« starten, unbekümmert um deren schnelle Begleitjäger.

Die Gerüchte über »Wunderwaffen«, an die sich viele Deutsche klammerten, enthielten ein Körnchen Wahrheit. Aber der ursprüngliche Vorsprung beim Radar war verspielt, der Bau des Düsenjägers war verzögert worden. Und statt Flugabwehrraketen, für die 1944 Konstruktionszeichnungen vorhanden waren, wollte Hitler unbedingt die sogenannten Vergeltungswaffen haben. Die V1¹, eine Art unbemanntes Kleinflugzeug, tuckerte seit Juni 1944 ziemlich langsam von ihren Startrampen Richtung englische Küste. Von dunklen Andeutungen des Propagandaministers genährt, gingen Gerüchte um über eine viel schnellere, größere, echte Fernrakete, die bereits erprobt sei.

Wie es um den Bau neuer Flugzeugtypen stand, konnte K. ebenfalls noch bei den Kampffliegern registrieren. Mit einem militärischen Verwaltungsbeamten, einem Waffeninspektor, besuchte er eine unterirdische Flugzeugfabrik. In einer riesigen Höhle standen auf provisorischem Betonboden Stanzen und Drehbänke. Die Männer in blauen Arbeitsanzügen, die daran werkten, hielt er für »Fremdarbeiter«. Daß sie hier nicht freiwillig schufteten, erschien ihm eine unvermeidliche Begleiterscheinung des Krieges. Nach dem Krieg erfuhr er, wie es Konzentrationslagerhäftlingen, die in einer solchen Fabrik gearbeitet und bis kurz vor Kriegsende überlebt hatten, ergangen war: Bei ihrer »Rückführung« im April 1945 nach Mitteldeutschland hatten die Be-

1 *V-Waffen, V1, V2* Vergeltungswaffen, Propagandaname für unbemannten Flugkörper (V1) und Mittelstreckenrakete (V2). V1: Länge 2,90 Meter, Staustrahlantrieb, Startgewicht 2,1 t, davon 850 kg Sprengstoff, Reichweite 250 km, Geschwindigkeit 656 km/h. Beschuß Londons und Südenglands Juni bis September '44 (bis 6. Juli 1944 wurden 2745 V1 hergestellt); Start von Rampen und Flugzeugen; hohe Abschußerfolge der englischen Abwehr (allein am 28. August 1944 wurden von 97 auf England abgefeuerten V1 von der Flak 65 und von Jagdflugzeugen 23 abgeschossen, zwei stürzten ab durch Sperrballons). V2: Länge 14 Meter, Raketenmotor mit Sauerstoff und Alkohol, Startgewicht 3,1 t, 975 kg Sprengstoff, Reichweite 400 km, Geschwindigkeit 5470 km/h; von mobilen Rampen gegen London und Antwerpen abgefeuert. Die von Wernher von Braun konstruierte V2 wurde unter anderem in Peenemünde und Nordhausen (Harz) in beschränkter Anzahl produziert, vor allem von KZ-Häftlingen.

wacher alle, die auf dem Marsch entkräftet zusammenbrachen, auf der Stelle erschossen.

»Hier werden Rumpfzellen für die Me 262 gebaut«, erklärte der Waffeninspektor in der Fabrikhöhle, nannte auch eine eindrucksvolle Produktionsziffer: »Die Triebwerke entstehen in Süddeutschland«, fuhr er fort. »Hier wie dort kann die Herstellung nicht durch Luftangriffe gestört werden.« Und dann fügte er wie beiläufig hinzu: »Aber zusammengebaut können die Maschinen nicht werden. Der Transport ist lahmgelegt. Der für die Rohstoffe übrigens auch. Wenn die Lagerbestände aufgebraucht sind, ist hier Feierabend.«

Die Gärtner vom Schloß Werneck

Im Herbst 1944 absolvierte K. die Kriegsschule. Es war der letzte Kursus. Er erreichte ihn mit einer Kreuzfahrt durch das »Reichsgebiet«, an dessen Grenzen nun der Krieg anbrandete, und das – wie Galland als General der Jagdflieger Hermann Göring ins Gesicht sagte – »kein Dach« mehr besaß. Der Befehl hatte K. zur Kriegsschule des Bodenpersonals und der Luftwaffenbodentruppen nach Tschenstochau in West-Polen befohlen. Das wurmte ihn, denn da er seit zwei Jahren faktisch dem fliegenden Personal angehörte, war er der Meinung, daß die Flieger-Kriegsschule in Fürstenfeldbruck im schönen Bayern für ihn zuständig sei. So fuhr er dann mit der Eisenbahn von Ostpreußen über Berlin nach West-Polen, um dort in der Stadt der Schwarzen Madonna zu erfahren, daß die Kriegsschule von hier nach Tongern bei Lüttich verlegt worden sei, weil sich die Ostfront gefährlich näherte. Daß es dort im Westen nicht besser stand, sollte sich schnell herausstellen. Wieder Tage in überfüllten D-Zügen, diesmal von Osten nach dem äußersten Westen, soweit der rapide schrumpfende »großdeutsche« Machtbereich noch reichte. Beim Umsteigen in Köln sah er die zu Schuttbergen zertrümmerte Stadt. Welchen Sinn hatte es da noch, die Front im Westen zu halten? So schnell, wie der Gedanke durchs Gehirn zuckte, wurde er aber auch unterdrückt.

Als K. in Tongern ankam, packte man gerade zum Abmarsch. Die Amerikaner waren zu nahe herangerückt. Zusammen mit drei anderen Fahnenjunker-Feldwebeln wurde ihm die ehrenvolle Aufgabe zuteil, einen Konzertflügel, den sich die Schule »ausgeliehen« hatte, aus der Kaserne am Stadtrand wieder nach Tongern zurückzubringen. Der Transport ging mit einem großen zweirädrigen Handkarren vonstatten. Weil ihnen kein Adressat genannt worden war, stellten die Transporteure das Instrument unter den feindseligen Blicken einiger belgischer Zuschauer unter der Freitreppe des alten Rathauses ab. Sie wollten sich doch »anständig verhalten«, diese Deutschen, bei ihrem Abschied!

Per Pferdewagen und Eisenbahn trollte sich die Kriegsschule nach Uetersen in Holstein. Kaum daß sie dort ihren Betrieb aufgenommen hatte, kam der Befehl: »Lehrgang abbrechen und ein Kampfbataillon zum Einsatz bei Arnheim aufstellen!« Dort in Holland waren alliierte Fallschirmtruppen gelandet. Die Lage schien kritisch. Bevor die interessante Frage beantwortet werden konnte, wo und wie das waffenlose Eingreifbataillon der Kriegsschule ausgerüstet werden sollte, hieß es: »Raus aus den Kartoffeln!« Arnheim war »bereinigt«. Die Briten und Amerikaner hatten schlecht aufgeklärt und waren mitten in eine Waffen-SS-Panzerdivision hineingesprungen.

Der General, der die Kriegsschule kommandierte, hatte danach von Schleswig-Holstein genug. Es folgte die Verlegung mit der Eisenbahn in die Nähe von Würzburg. Dank des schlechten Wetters und des Geschicks des Lokomotivführers, den Zug stets rechtzeitig in einem Tunnel verschwinden zu lassen, gab es dabei keine Verluste durch Tiefflieger. Vielleicht aber hätten die amerikanischen Jagdpiloten bei einem Angriff auf den Zug so sehr über die je zwei uralten Maschinengewehre am Anfang und am Ende der Wagenschlange lachen müssen, daß sie ihr Ziel verfehlt hätten.

Würzburg war noch unbeschädigt, seine Verwüstung stand kurz bevor. Die Kriegsschüler wurden sachkundig durch die Stadt geführt. Die Bilder, die sich Hans K. einprägten, waren der einzige Gewinn des Offizierskurses. Als Unterkunft diente der Schule Schloß Werneck. Der Balthasar-Neumann-Bau hatte bis in den Krieg hinein eine Irrenanstalt beherbergt. Die knappe Essensration wurde mit Gemüse aus der zum Schloß gehörenden Gärtnerei aufgebessert. Dort arbeiteten einige der früheren Schloßbewohner. Im vertrauten Kreis wurde über sie gesprochen: Diese Gartenarbeiter seien »leichte Fälle, die man übriggelassen« habe, hieß es.

Jetzt in Werneck fiel K. der Biologielehrer Dr. F. ein und das, was der von seinem Besuch in einer Irrenanstalt im Unterricht erzählt hatte: von den »leeren Hülsen«, wie er sich ausdrückte, den schweren Fällen, die angeblich nicht mehr als Menschen anzusehen seien. Durfte man sie »beseitigen«? K. fühlte sich dieser Frage gegenüber unbehaglich. Er ging darüber hinweg. In dieser Zeit, im Jahr 1944, war der Tod ein allgegenwärtiger Begleiter. Keiner sah sich mehr um nach denen, die liegenblieben.

Diesen bösen Geist des Ortes, doch gewiß nicht den ursprünglichen genius loci des Schlosses, beschwor eine Professorenvorlesung, die die Kriegsschüler über sich ergehen lassen mußten. Ein Mensch in brauner Uniform redete über »das biologische Fundament des Nationalsozialismus«. Das Auditorium langweilte sich. Was ging das »alte Soldaten« an? Für K. war das meiste nicht neu. Immerhin fand er es seltsam, daß man jetzt, da das Ende des »Tausendjährigen Reiches« abzusehen war, um »wissenschaftliche Grundlagen« bemüht zu sein schien. Auf eine Spätfolge dieser Bemühungen stieß er nach Jahrzehnten: Die anthropologischen Bereiche der Biologie hatten eine Anrüchigkeit zurückbehalten, die bis heute neue, seriöse Forschungen belastet.

Nicht der Mond

Vierzig frischgebackene Leutnants, etwa ein Fünftel der Teilnehmer des Lehrgangs (die alle, bis auf eine einzige Ausnahme, »bestanden« hatten und befördert worden waren) bestiegen auf einem Abstellgleis ihren Sonderzug: zwei Viehwaggons. Nach Stunden erschien eine Lok und zuckelte mit der Offiziersfracht los. Die Fahrt endete auf einem Zubringergleis des Fliegerhorstes Wittstock, hundert Kilometer nordwestlich von Berlin. Die Vierzig gehörten nun der sogenannten »Führerreserve« der »Fallschirm-Ersatzarmee« an – ein aufgeblasener Name für zwei Ersatzregimenter und ein Pionierbataillon. In dieser Galgenfrist zwischen irrealen Hoffnungen auf ein Wunder – den Endsieg fünf Minuten nach Zwölf – und dem Verdammungsspruch des Selbstmörders Hitler über das deutsche Volk, das sich seiner als nicht würdig erwiesen habe, ließ man ja allenthalben ganze Armeen auf der flachen Hand wachsen. Mit den ehemaligen Fallschirmjägern hatte die Truppe nicht viel mehr als den Namen gemeinsam. Nicht einmal die bequemen »Springerstiefel«, überhohe Schnürstiefel mit Gummisohlen, erhielt sie. Lediglich die grünen, an Knickerbocker erinnernden Hosen und die lange, grün und braun gemusterte Tarnjacke, »Knochensack« genannt, kennzeichneten die Zugehörigkeit zu der in Wirklichkeit überhaupt nicht mehr existierenden Elitetruppe.

Banalen Bekleidungsproblemen verdankte K. auch sein kurzes Wiedersehen mit dem von Bombenangriffen inzwischen sehr schwer mitgenommenen Berlin. Jene Offiziere der »Führerreserve Fallschirmarmee«, denen es an der Vollständigkeit der Uniform gebrach, sollten versuchen, sich dort in einem speziellen Kaufhaus der Luftwaffe einzukleiden. Das gab es sogar Ende 1944 und trotz des »totalen Krieges« noch. Das Gebäude, in dem sich das einem Kaufhaus ähnliche Bekleidungsmagazin befand, war noch unbeschädigt. Aber natürlich waren die Regale inzwischen fast leer. Die jungen Leutnants konnten nur einen geringen Teil ihres »Bekleidungsgeldes« loswerden. Aus dem immer stärker von Bomben gezeichneten

Berlin fuhren sie unverzüglich wieder in das noch ruhige Städtchen Wittstock zurück.

Dort trafen immer neue Anwärter für die »Führerreserve« ein: Zahlmeister und ehemalige Angehörige des fliegenden Personals. Die mit Orden und Auszeichnungen behängten Männer, die zweihundert und mehr Englandflüge überlebt hatten, sollten nun zu Infanterie-Zug- und -Kompanieführern »umgeschult« werden. Das war deprimierend. Dem Gerede von einem angeblich neuen Offizierstypus, dem »Volksoffizier mit Arbeitergesicht«, kurz VOMAG genannt, konnte K. keinen Witz abgewinnen, obgleich der Spott eigentlich den krampfhaften Anstrengungen der Führung galt, letzte Reserven zu mobilisieren.

In die Wochen mit theoretischem Unterricht in niederer Truppenführung fiel K.s letzter Heimaturlaub. Der kurze sogenannte Bombenurlaub war einem zum Glück nur leichten, aber großzügig bescheinigten Schaden an der elterlichen Wohnung zu verdanken. Trotz der Regsamkeit der amerikanischen Jagdbomber im äußersten Westen Deutschlands kamen die Züge zumindest nachts noch durch. In Idar-Oberstein hatte es nur in der Nähe des Bahnhofs und einer Brücke ein paar Treffer gegeben. Dennoch hatte sich das Leben sehr verändert. Wegen des ständigen Fliegeralarms verbrachten viele Frauen und Kinder einen Teil des Tages in den Luftschutzstollen, die in die ja reichlich vorhandenen Felsen gesprengt worden waren.

K. traf seine Verlobte. Im ersten Kriegsmonat waren sie sich zum ersten Mal begegnet – auf dem Schulhof. Als evakuierte Saarländerin wohnte sie bei Verwandten und setzte ihren Schulbesuch an der Oberschule in K.s Heimatstadt fort. Fast genau zehn Jahre später stand sie neben ihm vor dem Standesbeamten. An diesem Abend im letzten Herbst des kriegerischen Wahnsinns betrachteten sie gemeinsam bei ihrem Gang über die Höhe statt des Mondes die kleinen goldgelben Feuerbälle, die mit fernem Donnern aus dem Hunsrückwald aufstiegen: V2-Raketen. Dreißig Jahre später standen dort ihre US-Nachfolger.

»Was soll werden mit mir?«

In der von Bomben verschonten Kaiserstadt Goslar spielt Leutnant K. die Rolle »Führerreserve« weiter. Seine Kriegsschulkollegen hatte er nach dem Urlaub in Wittstock nicht wiedergetroffen. Sie waren nach Italien geschickt worden.

In der Kaserne bei Goslar hörte er bei einem befohlenen Gemeinschaftsempfang die bayerisch rollende Stimme Himmlers, der seine »Bis zum letzten Mann«-Volkssturmrede hielt. Unter den hundert Offizieren, die da im Saal vor dem Radiolautsprecher saßen, war keiner, dem der »Reichsheini« nicht herzlich unsympathisch gewesen wäre. Keiner aber auch, dessen Phantasie ausgereicht hätte, sich vorzustellen, daß ausgerechnet der bezwickerte »Paladin des Führers« auf Drängen seines SD-Chefs Schellenberg in letzter Minute den schwedischen Grafen Bernadotte beauftragen würde, Eisenhower heimlich die Kapitulation anzubieten.

Im besten Restaurant der Stadt lernte K. eine junge Sowjetrussin kennen, die als Dolmetscherin Gaststätten besuchen durfte. Sie war Ukrainerin und hatte sich den Deutschen angeschlossen, weil sie hoffte, sie würden ihrer Heimat die Freiheit bringen. Diese Hoffnung war grausam enttäuscht worden. Die junge Frau war dennoch auf der anderen Seite geblieben und nicht zu den Partisanen gegangen. »Ich bin Ukrainerin. Rußland ist nicht mein Vaterland. Wir haben unter den Bolschewisten Furchtbares erlebt«, sagte sie. K. erinnerte sich an die Bücher des Edwin Erich Dwinger über die Kämpfe »Zwischen Weiß und Rot« und über die Hungerkatastrophen, denen Millionen zum Opfer gefallen waren. Wie unmenschlich sich Deutsche dort nach ihrem »Einmarsch« verhalten hatten, begann ihm erst schwach zu dämmern. Die Frau an seinem Tisch schien bedrückt. Auf ihre Frage: »Was soll werden mit mir, wenn Deutschland den Krieg verliert?« wußte er keine Antwort. Sollte er etwa mit der aberwitzigen Propagandaparole »Wir werden siegen, weil wir siegen müssen!« aufwarten? Als Kriegsgefangener sah er dann bei Minsk Eisenbahnzüge mit aus Deutschland »repatriierten« sogenannten

Ostarbeitern und -arbeiterinnen. Der russische Politoffizier gab dazu die Auskunft: »Sie kommen in Umerziehungslager.«

Das Bild der tiefverschneiten Stadt und des von den Harzbergen weit herunterreichenden Winterwalds war es wohl nicht allein, das K., der doch längst aus der Kirche ausgetreten war, veranlaßte, den Weihnachtsgottesdienst im Dom zu besuchen. Sie waren zu zweit und trugen selbstverständlich Uniform. Zivile Kleidungsstücke führte längst keiner mehr im Gepäck mit. Die Kirche war überfüllt. Sie wollten nicht auffallen, drückten sich in eine Nische. In den Blicken jener Kirchenbesucher, die die beiden »Fremdkörper« entdeckten, glaubte K. ein ähnliches Erstaunen zu erkennen, wie damals bei den Norwegern im Theater in Oslo. Die Predigt ließ K. aufhorchen. Der Pfarrer hat Mut, dachte er. Er wußte nur zu gut, daß auch in seiner militärischen Umgebung ein gewagtes Wort, das ins falsche Ohr drang, unabsehbare Folgen haben konnte. Dieser Pfarrer betete nicht – oder nicht mehr? – für den Führer, sondern offen und ohne Umschweife um Frieden, nicht einmal um einen siegreichen!

Silent killing, deutsch

Den Leutnants, die draußen vor der einstigen Kaiserstadt Goslar in der Kaserne auf ihre »Verwendung« warteten, war ein »Spieß« als Mädchen für alles beigegeben. Der um ihr Wohlergehen bemühte Feldwebel wandte sich an K.: Die Fallschirm-Ersatzarmee fordere jemanden an, der zeichnen oder Verse machen könne. Zwei Namen solle er melden, niemand allerdings habe sich dafür interessiert. Nun erwarte er persönlich Schwierigkeiten. Da er wisse, daß der Herr Leutnant doch Kriegsberichter gewesen sei, wolle er fragen, ob nicht wenigstens der Herr Leutnant...
K. winkte ab. Was sollten jetzt noch solche Mätzchen? Er war dabei, sich damit abzufinden, daß nun, ganz zum Schluß, die Reihe auch an ihm war, das Getöse um Volk und Reich, zu dem er zu einer Zeit, die Jahrzehnte zurückzuliegen schien, kräftig beigetragen hatte, zu quittieren – wenn möglich, mit Anstand. Der Hauptfeldwebel ging ihm mit seiner Aufdringlichkeit auf die Nerven. Um ihn loszuwerden, gab er nach. »Dann melden Sie mich halt.« – »Für Verse oder als Zeichner?« – »Ist mir egal.« K. war sich sicher, daß aus solchem Unsinn – was wollten die eigentlich? – nicht mehr werden würde als nur wieder ein Umweg und eine Verzögerung des Unvermeidlichen. Andererseits aber war er zu lange Soldat, als daß er nicht auch jetzt an den fundamentalen Lehrsatz gedacht hätte, wonach jede Gelegenheit zum Aufschub einer unangenehmen Sache unbedingt zu nutzen sei. Doch schließlich war er nun Offizier! Fast schämte er sich, dem Drängen nachgegeben zu haben.
Die Versetzung erfolgte überraschend schnell, noch bevor die Verteilung der »Führerreserve« begonnen hatte. K. mußte sich beim Fallschirm-Ersatz- und Ausbildungsregiment 1 in Halberstadt melden. Dort erwartete ihn ein verblüffender Auftrag. Er sollte – im Januar 1945 – eine neuartige Dienstvorschrift für die Fallschirm-Ersatzarmee gestalten und herstellen! Es war die Idee des die Ersatzarmee kommandierenden Generals. Schuld daran waren die Amerikaner. Zu deren Invasionstruppen gehörten die berühmten »Ledernacken«

der US-Marine. Sie hatten Spezialtrupps für »silent killing« (lautloses Töten) gebildet: sich mit geschwärzten Gesichtern nachts an den Feind anzuschleichen, ihm ein Messer zwischen die Rippen zu stoßen oder eine Drahtschlinge um den Hals zu werfen, die blitzschnell zugezogen werden mußte, damit das Opfer keinen Laut von sich geben konnte. Gegen solches Handwerk glaubte der General seine Soldaten schriftlich und mit Bildchen wappnen zu müssen. Sie sollten es aber auch selbst lernen und ausüben. K.s Einwand, daß er noch nicht einmal den »normalen« Nahkampf kennengelernt habe, zog nicht: Er brauche ja nur den Text von »Fachleuten« zu bearbeiten. Die zweite pädagogische Idee des Generals: »Die Soldaten sollen sich an die Indianerspiele ihrer Kindheit erinnern!« Für den Stil von Text und Illustrationen gab es ein Vorbild, die Gebrauchsanweisung für den neuesten Panzer namens »Panther«. Sie war reichlich mit »Merkversen« in der Art von Berliner Werbesprüchen (»Schreibste mir, schreibste ihr, schreibste auf MK-Papier!«) und mit Karikaturen versehen, die »falsch« und »richtig« bei der Bedienung von Waffen und Fahrzeugen verdeutlichten. Zu lehren und zu lernen, wie man Tod und Verderben erzeugt, war im Januar 1945 zu einer launigen Angelegenheit geworden...

Für die Realisierung der Generalsidee stand K. eine schon vor seiner Ankunft gebildete »Entwurfgruppe« zur Verfügung. Die beiden wichtigsten Mitglieder waren zwei Obergefreite (wieder einmal Wiener), Trickfilmzeichner im Zivilberuf der eine, Medizinstudent der andere, der seinem professionellen Kollegen als Zeichner eher noch überlegen war. Sie waren hochzufrieden, in derart unsicheren Zeiten einer so ungefährlichen Beschäftigung nachgehen zu können. Sie arbeiteten gut, doch selbstverständlich nicht zu fleißig, damit die Sache nicht etwa zu schnell fertig würde. Außerdem verlockten das unbegrenzt in erstklassiger Qualität zur Verfügung stehende Papier und die Farben auch zu anderen figürlichen Darstellungen, die Soldaten im fünften Kriegsjahr bei weitem mehr gefielen als bunte Bilder von wild bemalten, sich rücklings anschleichenden und messerwerfenden Indianern.

K. brauchte sich beim Umschreiben der vorhandenen Texte und dem Produzieren der Verse ebenfalls nicht übermäßig anzustrengen.

Regelmäßig um die Mittagszeit sorgte außerdem die US-Air Force für einen gesunden Spaziergang durch den Schnee zu einem Luftschutzstollen. Vom Eingang aus konnte K. das Schauspiel beobachten, das ein paar hundert in 4000 Meter Höhe dahinbrummende »Fliegende Festungen« darboten. Die Kondensstreifen im klaren Winterhimmel machten aus dem Wort »Bomberstrom« eine augenfällige Tatsache.

Bevor sich die US-Bomber Halberstadt gründlich vornahmen, wurde das Ersatz- und Ausbildungsregiment 1 nach Angermünde an der Oder verlegt. Zuvor aber hatte K. eines Tages dem Regimentsadjutanten noch melden können, daß Text, Fotos, Zeichnungen und das ganze Layout des »Anti-silent-killing«-Heftes druckfertig seien, worauf der Oberleutnant, wieder mal ein Wiener, gemütvoll meinte: »Mein lieber K., dös is jetzt fatal. Der Kommandeur is net da. Und er will die Sachen persönlich dem General vorlegen. Der is übrigens auch net da.« Es stellte sich heraus, daß sich die Herren zu einer »Kommandeurs-Tagung« sämtlicher höherer Offiziere der Luftwaffe zu Fuß »irgendwo im Allgäu« aufhielten. Wo genau, war unbekannt, weil »streng geheim«. »Fahrens halt da runter und suchen's. Sie werden's schon finden«, lautete die Weisung des Adjutanten an K. Der vermutete, daß für eine solche Veranstaltung die »Ordensburg« Sonthofen in Frage kommen könnte, und machte sich mit einer dicken Aktentasche auf die Reise. Die Züge fuhren nur nachts, und Süddeutschland erreichte man Ende Februar 1945 von Halberstadt aus nur noch über das »Protektorat«, die Tschechoslowakei.

Vor der Abfahrt blickte er einen flüchtigen Moment der Wahrheit ins Gesicht: viele Gesichter, grau und ausgemergelt, von Männern, die grotesk gestreifte Anzüge und Mützen trugen. Mit seltsam verlangsamten Bewegungen, die K. später in der Gefangenschaft auch an sich selbst kennenlernen sollte, verrichteten die Elendsgestalten in der Nähe des Bahnhofs Aufräumarbeiten an Gebäudeschäden. Zwei SS-Soldaten bewachten sie mit umgehängtem Gewehr. K. sah zum ersten Mal KZ-Häftlinge. Daß hier Gefangene zu solchen Arbeiten benutzt wurden, überraschte ihn nicht. Doch der Zustand dieser Männer versetzte ihm einen Schock. Daß Menschen so herunterkommen konnten und in dieser Verfassung noch zu den schwersten Arbeiten gezwungen wurden, das hatte er seit der Begegnung mit den russischen Kriegsgefangenen an der Eismeerstraße nicht mehr erlebt. Auch hatten die Russen in ihren wattierten Jacken nicht so extrem abgemagert ausgesehen. Die naheliegende Frage, wie man unter solchen Umständen überhaupt überleben könne, kam ihm dabei nicht in den Sinn. Daran dachte er erst einige Zeit später – in seiner eigenen Gefangenschaft.

Der Staatsschauspieler

K. fand die Kommandeurs-Tagung nicht in der Ordensburg, sondern nach etlicher Herumfragerei bei verschiedenen Bahnhofs- und Ortkommandanturen in einem neuen Berghotel auf dem 1200 Meter hohen Oberjoch-Paß. Er hieß seit 1938 Adolf-Hitler-Paß, weil Hitler damals über diese Straße seinen in Österreich einmarschierten Divisionen nachgefahren war. Von Hindelang war K. die schneebedeckten Serpentinen zu Fuß hinaufgestapft. Sein Regimentskommandeur sorgte dafür, daß er in einem Zimmer des Hotels »Haus Ingeburg« übernachten konnte, ein hoch am Hang breit hingelagertes neues Gebäude im alpenländischen Stil. Am nächsten Morgen sollte er sich beim General melden.

K. frühstückte spät. Er saß am Ende der langen Glasveranda und war vom Anblick der winterweißen Allgäuer Berge vor einem tiefblauen Himmel geblendet. Erst nach einer Weile bemerkte er, daß er hier nicht allein war. Am anderen Ende der wohl zwanzig Meter langen Veranda saßen zwei Zivilisten, ebenfalls noch beim Frühstück. Als die Kellnerin servierte – Bohnenkaffee wie einst bei den Fliegerstaffeln –, fragte er diskret: »Wer ist der Herr, der da mit Bernhard Minetti am Tisch sitzt?« Den Schauspieler hatte er sofort erkannt. Der zweite Herr sei Pianist. K. kannte ihn nicht. Von der jungen Kellnerin erfuhr er, der Herr Staatsschauspieler und der Pianist hätten vorhin bei einer Morgenfeier mitgewirkt. Richtig, es war ja Sonntag. Den Herren Kommandeuren sollte also auch das Gemüt aufgerichtet werden! Jedenfalls hatte man es sich etwas kosten lassen, und die beiden Künstler werden der Aufforderung, ins schöne und (noch) friedliche Allgäu zu kommen, um sich einem erlesenen Publikum darzubieten, nicht ungern gefolgt sein.

Um elf standen der Regimentskommandeur und K. im kleinen Vestibül des Hotels dem General gegenüber. Mit dem Regimentskommandeur hatte es keine Schwierigkeiten gegeben. Der untersetzte Mann mit dem verwitterten Bergsteigergesicht war ein wortkarger Kärntner. Was er von der »Anti-silent-killing«-Idee des Generals hielt, verriet er nicht, doch es war ihm anzumerken. Der General war ein gepflegter, grauhaariger Herr, der sich bemühte, nicht wie ein jovialer »Reserveonkel« zu wirken. K. bereitete es kindisches Vergnügen, ihn mit »Sie« anzureden und nicht, wie erwartet wurde, in der nach dem 20. Juli 1944 abgeschafften, aber weiterhin unter Offizieren gebräuchlichen indirekten Anrede: »Gestatten, Herr General...« Gegen das vorgelegte Material für seine Dienstvorschrift hatte er nichts einzuwenden. Wenn das gedruckt werden solle – mußte ihm K. Wasser in den Wein gießen –, müsse zuerst ein Zensurvermerk der OKW-Presseabteilung beschafft werden, ohne die der Verlag, den man ebenfalls und vor allen Dingen noch brauche, kein Papier bekomme. Außerdem könne sein Wunsch nach einer farbigen Wiedergabe wohl nur noch in Berlin erfüllt werden oder in Wien, wo sich K. nicht im geringsten auskannte. Wien nannte er auf ausdrücklichen Wunsch des Regimentskommandeurs. Der Bonvivant in der goldverzierten Uniform war indigniert und reagierte generalsmäßig: »Wenn Sie das alles so genau wissen, Herr Leutnant, dann erledigen Sie doch auch den Rest. Aber in Berlin. Dort befindet sich in Tempelhof mein Stab. Wenn Sie alles geklärt haben, übergeben Sie die Sache dort dem ›Ia-Ausbildung!‹« befahl er.

K. kam mit der Bahn nach 48 Stunden in Berlin an. Niemals zuvor, so schien es ihm, waren mehr ›Dienstreisende‹ unterwegs gewesen. Aber vielleicht entstand der Eindruck auch nur durch den Schrumpfungsprozeß, in dem sich »Großdeutschland« befand. Der Besuch bei der Zensurstelle »Wehrmacht/Presse« war schnell erledigt. Mit der Freigabe-Bescheinigung für das »Anti-silent-killing«-Heft in der Tasche eilte er weiter durch die schwer angeschlagene Berliner Stadtmitte. Der Prokurist des Militärverlages Mittler & Sohn empfing ihn in einem vom letzten Luftangriff in Mitleidenschaft gezogenen Büro. Nachdem er sich das Text- und Bildmaterial, das ihm K. auf den Tisch legte, flüchtig angesehen hatte, war der Rest der Verhandlung von Berliner Kürze. »Wer bezahlt das denn?« – »Hermann Göring« – »Heute kann ich es noch drucken. Ob ich es morgen noch kann, weiß ich nicht« – »Verstanden. Das reicht«.

Wieder zurück in Halberstadt beim Regiment, machte sich K. mit seiner »Entwurfgruppe« befehlsgemäß daran, eine zweite Dienstvorschrift mit dem Titel »Der Pionierstoßtrupp« herzustellen.

Der letzte Akt

Dieser Spuk, die Verwirklichung der verrückten Idee eines Generals – wer konnte denn mit derartigen Gebrauchsanweisungen für den Krieg noch etwas anfangen? – nahm in Angermünde, wohin das Fallschirm-Ersatz- und Ausbildungsregiment 1 Mitte März umzog, sang- und klanglos ein Ende. Hier gab es andere Gespenster. Sie stiegen aus dem nahen Gebrodel des Untergangs auf. K. wurde als Ordonnanzoffizier dem Regimentsstab einverleibt. Seine »Entwurfgruppe« verkrümelte sich irgendwohin in den Windschatten und verfertigte Türschilder und ähnliche militärisch-grafische Erzeugnisse, die offenbar von irgendwem für kriegsentscheidend gehalten wurden.

Mit einem Oberst der Reserve wurde K. an die Oder geschickt. Der Oberst sollte dort »auf Regimentskommandeur lernen«. K. war ihm gleich in doppelter Funktion zugeordnet – als Adjutant und »Ia«. »Sie kommen doch gerade von der Kriegsschule, nicht wahr? Sie machen das schon. Ich war Fliegerhorst-Bereichskommandeur und habe keine Ahnung von der Führung eines Infanterieregiments«, bekannte der Oberst mit entwaffnender Ehrlichkeit. Der Frontabschnitt war zwar nur etwa zwei Kilometer breit, doch »gehalten« wurde er von ein paar hundert Landesschützen, also bislang zur Bewachung von Bahnhöfen und Gefangenen verwendeten Reservisten, den zwar betagtesten, aber noch regulären Soldaten des Heeres, die nichts mit dem alsbald aus sechzehnjährigen Hitlerjungen und sechzigjährigen Männern gebildeten letzten Aufgebot unter der Befehlsgewalt der NSDAP-Gauleiter, dem »Volkssturm«, zu tun hatten. Ihre Bewaffnung war von einer Art, daß Vorderlader dabei nicht sonderlich aufgefallen wären. Den einzigen Lichtblick – aber auch ein potentieller Anziehungspunkt für die russische Artillerie und die russischen Schlachtflieger – stellte eine Batterie 8,8-Flakgeschütze dar. Dieses Geschütz hatte sich als unbestritten beste Panzerabwehrwaffe des Krieges erwiesen. Der Ia, den K. ablöste, ein Heeres-Oberleutnant, dem der linke Unterarm fehlte, verabschiedete sich mit: »Viel Glück!«

K. und sein Oberst hatten Glück. Während der zwei Wochen, nach denen sie ihrerseits abgelöst und von ihren Rollen als Regimentskommandeur und Ia entbunden wurden, blieb es in diesem Abschnitt ruhig. Auch danach noch, in Angermünde, hielt die Ruhe kurze Zeit an. Mit dem Fahrrad unternahm K. Ordonnanzfahrten. Bei einem Forstmeister in der nahen Schorfheide orderte er Holz zum Bunkerbau. Das Regiment residierte im Hause eines Zahnarztes an der breiten Hauptstraße des Ortes. Davor hing vorschriftsmäßig der blecherne Regimentswimpel an einer ins Pflaster gerammten Eisenstange. Als K. von der Holzbestellung zurückkehrte, rollte ein großes offenes Auto auf das Regimentszeichen zu, eine prächtige Standarte am Kotflügel: zu spät, sich ungesehen verdrücken zu können. K. mußte zu dem Wagen hin, vom Fahrrad absteigen, »Männchen bauen« und Meldung machen. Eine taubengraue Masse, ein fahles, teigiges Gesicht: Hermann Göring auf der Fahrt zu seinem letzten Besuch im Führerbunker der Reichskanzlei. Hier und jetzt, kurz vor dem Ende all dessen, was einmal für den zwölfjährigen Pimpf als Spiel begonnen hatte, stand K. zum ersten Mal einer der »Führergestalten« Aug' in Aug' gegenüber. Hitler hatte er nur auf der Kinoleinwand gesehen. Hier saß er also, breit im Polstersitz seines Wagens, der Herr der Flieger, die er verwöhnt und dann »verheizt« hatte. K. blieb keine Zeit, ihn länger zu betrachten. Er mußte ins Haus und den Regimentskommandeur holen.

Der eigentliche Hausherr, der Zahnarzt, hatte sich längst nach Westen abgesetzt. Ein Friseurmeister, der gegenüber wohnte, war dageblieben. Er bat K. bei Gelegenheit in seine Wohnung, druckste herum und rückte schließlich mit der Frage heraus: Was er tun solle? Ob es wahr sei, daß die Amerikaner in Kürze nicht mehr gegen uns, sondern mit uns gegen die Russen kämpfen würden?

Weil der Regimentskommandeur seinen Adjutanten nach Österreich in »Erholungsurlaub« (so etwas gab's also immer noch!) geschickt hatte, war K. zum Begleiter bestimmt worden, als sich der Major zu einer geheimen Offiziersbesprechung begeben mußte, an der die Adjutanten und Laufburschen der hohen Offiziere nicht teilnehmen durften. Danach ergingen sich die Herren in sibyllinischen Orakelsprüchen. Der so deutsch klingende Name Eisenhower kam darin vor. Dieser US-General, der amerikanische Oberbefehlshaber, werde seinen Vormarsch stoppen, hoffte man; denn welches Interesse sollte »der Amerikaner« daran haben, »den Russen« so weit nach Westeuropa hineinzulassen?

Es war ein Strohhalm, an den man sich klammern wollte, obgleich man doch wußte, daß der noch kampffähige Rest unserer Truppen im Westen in der Ardennenoffensive verpulvert worden war. Aber alle taten so, als ob sie das rettende Wunder für möglich hielten und doch glaubte keiner wirklich daran. Auch der Friseur nicht, der wohl nicht mehr rechtzeitig über die Elbe kam; denn etwa eine Woche später, in den letzten Apriltagen, war es soweit: Nördlich und südlich von Angermünde setzte die Rote Armee über die Oder.

K. hatte bei seiner letzten Exkursion als Ordonnanzoffizier mit dem rechten Nachbarn des Regiments Verbindung aufgenommen. Auf dem Gelände einer großen ehemaligen Munitionsanstalt traf er den Stab des Luftwaffen-Infanterieregiments »Hermann Göring« an. Sein Kollege, der Ordonnanzoffizier II, hatte bei der Erledigung des gleichen Auftrags »nach links« weniger Glück. Er wäre fast in die Russen hineingeradelt. Die Waffen-SS, die eigentlich dort die Stellung halten sollte, sei »schon weg«, meldete er. Da machte sich alsbald auch das Fallschirm-Ersatz- und Ausbildungsregiment 1 auf den Weg nach Westen. Im Durcheinander des Aufbruchs trafen der Feldwebel, der Unteroffizier und die beiden Zeichner-Gefreiten der ehemaligen »Entwurfgruppe« ihren Ex-Chef ohne Zeugen in einem Forsthaus. Sie würden sich auf eigene Faust absetzen, gaben sie zu verstehen. Ob er nicht mit ihnen kommen wolle. K. dankte für das Vertrauen und wünschte ihnen gutes Gelingen. An irgendeinem Ast, mit einer Schlinge um den Hals, wollte er nach Möglichkeit nun doch nicht enden! Aber er verbrannte seinen Kriegsberichterausweis im Ofen der Försterei.

Kläglich war auch der Rest. Das Regiment, das nur noch aus einem Bataillon und dem Stab bestand, seit das andere Bataillon als Alarmeinheit bei Schwedt an der Oder aufgerieben worden war, marschierte anderthalb Tage lang in leidlicher Ordnung nordwestwärts. Es nahm sogar über Nacht in einem verlassenen Dorf Quartier. Am anderen Morgen – K. war das Fahrrad »abhanden gekommen« – führte ein fremder Luftwaffen-Major auf einer Straßenkreuzung mit gezogener Pistole eine Art Indianertanz auf. Er hielt die Soldaten verschiedenster Couleur an, die einzeln oder in Trupps die Kreuzung passierten. Auch K. fiel ihm in die Hände; den Befehl, sich ebenfalls auf diese Weise als Pistolenheld zu betätigen, ignorierte er. Da sein Regimentskommandeur noch nicht eingetroffen war, konnte er es jedoch nicht verhindern, daß ihn der wildgewordene »Endsieg«-Offizier an die Spitze der von ihm eingesammelten Deutschlandretter stellte, mit dem Befehl, gen Osten zu marschieren. Der Herr Major selbst kam nicht mit. Er mußte wohl weiter – nach Westen, zur nächsten Straßenkreuzung. K. führte den ihm überlassenen Haufen in den Wald, gab lautstark Kommandos zur »Entfaltung« und ließ außer Sichtweite halten und sammeln. Dann suchte er den Anschluß nach Westen und seinen Regimentskommandeur.

Der hatte die ihm noch verbliebene Streitmacht unter Führung eines Hauptmanns zum selbständigen Rückzug entlassen. Als Nachhut des übriggebliebenen Stabspersonals hörte und sah K. zum ersten Mal die berühmt-berüchtigten sowjetischen T34-Panzer. Man konnte sie sogar riechen – den Ölgeruch der heißen Motoren. Wie im Manöver rasselten sie langsam über die Landstraße, Richtung Neuruppin. Die Russenpanzer mit Karabinerschüssen zu reizen, wäre – wenn sie das überhaupt bemerkt hätten – töricht gewesen. Also seitlich Abstand gewinnen!

Der Punkt war gesetzt. Wie sollte es nun weitergehen? K. wußte es nicht. Er war weder deprimiert noch verzweifelt. Da war kein »Deutschland« und schon gar kein Führer mehr in seinem Kopf. Nur der Wille, auch das noch zu überstehen, was nun folgen würde, und dann heimzukehren. Zu diesem Zeitpunkt hoffte er noch, einer Gefangennahme durch die Russen zu entgehen.

Dritter Teil

Nachspiel

»Dawaj raboti!«

Nein, marschieren konnte man es nicht nennen, wie sie sich in zweihundert Fünferreihen über die Landstraßen Mecklenburgs und Pommerns dahinbewegten, die Blocks von jeweils tausend Kriegsgefangenen. Ihre Bewacher, junge maschinenpistolenbewaffnete Sowjetsoldaten, zwei an der Spitze des Konvois, fünf am Ende und jeweils alle zwanzig Meter einer links und rechts, gaben ihr »Dawaj«-Geschrei, in das sie manchmal ausbrachen, immer wieder bald auf. Nur selten traten oder schlugen sie. Begleitet wurden solche Aktivitäten dann von jenem Mutterfluch, den die Gefangenen in den nächsten Jahren sooft hören sollten.

Die Nächte verbrachten sie auf Rastplätzen, auf denen vorher schon andere Tausenderkolonnen übernachtet hatten, was deutlich zu sehen und zu riechen war. Das Karree auf nackter, staubiger Erde umgab in ein paar Metern Abstand ein zweites, das aus der Notdurft von Tausenden bestand. So eingezäunt, versuchten die Gefangenen unter freiem Himmel zu schlafen. Glücklicherweise begann der Mai in diesem Jahr im Osten trocken und warm. Sie bekamen zu essen. Mit der Mischung aus Organisation und Improvisation, mit der die Armeen des roten Reiches die faschistischen Angreifer besiegt hatten, wurde für ein Minimum an Verpflegung gesorgt: ein paar leere Benzinfässer als Öfen, ein Sack Graupen, eine geschlachtete abgemagerte Kuh aus den endlosen Viehtrieben, die wie die Gefangenen ostwärts zogen, waren jeden Abend zur Stelle.

Zweimal passierte es, als sich der Treck der Gefangenen durch dichten Wald bewegte, daß einer die Gelegenheit zur Flucht gekommen sah, aus der Kolonne sprang und zwischen den Bäumen verschwand. Großes Geschrei der Bewacher: »Alles hinsetzen!« und blinde Schüsse in den Wald. Die Flüchtlinge zu verfolgen und damit die Bewachung der nun nicht mehr vollzähligen Tausend zu schwächen, konnten sie nicht wagen. Um sich Schwierigkeiten zu ersparen, halfen sie sich auf andere Weise. Beim Durchzug durch den nächsten größeren Ort griffen sie einen der wenigen zurückgebliebenen Bewohner, egal ob Jugendlicher oder Greis, und stießen und prügelten ihn in die Reihe der Gefangenen. Nun stimmte die Zahl wieder. Der Zug der Gefangenen traf auf Spuren jüngster Geschehnisse. An Waldrändern, im Straßengraben sahen sie sie liegen: wirre Haufen von Textilien, offene Koffer, zerschlagene Karren – das letzte Hab und Gut von Flüchtlingen, deren Trecks die Rote Armee eingeholt hatte. In den Orten türmte sich vor und hinter den Häusern zertrümmerter Hausrat. Der Zug kam durch Pasewalk. In K.s Kopf schnurrte ein Uhrwerk ab: Hitler, 1918, gasblind im Lazarett, »... faßte ich den Entschluß, Politiker zu werden«. Wenn dieser Weltkrieg I-Gefreite damals wie viele seiner Kameraden, die in Flandern ins Gas geraten waren, das Augenlicht verloren hätte, dachte K., was wäre dann geworden? Vieles wäre Deutschland und Europa erspart geblieben, das Schlimmste. Aber alles? Die »Wiedergewinnung der Ostgebiete« hatten auch andere geplant. Bereits in der Weimarer Republik hatten Kreise der Reichswehr und der Deutsch-Nationalen mit dem Gedanken gespielt, das Versailler Friedensdiktat von 1918 mit Waffengewalt zu korrigieren und die im Osten verlorenen Gebiete den Polen wieder wegzunehmen.

Geflüstert oder auch laut lief durch die Reihen der Gefangenen, was deutsche Zivilisten, Männer und Frauen, verstohlen und hastig in einem unbeobachteten Augenblick den Vorbeiziehenden in Bruchstücken hatten mitteilen können: die Vergewaltigungen. Sie kamen an einem Wohnviertel vorbei, das zur Truppenunterkunft umfunktioniert worden war. Ein großer roter Stern krönte ein Brettertor. Davor und dahinter zierten Einlegearbeiten aus Ziegelbruchstücken den Rasen: Hammer, Sichel und der rote Stern. Stolz wies der Sergeant ihrer Bewachungsmannschaft darauf: »Eta Kultura!«

In Stettin kamen Zehntausende zusammen und wurden nach und nach mit der Eisenbahn nach Osten transportiert. Im Waggon drehten sich die Gespräche endlos um einen Punkt: »Wo kommen wir hin?« Natürlich nach Sibirien! »Wann kommen wir wieder nach Hause?« Da gingen die Meinungen weit auseinander. Die Offiziere, die schon zu Beginn des Marsches in die Gefangenschaft abgesondert und von Mannschaften und Unteroffizieren getrennt worden waren, stimmten im Pessimismus überein: »Wir jedenfalls zuletzt, wenn überhaupt.« Vernünftige machten dem Gerede ein Ende. Vorträge wurden gehalten über Gott und die Welt, Kunst und Wissenschaft. Ein Physiker, Sohn des Dirigenten Furtwängler, versuchte, den Reisenden ins Ungewisse die Einsteinsche Relativitätstheorie zu erklären. Kein Wort fiel über den Krieg, der für sie ja auf eine andere Art noch nicht zu Ende war. Und Bekenntnisse vor fremden Ohren abzulegen, waren sie nicht gewohnt. In dieser zufällig zusammengewürfelten Waggongemeinschaft kannte man sich nicht näher. Die Besinnung setzte erst geraume Zeit später ein und ein wenig anders, als es die sowjetischen und die eigenen Agitatoren im Lager wollten. Von deren Wortgetön und der versteckten Drohung, die Heimkehr hänge von politischem Wohlverhalten in ihrem Sinne ab, wurde sie eher behindert.

Doch noch war man nicht am Ziel dieser Ostlandfahrt angekommen, die für viele die zweite und diesmal ganz ohne Zweifel unfreiwillig war. Noch rollten und stießen die Räder unter den Viehwaggons, noch tutete vorne die Lokomotive. Hier pfiffen die Lokomotiven nicht, wie man es gewohnt war, sondern tuteten wie Barkassen. Wenn der Zug nachts auf einem Güterbahnhof hielt, konnte man glauben, man wäre in einem Hafen.

Schon in Minsk war die Fahrt zu Ende, mit der bis dahin gründlichsten Filzung. Filzen, gefilzt werden, – das aus den Handwerksburschen-Herbergen des 19. Jahrhunderts stammende Wort für Durchsuchen nach verbotenen Gegenständen, bedeutete in der Welt der Kriegsgefangenen: Beschlagnahme, Entwendung ihrer wenigen Habseligkeiten bis auf einen winzigen, letzten Rest erlaubten Besitzes. Den Rang des Notwendigsten erreichte dieser Rest nach ihren Begriffen bei weitem nicht. Messer waren nicht erlaubt. Später, als es Brot gab, fertigten sie sich stumpfe Schneidinstrumente aus Sägeblättern an. Für eine Gabel hatte der normale Gefangene keine Verwendung. Erlaubt und lebensnotwendig war nur ein Löffel. Auch Rasierapparate wurden belassen, einschließlich der Klingen. Selbstmorde brauchte die Gewahrsamsmacht nicht zu befürchten. Nach der Welle in den ersten Maitagen noch in Deutschland und in Freiheit, als man noch Schußwaffen besaß, waren sie selten geworden. Selbstbeschädigungen grassierten erst später.

K. besaß die ganzen Jahre hindurch denselben Suppenlöffel. Er brachte ihn sogar mit nach Hause. Auch den Rasierapparat büßte er nie ein. Seine Klinge reichte drei Jahre, dank der sparsamen Ernährung verminderte sich der Bartwuchs. Seife wurde hin und wieder verteilt. Sie war grau und schlierig, aber dennoch weit besser als die deutsche Kriegsseife.

Das Filzen von tausend Mann dauerte viele Stunden. Die Gefangenen lagerten in Fünferreihen auf dem Boden. Am Kopfende der Ansammlung waren fünf Rotarmisten tätig. Vor ihnen mußte jeweils die erste Reihe ihre Besitztümer ausbreiten. Ausziehen mußte sich keiner. Was man am Leibe trug, die mehr oder weniger vollständige, mehr oder weniger zerschlissene Uniform, ließ sich leicht kontrollieren. Gleichzeitig wurden im Lager natürlich auch die Unterkünfte durchsucht. Das war zu berücksichtigen, wenn ein Gefangener einen kleinen Schatz zu verstecken hatte – etwa ein Werkzeug, das er an einem Arbeitsplatz außerhalb des Lagers »organisiert« und durch die Kontrollen geschmuggelt hatte, um es mit Hilfe eines anderen, der Kontakt zu zivilen Russen hatte, in Brot oder gar ein Stückchen Speck zu verwandeln.

Das »Waldlager«, in dem sich in wenigen Wochen über 2000 Offiziere aller Waffengattungen vom Leutnant bis zum Oberst einfanden, hatte seinen Namen von ein paar Kiefern, die zwischen den Baracken standen, soliden Blockhäusern aus dicken Bohlen und ganzen Baumstämmen, angeblich stammten sie noch aus dem Ersten Weltkrieg. Wenn das stimmte, hatten sie vermutlich bis zum Mai 1945 leergestanden – dem Heißhunger nach zu urteilen, mit dem sich ungezählte Wanzen auf ihre Opfer stürzten. Selbsthilfe war dringend geboten, doch in den Mitteln begrenzt. Die dicken Bretter der doppelstöckigen Schlafpritschen wurden ins Freie geschleppt und immer wieder auf den hartgetrampelten Erdboden geworfen. Die Wucht des Aufpralls katapultierte Zehntausende der braunen Quälgeister aus den Ritzen, Tausende aber blieben sitzen. Der Politoffizier tröstete die Gefangenen: »Sie kommen bald in ein ganz neues Lager. Dort ist alles karascho. Dort gibt es keine Wanzen.« Wie alles, was er sagte, erwies sich auch dieses Versprechen als eine Mischung aus Dichtung und Wahrheit: Das neue Lager würde erst halb fertig sein. Wanzen würde es noch nicht geben, doch die Belegschaft würde die Tierchen mitbringen.

Der Politoffizier war ein kleiner dunkelhaariger Oberleutnant, elegant wie alle MGB-Offiziere[1], in einer gutsitzenden Uniform aus erstklassigem Stoff. Er hieß Seidenwar, sprach fließend und fast akzentfrei deutsch und legte Wert auf die Feststellung, daß er Armenier sei. Von der nazistischen Judenverfolgung, dem Völkermord in den Gaskammern, fiel kein Wort, als er den faschistischen Offizieren ins Gewissen redete. (Während der ganzen Gefangenschaft war weder von russischer noch von »offizieller« deutscher Seite etwas davon zu hören.) Er hielt ihnen vor, daß sie die Sowjetunion überfallen hätten, was sie wußten, und was die meisten inzwischen zumindest für eine militärische Torheit hielten. Wie schlimm sie das Land heimgesucht hatten, die Städte und die Industrieanlagen, war freilich vielen nicht bekannt – anderen um so besser. Von ermordeten Zivilisten sprach der Oberleutnant nicht. Dieses düstere und teilweise umstrittene Kapitel kam erst im Jahr darauf an die Reihe, als systematisch nach solchen Offizieren, aber auch Unteroffizieren und Mannschaftsdienstgraden gesucht wurde, deren Einheit dauernd oder auch nur vorübergehend an der Bekämpfung von Partisanen oder an Zerstörungs- und »Vergeltungsaktionen« beteiligt gewesen waren. Diese Gefangenen wurden aus den Lagern ausgesiebt und vor Gericht gestellt. Zwanzig Jahre »Arbeitslager« waren die Strafnorm. Manche der Verurteilten (die dann Anfang der fünfziger Jahre allmählich entlassen wurden) hatten zweifellos Verbrechen begangen. Andere aber hatten nur das Pech, daß eine bestimmte verfemte Einheit, der sie zu einem ganz anderen Zeitpunkt angehört hatten, in ihrem Soldbuch stand.

Ob außer dieser Auslese nach Einheiten, die auf schwarzen Listen standen, auch nach einzelnen gefahndet wurde, und auf Grund welcher Anhaltspunkte dies eventuell geschah, blieb den Gefangenen unbekannt. Die meisten konnten aus den Kriegsjahren nichts voneinander wissen, weil sie bereits bei ihrer Gefangennahme zu kurz vorher bunt zusammengewürfelten Haufen wie Alarmbataillonen

[1] *MGB* (Abkürzung für Ministerium für Staatssicherheit) Politische Polizei in der Sowjetunion; gehörte zum NKWD (Volkskommissariat für innere Angelegenheiten). Das MGB verwaltete die deutschen Kriegsgefangenen; frühere Bezeichnungen: Tscheka, GPU, zuletzt KGB.

und ähnlichen Verbänden gehört hatten. Manche Offiziersnamen stammten vielleicht von Partisanen und aus den besetzten Gebieten selbst, oder waren bei Gefangenenverhören in irgendeinem Lager genannt worden. Auffällig war, daß die ganz wenigen, die aus dem Traktorenwerk-Lager verschwanden, und von denen es später gerüchteweise, nie aber offiziell hieß, sie seien verurteilt worden, sich im Lager noch kontaktscheuer verhalten hatten, als dies ohnehin schon üblich war.

Im Lager sprach man normalerweise nicht über Kriegserlebnisse und schon gar nicht über solche im Osten. Immerhin erzählte ein junger Oberleutnant eines Tages K. im Vertrauen, daß er sich nach seiner Verwundung im Osten freiwillig an die Invasionsfront gemeldet und die Ardennenoffensive mitgemacht habe, dabei erneut verwundet worden sei und danach wieder an der nun nicht mehr so weit entfernten Ostfront gekämpft habe.

Das gewöhnliche und allgemeine Gesprächsthema war das Essen. Ständige Klagen über seine Dürftigkeit waren dabei die unterste Stufe. Etwas höher erging man sich in Phantasiebildern von heimatlichen Spezialitäten oder irgendwann erlebten Gaumengenüssen. Wer auf seelische Hygiene bedacht war, mied solche Unterhaltungen und redete (solange Kraftreserven vorhanden waren) lieber über andere Besonderheiten seiner Heimat oder etwa über Berufliches, was wegen der zahlreichen Reserveoffiziere, die es im Zivilleben bereits zum Amtsrichter, Studienrat, Apotheker, Pfarrer gebracht hatten, überdies den Horizont der Zuhörer erweiterte.

Der MGB-Oberleutnant Seidenwar machte die Offiziere mit dem Begriff »Wiedergutmachung« bekannt: Nicht mehr als recht und billig sei es, wenn die deutschen Kriegsgefangenen am Wiederaufbau der Sowjetunion mitarbeiteten – vielleicht ein Jahr lang. Von den Offizieren erwarte man ein demonstratives Bekenntnis zu dieser Wiedergutmachung. Arbeiten müßten sie selbstverständlich nicht. Das wäre ja nicht mit der Genfer Konvention vereinbar. Nur wenige glaubten an solche Versprechungen. Die Mehrheit mißtraute ihnen. Manche behaupteten sogar, genau zu wissen, wie hier der Hase lief. Dessen ungeachtet aber gestand die überwiegende Mehrheit der gefangenen Offiziere der Sowjetunion zu, daß sie berechtigt sei, von den Deutschen Schadenersatz zu fordern. Nur meinten sie – vor allem später, als ihnen die Menschen- und Materialverschwendung der sowjetischen Mißwirtschaft klar vor Augen stand –, daß es doch weit effektiver wäre, wenn man freie Deutsche für sich arbeiten ließe. Daß die deutschen Kriegsgefangenen dann beim Wiederaufbau der Sowjetunion in Anbetracht der Umstände nachgerade Erstaunliches leisteten, steht auf einem anderen Blatt.

Natürlich behielten die Skeptiker recht. Aus dem »Nichtarbeiten«, der angeblich geistigen Beschäftigung, wurde zunächst während einiger Wochen Wartezeit eine »Vorbereitung zur Aufsichtsführung«. Handwerksmeister, die als höhere Dienstgrade der (Bau-)»Organisation Todt« (OT) zu den Offizieren gerechnet wurden, gaben theoretischen Unterricht in allen Bau- und Ausbausparten. Die zweite Stufe bestand in einem Aufruf zur freiwilligen Beteiligung an der Arbeit, die dritte in der Bildung zweier »Freiwilliger Offiziers-Arbeitsbataillone«, von denen eines in die Ruine des Minsker Opernhauses abrückte (das dann von ihm in drei Jahren wiederaufgebaut wurde). Das andere Bataillon fand seine Verwendung in einem bei Kriegsausbruch in der ersten Bauphase steckengebliebenen Traktorenwerk.

Vorher, noch im sogenannten Waldlager, belehrten drei Ereignisse die Gefangenen über charakteristische Widersprüchlichkeiten der russischen Gefangenschaft. Das war einmal die nachdrückliche Ermunterung, in den »Bund Deutscher Offiziere« (BDO) einzutreten, dann die Ankunft der »Hela-Kapitulanten« und schließlich die Berührung mit sogenannten Alt- und Stalingradgefangenen. Der BDO war eine Schöpfung des nach dem Untergang der 6. (Stalingrad-) Armee gegründeten und von General von Seydlitz präsidierten Komitees Freies Deutschland, das nun die nach der Kapitulation in Gefangenschaft geratenen Offiziere aufforderte, mit dem Beitritt zum BDO die Bereitschaft zu bekunden, »am Aufbau eines demokratischen Deutschlands« mitzuwirken. Vorteile oder gar eine vorzeitige Heimkehr wurden nicht in Aussicht gestellt. Der BDO lebte nicht lange. Als die sowjetische Besatzungsmacht in ihrer Zone offen das kommunistische Regime einführte, verschied er sang- und klanglos. Über die politischen Vorgänge in der sowjetisch besetzten Zone erhielten die Ex-Offiziere sporadisch einige Informationen – wenn auch lückenhaft und einseitig. Sie waren Teil der politischen Agitation, und diese Sprache war leicht zu durchschauen. Nach der Gründung der Sozialistischen Einheitspartei Deutschlands (SED) in der Sowjetzone gab es 1946 sogar regelmäßig Ost-Berliner Zeitungen, wenn auch in wenigen Exemplaren.

In den Eingewöhnungswochen im »Waldlager« geschah es eines Tages, daß alle zum Lagertor eilten (noch waren die Kraftreserven nicht verbraucht), wo man den Quarantänebezirk für Neuankömmlinge einsehen konnte. Neue trafen ein, einige hundert: Aber wie sahen diese Offiziere aus? Welch ein ungewohnter Anblick für die »Alten«, deren Uniformen durchweg erheblich gelitten hatten! Da kamen Marine- und Heeresoffiziere aller Ränge an – tiptop in Schale, mit Mützen, Stiefeln, Koppel und allen Rangabzeichen einschließlich des »Pleitegeiers« auf der Jacke. Und was sie für Gepäck anschleppten! Koffer, Seesäcke, ja richtige Schiffskisten. Es waren die Offiziere jener Truppenteile, die auf der Halbinsel Hela bei Danzig noch vor dem 8. Mai in aller Form kapituliert hatten, wobei ihnen vom russischen Befehlshaber zugesagt worden war, mit allen Orden und Ehrenzeichen und ihrem ganzen Gepäck in Gefangenschaft gehen zu dürfen.

Sie behielten ihr Gepäck nicht lange. Doch bevor es gefilzt wurde, veranstaltete die deutsche Lagerleitung unter ihnen eine »Kleidersammlung für bedürftige Kameraden«. Die Herren Kameraden erwiesen sich als sehr knauserig, was zu dieser Zeit immerhin noch überraschen konnte. Nur wenig kam da zusammen, für K. ein Marine-Frackhemd mit blütenweißer, gefältelter Brust, das die ganze Gefangenschaft durchhielt und lediglich bei ständiger Kaltwäsche die legendäre Isabellenfarbe annahm. Als die Hela-Leute dann gefilzt wurden, türmten sich die schönen Dinge, die man ihnen abnahm, zu ganzen Bergen.

Ein anderer Zuwachs an Gefangenen in unmittelbarer Nähe war weniger spektakulär. Einige durch einen einfachen Maschendrahtzaun abgetrennte Baracken, die bis dahin leergestanden hatten und nicht zum provisorischen Offizierslager gehörten, waren plötzlich bewohnt. Dort schlurften »Plennygestalten« umher, an die sie sich erst gewöhnen mußten: grau und abgemagert, bekleidet mit abenteuerlichen Kombinationen aus kaum mehr kenntlichen Uniformresten und Stücken russischer Zivilkleidung. Es waren »Altgefangene«, die hier angeblich auf ihre Entlassung vorbereitet werden sollten. Am Zaun waren Gespräche mit ihnen möglich. Sie erzählten von Bergwerken im Dombas, von vielen Toten und daß bei ihnen auch »Stalingrader« seien. Einige seien vor kurzem noch gestorben, weil ihnen die Russen jetzt, um sie aufzupäppeln, zu fettes Essen gegeben hätten. Dies konnte man für wahr halten, wenn man die Mentalität der Russen und das sozialistische Planwirtschaftssystem berücksichtigte, in das immer wieder das Chaos einbrach, was überhaupt erst – auch für Sowjetbürger – ein mehr oder weniger erträgliches Leben beziehungsweise Überleben ermöglichte. Eine solch unbeabsichtigte »Überfütterung« aber wurde bestenfalls nur den zu diesem Zeitpunkt politisch wertvollen Stalingradgefangenen zuteil – das heißt jenen wenigen, die bis dahin überlebt hatten.

Bevor die Gefangenen ins Traktorenwerk-Lager einzogen, wurden sie mit einem Ärmelabzeichen versehen. Außer der gewöhnlichen Kennzeichnung, die aus den beiden kyrillischen Buchstaben W und P für Wojna Plenny = Kriegsgefangener bestand (und die ironischerweise die Umkehrung des englischen »PW« für »prisoner of war« darstellten), trugen ihre Aufnäher aus dünnem grauem Stoff noch eine nicht abgekürzte Aufschrift, die übersetzt »2. Freiwilliges Offiziers-Arbeitsbataillon« lautete. Entsprechend wurde das Offiziersgehabe beibehalten. Man siezte sich und redete sich mit »Herr« an, was andererseits half, einen gewissen Abstand zu wahren und so das jahrelange Zusammenleben besser zu ertragen. Unter den Jüngeren lockerte sich der Umgangston allerdings bald.

Das Lager bestand aus einem riesigen Kellergeschoß unter einer dicken Betondecke, auf der einmal eine Fabrikhalle errichtet werden sollte. Auf dem nackten Sand- und Lehmboden standen Reihen schwankender Doppelpritschen. Abends und nachts, wenn sie belegt waren, tropfte das Kondenswasser von der kalten Decke. Nur die Untergeschoßbewohner schliefen trocken. Die Obenschläfer bastelten sich aus Latten und Dachpappe, die sie von der Arbeitsstelle mitbrachten, Schutzdächer gegen den Dauerregen. »Zappzerapp« nannten die Russen solchen bei ihnen allgemein üblichen Diebstahl von »Volkseigentum«. Bei den Plennys wurde er stillschweigend geduldet, bis das Lager auf diese Art zu einem erträglichen, fast komfortablen Quartier ausgebaut war. Die Russen halfen aber auch auf unmittelbare Art beim Lagerausbau. Eines Tages wurden die Pritschen durch hölzerne Etagenbetten ersetzt, zu denen Leinensäcke gehörten, die mit Hobelspänen gefüllt werden durften.

Bis es soweit war, hatten die Lagerbewohner in Sonderschichten nach Feierabend und am arbeitsfreien Sonntag schwer für ihr Lager geschuftet. Ins obere Drittel der Betonwände, das aus der Erde ragte, hatten sie Fenster gestemmt, desgleichen Kaminlöcher in die Decke. Ofensetzer aus dem mittlerweile in die zweite Hälfte des riesigen Bunkers eingezogenen Mannschaftsbataillon hatten in den Gängen zwischen den Bettreihen Kachelöfen aus Ziegelsteinen aufgemauert. Schließlich wurde die Betonplatte der Decke, die immerhin etwa so groß wie ein Fußballfeld war, noch mit einer Lehmschicht und mit Rasenstücken isoliert. Nun wurde es unten endlich trocken und – wenn genug Holz hereingeschmuggelt werden konnte – sogar warm! Die russische Lagerleitung war sehr zufrieden. Die Deutschen hatten es geschafft, die Tropfsteinhöhle trockenzulegen, was sehr zur Erhaltung ihrer Arbeitskraft beitrug.

Innen war zur bereits am Anfang vorhandenen, abgemauerten Küche ein offener »Speisesaal« hinzugekommen, in der die Tische und Bänke allerdings weiterhin auf dem nackten Lehmboden standen, auf dem sich seltsamerweise die Flöhe besonders wohlzufühlen schienen. Des weiteren mauerten die Gefangenen in ihren Bunker Räume für die Lagerleitung, ein Krankenrevier und einen großen Duschraum mit angeschlossener Kleiderentlausung ein, nicht zu vergessen einen Karzer mit zwei Haftzellen. Zur Versorgung der Küche, des Reviers und der Entlausungsanstalt sowie der Bäckerei mit der notwendigen, beträchtlichen Menge Brennholz mußten nicht mehr voll arbeitsfähige Gefangene unentwegt Baumstümpfe roden – auch und vor allem im Winter.

Läuse traten nur einmal in geringem Umfang auf. Die sofortige Durchschleusung des ganzen Lagers durch Bad und Kleiderentlausung machte ihnen schnell den Garaus. Vor diesen Seuchenüberträgern hatten die Russen großen Respekt. Ob sie dabei an die Fleckfieber-Epidemien unter den deutschen Kriegsgefangenen im Ersten Weltkrieg dachten? Sogar Serum für eine vorsorgliche Impfung gegen Fleckfieber war vorhanden. Auch die radikale Schur war eine Vorbeugungsmaßnahme, wenn sie bei den Plennys auch Wut und Entsetzen auslöste, um so mehr, als die Offiziere ihre langen Haare behalten durften – zumindest auf dem Kopf; denn von den Schamhaaren wurden auch sie mittels Haarschneidemaschine befreit.

Als schließlich beim Lagerausbau nichts mehr zu verbessern war, fand eines Tages eine Besichtigung durch eine der in Sowjetrußland so berühmten und berüchtigten Hohen Kommissionen statt. Angeblich gehörte ihr der Parteisekretär von Weißrußland an. Die Plennys staunten: Potemkin lebte! Kurz vor der Ankunft der Kommission wurden weiße Bettlaken verteilt. Nachdem die Gruppe von Zivilisten und hohen Sowjetoffizieren hastigen Schrittes durch das Lager geeilt war, wurde die weiße Pracht wieder eingesammelt.

Im Alltagsleben der Gefangenen hatten die Worte »Kommission« und »Kommissionierung« einen anderen Klang. Die Kommissionierung, die alle zwei Monate stattfand, war eine Art Reihenuntersuchung durch die Lagerärztin. Dabei wurden die Gefangenen in die ihrem körperlichen Zustand entsprechende »Arbeitsgruppe« eingestuft. Es gab die »Arbeitsgruppen« I, II, III und »OK«. Diese russische Abkürzung wurde von den Plennys zutreffend mit »ohne Kraft« übersetzt. Die Zahl der »OK-Leute« nahm zunächst durch die Hungerödeme stark zu und blieb dann konstant, bis die Russen diese für sie nutzlosen, weil arbeitsunfähigen, Gefangenen als erste nach Hause entließen. Dabei nahmen sie anfangs keine Rücksicht auf den verheerenden Eindruck, den die Ankunft solcher Hungergestalten in der Heimat hinterlassen mußte.

Bei den Kommissionierungen schob sich jedesmal eine schier endlose Reihe nackter Gestalten langsam durch das Krankenrevier. Die Ärztin blickte jeden an ihr vorbeischleichenden Mann kurz an und prüfte bei dem einen oder anderen, mit Daumen und Zeigefinger kneifend, die Gesäßmuskulatur. Bei jedem Gefangenen nannte sie dann dem dabeisitzenden Revierschreiber die für den Betreffenden noch zu verkraftende »Arbeitsgruppe«. Sie besaß offenbar eine lange Erfahrung in solchen Schnelldiagnosen.

Sich im Zustand der »Arbeitsgruppe« I zu erhalten, schaffte nur der oberste »Lageradel« – das Personal der Lagerleitung, die Lagerhandwerker, die Dolmetscher und die Funktionäre des »Antifaschistischen Aktivs«. Sie alle brauchten keine schwere körperliche Arbeit zu leisten und hatten ihre Beziehungen zur Küche, zur Bäckerei und zur russischen Lagerleitung. Auch die Köche wurden von den gewöhnlichen Gefangenen beneidet, wenngleich ihre Arbeit nicht leicht und die »Zusatzverpflegung«, die sie sich trotz aller Kontrollen selbst zuteilen konnten, nicht die gesündeste war.

»Dawaj raboti!« Dieser Antreiber-Ruf war das Motto der Gefangenschaft, auch wenn er bald seltener zu hören war, weil zunehmend nur noch deutsche »Kommandoführer« an den Arbeitsstellen die Verantwortung trugen. Auch die technische Leitung beim Aufbau des Traktorenwerkes war in deutsche Hände übergegangen. Mit den zum Offiziersbataillon gehörenden Ingenieuren und Bauleitern der einstigen »Organisation Todt«, die Hitler außer dem »Westwall« und dem »Atlantikwall« die verschiedensten Kriegsbauten errichtet hatte, standen erstklassige Fachleute zur Verfügung. Russische »Natschalniks« – ein Wort, das sowohl Meister als auch Chef und Direktor bedeuten kann – übten nur noch dem Namen nach eine Oberaufsicht aus.

Die ersten zwei Monate hatten die Offiziere noch »ohne Norm« gearbeitet. Da marschierte zum Beispiel jeden Morgen eine Gruppe von hundert Mann unter der läßlichen Bewachung einiger älterer, mit Flinten bewaffneter Zivilisten zwei Kilometer weit zur »Sauerstoffabrik«, einem kleinen, noch leeren Fabrikgebäude. Es war unbeschädigt, doch seine Umgebung glich einer Mondlandschaft. Die Löcher im Gelände – kleine Sandgruben ebenso wie große Bombentrichter – sollten aufgefüllt werden. Dafür standen Schaufeln und eiserne Schubkarren zur Verfügung, mit denen die Gefangenen bei moderatem Arbeitstempo in drei Wochen soviel schafften wie eine Planierraupe an einem Tag bewältigt hätte. Eine andere Hundertschaft belud in einer großen, etwa zehn Meter tiefen Sandgrube Loren. Das Gleis lag auf dem oberen Rand der Grube. Der Sand wurde über zwei umlaufende Galerien in drei Etappen nach oben geschaufelt. Ein einziger Bagger hätte mehr geleistet.

Bald aber wurden die Offiziere auf die »echten« Arbeitskommandos des mittlerweile dem Lager angegliederten Mannschaftsbataillons verteilt, die den allgemeinen sowjetischen Arbeits-»Normen« unterworfen waren. Ausgenommen blieben die Stabsoffiziere vom Major bis zum Oberst, von denen die meisten allein schon wegen ihres Alters der Arbeitsgruppe III zugeordnet waren, die nur sechs Stunden (angeblich leichte) Lagerarbeit zu verrichten brauchte. Die jüngeren Majore – meist aktive Offiziere, die kurz vor dem 8. Mai 1945 noch Hauptleute gewesen waren – ließen sich später jedoch in die Arbeit nach Norm eingliedern, um »Prozentebrot« und ab 1948 auch Geld zu verdienen. Manche entwickelten dabei ungeahnte Talente als Spezialisten.

Das Normensystem ähnelte im Prinzip der deutschen Akkordarbeit, war jedoch allumfassend und eine regelrechte Wissenschaft. Die Normentabellen füllten dicke Bände. Nach ihnen rechneten jeden Abend im Lager die mit nichts anderem beschäftigten »Normerowschiks« die von den Kommandoführern auf geglätteten und immer wieder abgehobelten Holzbrettchen oder auf braunem Packpapier notierten Aufmaße der Schichtleistung in »Prozente« um. Im Lager genau wie draußen unter den russischen Arbeitern (unter denen sich speziell bei allen Bauarbeiten besonders viele Frauen befanden) wurde nicht etwa nur die hundertprozentige Erfüllung der Norm propagiert und angestrebt – und auch bewertet –, sondern die »Übererfüllung« mit 110, 120 Prozent und mehr. Nach diesen Prozentzahlen, die jeweils für eine Arbeitsbrigade berechnet wurden, richtete sich die Menge des »Zusatzbrotes«, die der einzelne erhielt oder nicht erhielt. Sie konnte 300 Gramm erreichen, etwa die Hälfte der Grundration. Schnell gewöhnten sich die Plennys daran, daß diese Brotmengen etwas ganz anderes bedeuteten als zu Hause. Der Teig des gewöhnlichen Brotes enthielt so viel Wasser, daß er dünnflüssig war und in Blechformen gebacken werden mußte. Röstete man eine Brotscheibe auf dem Ofen, dann verlor sie zwei Drittel ihres Gewichts.

Das »Prozentebrot« war die große Sklavenpeitsche. Seinetwegen strengten sich viele Gefangene bei der Arbeit an, auch wenn sie entkräftet waren, und obgleich sie wußten, daß sie mehr Kalorien verbrauchten, als ihnen das zusätzliche Stück Brot ersetzen konnte. Solch kühle Rechnung aber fiel schwer, wenn abends die duftenden, frisch aus der Lagerbäckerei angelieferten Brotlaibe, die in ihrer Form dem deutschen Kommißbrot ähnelten, unter den mißtrauischen Blicken der Wartenden mit akribischer Genauigkeit in gleich große Portionen zerschnitten und auf selbstgebastelten Brotwaagen gewogen wurden. Besonders begehrt waren die Kantenstücke, die etwas trockener und deshalb größer ausfielen. Das Brot, die einzige (einigermaßen) feste Nahrung des gewöhnlichen Plennys während der ganzen Gefangenschaft, wurde geradezu angebetet. Im Traktorenwerk-Lager gab es nur einmal, während eines besonders strengen Winters, zwei brotlose und damit trostlose Tage, weil der Bäckerei das Mehl ausgegangen war und neues nicht rechtzeitig herangeschafft werden konnte. Die ausgefallene Menge wurde jedoch nachgeliefert. Welch ein Fest! Andererseits machten die Gefangenen die erstaunliche Erfahrung, daß Russen, mit denen sie bei der Arbeit in Berührung kamen, manchmal über Mangel an Brot in ihren »Magasin«-Läden klagten, während im Lager davon nichts zu merken war. Dennoch war und blieb die erste Frage der abends müde ins Lager zurückkehrenden Arbeitskommandos an die daheimgebliebenen Lagerdienste: »Hat die Bäckerei Mehl bekommen?«

Mit Hilfsarbeiten, zu denen die meisten Offiziere mangels handwerklicher Ausbildung und Kenntnisse verurteilt waren, konnte man die zusatzbrotträchtige Norm von 100 Prozent nur höchst selten erreichen. »Prozentebrot« blieb deshalb für sie ein kaum je erfüllter Traum. Es bei anderen zu sehen, erregte geradezu körperlich schmerzhaften Neid, den zu unterdrücken äußerste Selbstbeherrschung erforderte. »Brotdiebstahl« war auch im Offiziersbataillon kein unbekanntes Delikt. Ertappte Sünder wurden mit vollem Namen in der wöchentlichen Wandzeitung angeprangert. Sogar einen literarisch berühmten Adelsnamen konnte man in solch unrühmlichem Zusammenhang lesen.

Eines Tages erreichte eine Brigade von schleppenden, schippenden, hackenden Hilfsarbeitern dennoch eine Rekordleistung. Ausgerechnet im Winter mußte sie tiefe Löcher für überdimensionale Zaunpfähle in den metertief gefrorenen Boden graben.

Zwar war in den Normen für derartige Arbeiten auch die Bodenbeschaffenheit berücksichtigt. Nicht berücksichtigt aber waren stumpfe Pickel und Blechspaten, die sich bogen, wenn man damit in den harten Boden eindringen wollte. Entlang der Linie projektierter Zaunlöcher verlief ein Eisenbahngleis, neben dem auf einer Strecke von mehr als hundert Metern Material für eine Gießerei lagerte, die noch nicht über ihr Fundament hinausgewachsen war. Darunter befand sich ein ganzer Haufen von Fässern mit Thermitpulver, das irgendwann einmal zum Schweißen verwendet werden sollte, und Teile aus einer leichtentzündlichen Leichtmetallegierung, Elektron genannt. Beides, Thermit und Elektron, stammte erkennbar aus deutscher Brandbombenproduktion.

Wer auf den Gedanken gekommen war, wußte hinterher niemand mehr. Die Idee lag nahe, drängte sich angesichts des Thermitpulvers geradezu auf: In die mühsam dem Frostboden abgerungenen flachen Mulden, aus denen an diesem und auch am nächsten Tag gewiß keine Pfostenlöcher mehr geworden wären, brauchte man nur ein paar Schaufeln Thermitpulver zu füllen. Darüber kam dann ein Stück Eisenblech. Angezündet, verpuffte das Pulver mit einem grellen Lichtschein. Hitze verfärbte das Blech dunkel. Der Boden darunter dampfte und war zehn Zentimeter tief aufgetaut.

Als die Brigade dann von den Pfostenlöchern weggeholt wurde und »schnell, schnell« zwischendurch quer über die Hauptstraße des langsam entstehenden Traktorenwerks einen Kabelgraben ausheben sollte, der bei der Planung vergessen worden war und jetzt dringend gebraucht wurde, wandte sie ebenfalls ihr »Thermitverfahren« an, nun in großem Stil und schon mit Routine. Da nahte plötzlich der russische Oberingenieur, der Leiter des ganzen Bauvorhabens. Offenbar war der Kabelgraben wirklich wichtig, denn dieser große »Natschalnik« kümmerte sich sonst nicht um einzelne Arbeitsstellen. Der schlanke Mann mit dem klugen Gesicht, der den Plennys unter anderen Umständen wahrscheinlich sympathisch gewesen wäre, kam, sah und – sagte nur ein Wort: »Karascho!«

Sein »gut« ermutigte die Brigade, die nach der Vollendung des Kabelgrabens in Rekordzeit wieder an ihre Pfostenlöcher zurückgekehrt war, dort nunmehr die Thermitmethode »legal« zu praktizieren. Jetzt aber wurden die Auftaukünstler leichtsinnig und spielten mit dem funkensprühenden Zeug herum. Ein Windstoß beförderte eine Funkengarbe zum Gleis, zündete, und mehrere Tonnen Thermit ergaben ein Feuerwerk, das bis nach Minsk zu sehen war. Nicht nur der Brigadier, sondern alle befürchteten die schlimmsten Folgen. Doch außer einer förmlichen Vernehmung des Brigadiers geschah nichts. Der Kabelgraben und der Oberingenieur hatten die »Feuerwerker« gerettet.

Auch die Lagerärztin erwarb sich die Hochachtung der Gefangenen. Wenn die Arbeitskommandos in der Winterkälte frühmorgens zum Lagertor gingen, um auf ihren Abmarsch zu warten, erschien sie manchmal unvermutet und kontrollierte die Bekleidung. Wer keine ordentlichen Handschuhe oder keine »Valinkis« hatte, jene praktischen Filzstiefel, die im Winter – wie auch die Handschuhe – bei starkem Frost an die Gefangenen ausgegeben wurden, den holte sie aus den Reihen. Und wenn das Thermometer unter minus 25 Grad sank, blieb sie eisern: Kommandos, die ungeschützt im Freien arbeiteten, brauchten nicht auszurücken. Dies entsprach einer Vorschrift, die die russische Arbeitsverwaltung gern vergaß. Was die jüdische Ärztin riskierte, indem sie auf diese Weise in die Arbeitsorganisation eingriff, läßt sich am besten vor dem alles beherrschenden Hintergrund der Welt der Kriegsgefangenen abschätzen: Das Heer der Gefangenen war ein beachtlicher Wirtschaftsfaktor geworden. Organisatorisch waren die Plennys sozusagen Eigentum der »politischen Verwaltung«, des MGB, das auch die Arbeitslager der russischen Strafgefangenen unterhielt. Im Gegensatz zu ihnen wurden die Kriegsgefangenen an die Wirtschaft und Industrie »verpachtet«. Da sich die Bezahlung nach der geleisteten Arbeit richtete, waren alle an möglichst hohen Arbeitsleistungen interessiert – die einen wegen des Fünfjahresplans, die anderen, weil sie an den Plennys möglichst viel verdienen wollten.

Nur selten ereigneten sich schwere Arbeitsunfälle, obwohl bei den gefährlichsten Arbeiten die einfachsten Sicherheitsvorkehrungen fehlten. Beim Verglasen der giebelförmigen Oberlichter einer großen Fabrikhalle stürzten zwei Plennys vom Mannschaftsbataillon in die Tiefe. Schwerverletzt wurden sie ins Lazarett des Hauptlagers gebracht, wo sie starben. Gewöhnlich erfuhren die Gefangenen im Lager nicht, was mit Verunglückten und Schwerkranken geschah, die ins Lazarett kamen. Manchmal kehrte einer geheilt zurück und erzählte von anderen, die als Invaliden »auf Heimat-Transport gekommen« seien. Daß beim Hauptlager ein Plennyfriedhof war, wußten alle, doch darüber sprach man nicht.

Die meisten Opfer forderte die Unterernährung und zwar auch indirekt, indem der Kräftemangel die Unfallgefahr auch bei relativ ungefährlichen Arbeiten erhöhte. Nur der Überlebenswille bot einen gewissen Schutz: Man war vorsichtig. Selbst wilde Antreiber, die es vereinzelt auch unter den deutschen Kommandoführern gab, konnten niemanden zu Hast und Eile veranlassen – schon deshalb nicht, weil die meisten dazu überhaupt nicht mehr in der Lage waren. Der körperliche Zustand hatte mit der Zeit eine Verlangsamung der Bewegungen zur Folge, und auch wer noch nicht soweit war, arbeitete und bewegte sich langsam, um Kräfte zu sparen.

Doch nicht immer war dies möglich – etwa, wenn bei einer schweren Arbeit mehrere gleichzeitig anpacken mußten. Da konnte das Versagen eines einzelnen gefährlich werden. Berüchtigt war das Ausladen dicker Baumstämme aus offenen Güterwaggons mit ihren über zwei Meter hohen Wänden. Die Stämme mußten über eine Bordwand auf draußen angelehnte (und oft genug abrutschende) Abrollstämme gewuchtet werden, die letzten tief vom Waggonboden aus über steil angestellte, kurze Rollhölzer. Wenn dabei auch nur einen Mann die Kraft verließ, dann konnte ein zurückrollender Stamm allen die Beine zertrümmern. Da war kein Kräftesparen möglich.

Außer dem »Prozentebrot« gab es noch ein anderes Mittel, die Plennys bis zum letzten auszubeuten – den politischen Druck nach der Formel: Ein schlechter Arbeiter ist ein verkappter Faschist. Männer aus ihren eigenen Reihen stellten sich zur Verfügung, um in diesem Sinne durch Ermahnungen, Anprangerungen »schlechter Arbeitsbrigaden« in der Wandzeitung und schließlich auch durch individuellen Terror auf die Gefangenen einzuwirken. Der Kandidat wurde zum Leiter des »Antifa-Aktivs« zitiert, der sich einer Reihe psychischer Druckmittel bedienen konnte. Das begann mit einer Anspielung auf die (Heimat-)»Transportliste«, die demnächst aufgestellt werde, und bei der schlechte Arbeiter ganz hinten rangieren würden. Da die Plennys das System aber längst durchschaut hatten, wußten sie: Die guten Arbeiter würden bestimmt nicht die ersten sein, wenn wirklich eines Tages die Heimkehrtransporte rollen sollten! Wirksamer war deshalb die Drohung mit einer politischen Anschwärzung »beim Russen«. Über den auf solche Art tätigen Antifa-Leiter des Offiziersbataillons, einen Major der Reserve, ging das Gerücht, er sei einst Freimaurer und zuletzt »NSFO«, also einer der nach dem 20. Juli 1944 bei allen Einheiten eingeführten »Nationalsozialistischen Führungsoffiziere«, gewesen. Allerdings galt sein Wort bei dem ihm übergeordneten Aktivleiter des ganzen Lagers nicht viel. Der kam aus dem Mannschaftsbataillon, und von ihm hieß es, er sei HJ-Unterbannführer gewesen.

Daß auch ein anderes Verhalten möglich war, zeigten fünfhundert Ungarn, die eines Tages zur ständig wachsenden Belegschaft des Traktorenwerk-Lagers hinzukamen. Sie erreichten, daß sie unter sich blieben, im Lager wie bei der Arbeit, und daß die erarbeiteten »Prozente« in der Verpflegung auf alle gleichmäßig verteilt wurden. Mehr noch: Als sie sich einmal ungerecht behandelt fühlten, marschierten sie geschlossen von der Arbeitsstelle ins Lager zurück. Dabei waren sie, anders als die in Selbstmitleid versinkenden Deutschen, stets gut gelaunt und zuversichtlich. An einem arbeitsfreien Sonntag gab eine Abordnung von ihnen mit drei selbstgebauten Zimbals beim Offiziersbataillon ein »kostenloses« Konzert.

Während sich die politische Agitation gegenüber den Offizieren auf der Linie eines scheinbar parteineutralen Antifaschismus bewegte, versuchte man anfangs, die Mannschaften unverblümt für den Kommunismus zu gewinnen. Dieser Versuch wurde jedoch angesichts einer allgemeinen politischen Gleichgültigkeit, ja deutlichen Ablehnung, bald aufgegeben. Die »politischen Zirkel« erhielten erst einigen Auftrieb, als sich die Entwicklung in der sowjetischen Besatzungszone auch in den Gefangenenlagern in Rußland auswirkten, Zeitungen und schließlich sogar Päckchen aus der »SBZ« eintrafen, während die Gefangenen, die im Westen zu Hause waren, nur jedes halbe Jahr eine Rote-Kreuz-Postkarte schreiben durften und keine Post erhielten.

Die Stimmung im Offiziersbataillon beschrieb mit der Zeit eine Kurve. Schon bald hatten die Offiziere erkannt, daß die sowjetische Führung versuchte, bei ihnen Sympathie zu gewinnen. Man warb in politischen Vorträgen mit der politischen Utopie eines souveränen deutschen Staates, dem durch eine freundschaftliche Verbindung mit der Sowjetunion ungeahnte wirtschaftliche Möglichkeiten offenstünden. Zur Sympathiewerbung gehörte vermutlich ebenfalls die – im Prinzip – bessere Verpflegung. Auf dem Papier und wenn irgend möglich auch in Wirklichkeit erhielten die Offiziere ein paar Gramm Fett und Eiweiß mehr als die Mannschaften und weniger Kohlenhydrate, was sich in noch wässrigeren Suppen manifestierte. (Daß es in der Armee der angeblich klassenlosen Sowjetunion sogar fünf verschiedene Verpflegungssätze und Küchen gab für Mannschaften, Unteroffiziere, Offiziere, Stabsoffiziere und Generäle, hatte nicht geringes Erstaunen und Spott hervorgerufen.) Großzügig wurden auch von Anfang an kulturelle Betätigungen der verschiedensten Art wohlwollend geduldet, ja gefördert. Nach der Überwindung einiger Widerstände durften die Pfarrer beider Konfessionen sogar Gottesdienste abhalten. Der Sonntag war in der Regel arbeitsfrei – wenn nicht gerade draußen auf den Werksgleisen ein langer, mit demontierten Maschinen, Röhren, Heizkörpern und Eisenbahnschienen beladener Zug angekommen war, was vorzugsweise sonntags geschah.

Diese Züge – »Zappzerapp-Züge« nannten sie die Plennys nach dem russischen Slangwort für Diebstahl – wurden grundsätzlich in Sonderschichten entladen, wobei dann die Gefangenen mit dem »Beutegut«, um das es sich nach Meinung der meisten handelte, nicht gerade schonend umgingen.

Bereits in der ersten Zeit, als das Lager noch einer Tropfsteinhöhle glich, waren Sprachkurse in Russisch, Englisch und Französisch ins Leben gerufen worden. Lehrer gab es unter den Kriegs- und Reserveoffizieren genug. Später kamen die (freiwilligen) »Antifa«-Kurse in Historischem Materialismus und Marxismus-Leninismus hinzu.

Sie fanden im Offiziersbataillon wenig Anklang. Immerhin aber nahm manch einer aus Neugier an einem solchen Kursus teil, nicht zuletzt auch, weil er der endlosen Beschäftigung mit dem »Thema eins der Gefangenschaft« entgehen wollte – dem ständigen Gerede über das Essen.

Als der Plenny-Alltag mit der Zeit den ganzen Menschen aufzufressen begann, siechten alle Kurse allmählich dahin. Selbst die mittlerweile (vermutlich aus Moskau) herbeigezauberte kleine Lagerbücherei, die natürlich in erster Linie Marxens »Kapital« und Schriften von Friedrich Engels enthielt, aber ihre Benutzer auch mit Arnold und Stefan Zweig, Friedrich Wolf und einigen anderen, ihnen bis dahin unbekannten Schriftstellern vertraut machen konnte, wurde kaum noch in Anspruch genommen.

Das Antifa-Aktiv steuerte schließlich der allgemeinen Lethargie mit russischer Hilfe nicht ungeschickt entgegen. Eine Theatergruppe wurde gebildet und vorübergehend von allen Arbeiten außerhalb des Lagers befreit. Die Mitglieder brauchten also nicht mehr nach Norm zu arbeiten. Die Lagerschneiderei durfte Kostüme anfertigen. Ein paar beruflich einschlägig ›belastete‹ Offiziere, vor allem aber etliche verborgene Talente brachten respektable Aufführungen von Molières »Eingebildetem Kranken« und »Bunbury« von Oscar Wilde zuwege. Im Mannschaftsbataillon entstand daraufhin eine zweite, konkurrierende Theatergruppe. Sie gab bei den Offizieren ein Gastspiel von geradezu professioneller Perfektion mit einem Tendenzstück von Valentin Katajew.

Sogar eine Kunstausstellung wurde veranstaltet. Die meisten Ausstellungsstücke lieferten die beiden Zeichner der Lagerleitung, die offiziell damit beschäftigt waren, die wöchentlich wechselnde Wandzeitung zu schreiben und zu malen, aber mehr Zeit darauf verwendeten, russische Aufträge auszuführen. Zwei Bilder mußten sie regelrecht in Serie herstellen – ein Stalinportrait und seltsamerweise eine Postkartenansicht von Schloß Chillon am Genfer See.

Solche seltenen Ereignisse wie Theatervorstellungen ließen die Gefangenen für einen Moment Hunger und Müdigkeit vergessen. Das konnte jedoch nicht darüber hinwegtäuschen, daß sich ihr körperlicher und auch ihr seelischer Zustand ständig verschlechterte.

Das Heimweh ergriff sie immer heftiger. Die immer häufiger umlaufenden Gerüchte, daß nun endlich die großen Heimkehrtransporte beginnen würden, wurden eifrig aufgegriffen. Obwohl die Vernunft dagegen sprach, klammerten sich die Plennys an die Hoffnung, gerade diesmal könnte doch etwas dran sein.

Diese Hoffnungsflämmchen wurden von den Russen genährt, weil die Aussicht auf ein unmittelbar bevorstehendes Ende der Gefangenschaft möglichen Fluchtgedanken entgegenwirkte. Solche Überlegungen waren gerade unter den Offizieren nie ganz eingeschlafen, doch nur verschwindend wenige hatten versucht, sie in die Tat umzusetzen. Ein junger Hauptmann erreichte das Baltikum, ein Leutnant wurde zusammen mit einer Russin, die ihm geholfen hatte, in Brest-Litowsk als zahlender Passagier aus dem »Blauen Express« herausgeholt. Dieser D-Zug Moskau-Warschau-Berlin brauste zweimal in der Woche auf den Gleisen der Strecke Smolensk-Minsk in Sichtweite am Traktorenwerk vorbei. »Jetzt da drin sein!«, dieser Stoßseufzer wurde den Plennys bei seinem Anblick zur Gewohnheit.

Die wieder eingefangenen Flüchtlinge wurden der eigens dazu angetretenen Lagerbelegschaft in mehr oder weniger ramponiertem Zustand vorgeführt und verschwanden dann aus ihrem Blickfeld. Die Angst der Russen vor diesen äußerst seltenen Fluchtversuchen war schwer verständlich und entsprach wohl weniger praktischen Erwägungen als dem Grundsatz, daß niemand das Stalinsche Paradies der Werktätigen ohne Erlaubnis verlassen dürfe. Wie man mit solchen unliebsamen Elementen unter den eigenen Leuten verfuhr, konnten die Plennys des Traktorenwerk-Lagers eines Tages in ihrer Nachbarschaft beobachten. Dort wurde ein sowjetisches Straflager errichtet. Selbst aus der Entfernung war zu erkennen, daß seine (ausschließlich einheimischen) Insassen eine andere Behandlung erfuhren als die deutschen Plennys. Wenn die Strafgefangenen zur Arbeit ausrückten, wurden sie nicht von einem einsamen Posten oder höchstens zweien begleitet, sondern von einer ganzen Schar schwerbewaffneter und mit Hunden ausgerüsteter Soldaten. - - -

»Bitte aufstehen! Es ist Dienstag, der 6. Dezember 1947.« Der Offizier vom Lagerdienst geht durch den Hauptgang und wiederholt den Weckruf mehrmals mit gedämpfter Stimme. Er ist ein Gefangener wie alle anderen. Seit geraumer Zeit schon wechselt das Amt nicht mehr, sondern wird ständig von dem evangelischen Pfarrer Crome versehen. Crome war schon immer eine asketische Gestalt. Nun ist er ganz abgemagert. Seinen Posten verdankt er dem absoluten Vertrauen, das ihm alle entgegenbringen. Unbestechlich kümmert er sich in seinem Zuständigkeitsbereich, bei der Suppenausgabe, der Brotverteilung, um reibungslosen und korrekten Verlauf. Jeden Vorteil für seine Person, sogar einen Suppen-»Nachschlag«, den ihm jeder als »Amtsbonus« gönnen würde, lehnt er ab.

Schon nach dem ersten Weckruf hat K. in seiner Oberetage einer der zu Vierergruppen zusammengezimmerten zweistöckigen Holzbetten die vielfach geflickte, nur mit Müh und Not noch in den Nähten zusammenhaltende, aber herrlich wärmende Pelzjacke, die ihm nachts als Bettdecke dient, zur Seite geräumt und die alte grüne Fallschirmjägerhose angezogen. Ihre durchgewetzten Stellen hat die Lagerschneiderei mit scheckigem Zeltbahnstoff überdeckt. Hemd und Unterhose müssen Tag- und Nachtdienst verrichten. Die Leinenhose wird in großen Abständen von der Lagerwäscherei umgetauscht. Das Hemd wäscht K. selbst – in kaltem Wasser. Die Schuhe sind geflickt, aber zum Glück aus Leder. Nach langer Holzschuhzeit konnte er sie aus dem Lagerbestand ergattern.

Auf dem Durchgang in der Mitte des riesigen Lagerbunkers herrscht bereits lebhafter Verkehr. Alles strebt hinaus zur Latrine. Auch nachts hört das Geschlurfe nicht auf. Besonders die OK-Leute sind dann dauernd unterwegs. Manche nennen diese ausgemergelten Gestalten »Muselmänner«. Woher diese Bezeichnung wohl stammt? K. war sie in jener nun scheinbar unendlich lang zurückliegenden Zeit in dieser Bedeutung nicht begegnet.

Unter den OK-Leuten, die alle aus dem Mannschaftsbataillon stammen, sind nicht wenige, die ihrem desolaten Zustand nachgeholfen, Brot gegen Tabak getauscht haben. Angeblich sollen sogar welche Tabaktee getrunken haben, um schneller Hungerödeme zu bekommen. Der Grund der Selbstschädigung ist klar: Arbeitsunfähige OK-Leute waren bislang die einzigen, von denen immer wieder Schübe nach Hause transportiert wurden.

K. geht immer spät in den Waschraum; der Andrang hat dann dort nachgelassen. Manche stehen deshalb sogar schon vor dem Wecken auf. Aus den mit vielen Löchern versehenen beiden Rohren läuft ständig Wasser in Blechrinnen. K.s kleine Blechschachtel, in der er die grauen Seifenstücke aufbewahrt, ist noch fast voll. Komisch, daß an Seife im Lager kaum Mangel herrscht. Sie ist deshalb im Tauschhandel wenig wert.

Seine »Kompanie« wird zur Suppenausgabe gerufen. Morgens gibt es einen halben Liter – die allerdünnste des Tages. Der Koch schwappt die wäßrige heiße Brühe mit der Kelle in K.s altes Wehrmachtskochgeschirr, das er vor einiger Zeit mit dem Löffel regelrecht leckgekratzt hatte. Aber er brauchte keine amerikanische Konservenbüchse zu benutzen, wie es die meisten tun müssen. »Oscar-Meyer-Büchsen« werden sie nach dem aufgedruckten Firmennamen genannt. Dieser Oscar Meyer muß an den Kriegslieferungen nach Rußland ganz schön verdient haben. Daß K. zum Empfang seiner Suppe eine solche goldfarbene Büchse nicht benötigte, hatte er dem Lagerspengler zu verdanken. Für zehn Gramm Tabak – den echten, in regelmäßigen Abständen ausgegebenen »Offizierstabak«, keinen Machorka, wie ihn die Mannschaften bekommen, hatte der geschickte Handwerker K.s altes Wehrmachtskochgeschirr sauber und dicht mit einem neuen Boden versehen. Mit dem »Morgentrunk« und 100 Gramm Brot zieht sich K. still in seine Ecke zurück und spinnt sich für fünf Minuten in den Traum vom Sattsein ein. Die meisten machen es ebenso. Die Tischreihen des »Speisesaals«, der lediglich aus einem freien Bereich gegenüber den Bettreihen besteht, werden wenig benutzt.

Pfarrer Crome ruft die ersten Arbeitskommandos auf. K. hat sich beim Gang zur Latrine an der »Kommando-Tafel« vergewissert, daß er noch zum »Kommando Wohnhaus« gehört. An der großen, erstklassig geschreinerten Holztafel hängen kleine Schildchen mit den »Arbeitsnummern«, geordnet nach den Arbeitskommandos. Wenn die Arbeitsverwaltung eine Änderung vorgenommen hat, ist oft ein langes Suchen nach der eigenen Nummer nötig. »Kommando Wohnhaus bitte raustreten!« Das »Bitte« ist teils eine Errungenschaft der Gefangenschaft, teils leitet es sich vom früheren Offiziers-Umgangston her. Die Wohnhäusler sammeln sich zuerst noch im Lagerbunker. Im Winter geht's erst im letzten Moment raus zum eigentlichen Lagertor. Der dämmrige Wintermorgen fällt über die Plennys her. Es dauert immer eine Weile, bis Körper und Geist auf Unempfindlichkeit geschaltet haben. Doch heute ist es nicht sehr kalt, nur minus fünf Grad.

Am Tor wartet ungeduldig der Abholer, ein junger russischer Soldat. Aber er verkneift sich das »Dawaj!« Die dreißig Gefangenen besteigen den Lastwagen, der sie an den Rand der Vorstadt bringt, wo ein großes vierstöckiges Wohnhaus hochgemauert wird. Auf der Baustelle streben alle zunächst zu den Wasserfässern, unter denen schon Feuer brennt. Es soll nachher verhindern, daß der Mörtel beim Transport und bei der Verarbeitung gefriert.

K. gehört als Mörtelschlepper zu einer Maurerbrigade. Sie sind zu viert mit zwei hölzernen Tragen. Als erste sind die Ziegelträger an der Reihe. Ebenfalls jeweils zu zweit schleppen sie die auf hölzernen Paletten gestapelten Steine über die noch geländerlose Treppe im Innern des Rohbaus in den vierten Stock hinauf, um dort für die Maurer einen Vorrat anzuhäufen. Wenn der erste Mörtel in der großen Pfanne dampft, setzen sich auch die Mörtelträger in Bewegung.

Auf der Treppe muß sich der vordere Träger bücken, und der Hintermann muß die Trage an den Holmen anstemmen, damit der Brei nicht aus dem Kasten fließt. Oben kippen sie die Ladung in eine Holzwanne, die auf dem Gerüst steht. Die Trage muß gut ausgekratzt werden, sonst frieren die Reste sofort an und binden dann ab. Sie wird dann immer schwerer und faßt immer weniger. Und oben schreien sie nach Mörtel.

Dort arbeitet der Maurer-Stachanow von Weißrußland. Diesem »Bestarbeiter«, einem Russen, steht die Brigade zur Verfügung. Das bedeutet nicht nur das Heranschleppen von Ziegeln und Mörtel. Auch zwei Plenny-Maurer arbeiten für ihn. Einer schwappt mit einem Spaten Mörtel auf, der andere legt die Steine und kratzt mit der Kelle den aus den Fugen quellenden Mörtel weg. Gospodin Bestarbeiter steckt lediglich die Richtschnur höher und peilt an ihr entlang. Die Mauer wächst im Rekordtempo. Allerdings sind die Fugen rauh, die Steine springen vor und zurück, und ganz gerade ist die

Wand am Ende auch nicht. Aber der russische Maurer bekommt gewiß zweihundert Prozent angeschrieben, seine Plenny-Assistenten bestenfalls hundert. Für die Schlepper bleiben vielleicht achtzig.

Ein Stück Eisen wird angeschlagen: Mittag! Das Pferdewägelchen mit dem Suppenfaß und dem Brotkasten ist pünktlich. Es gibt einen Dreiviertelliter Graupensuppe, einen Viertelliter Graupenkascha und zweihundert Gramm Brot. Der Kaschabrei besteht aus den Graupen, die in der Suppe fehlen. Daß das Brot »portioniert« und nicht mehr abends im ganzen ausgegeben wird, hat endlose Diskussionen und sogar eine Demarche der deutschen Lagerleitung bei der russischen ausgelöst. Doch die Russen bestehen auf den Portionen. Sie glauben, daß sich so die Kalorien besser in Arbeitskraft umsetzen lassen. Am Nachmittag geht es ruhiger zu. Der »Stachanow« läßt sich nicht mehr blicken. Ohne ihn brauchen die Plenny-Maurer weniger Mörtel. Keiner hat eine Uhr, aber alle wissen, wie spät es ist. »Erst vier!« Man merkt es auch an dem zunehmenden Frost. Wer kann, orientiert sich nach unten, zur warmen Mörtelpfanne. »Werkzeug abgeben!« Endlich! Die Müdigkeit engt die Wahrnehmungsfähigkeit ein. Sie sitzen auf dem Lkw und sind mit ihren Gedanken schon »zu Hause« – im warmen Mief des Lagerbunkers, im traulichen Schein seiner nackten Glühbirnen.

Während K. wie alle auf die Suppe und das Brot wartet, versucht er sich mit Friedrich Wolfs »Zyankali« aus der Lagerbücherei abzulenken. Plötzlich bricht Unruhe aus. Flüche prasseln in allen Ecken. »Zählung!« wird ausgerufen. Zählungen des ganzen Lagers finden in ziemlich regelmäßigen, großen Abständen statt, aber auch unerwartet dazwischen. Da haben die Russen am Tor wieder einmal geschlafen. Jedenfalls stimmt die Zahl der Eingerückten nicht mit der Anzahl der am Morgen ausgerückten Gefangenen überein.

Auf dem erhöhten Appellplatz, eigentlich einem Damm längs des Lagerbunkers, sammeln sich die Plennys in den Zügen und Kompanien, in die sie im Lager eingeteilt sind. Es ist schon dunkel, doch für eine gute »Straßenbeleuchtung« haben die Russen gesorgt. Die Kompanieführer gehen mit ihren Schreibbrettern durch die Reihen und zählen die Häupter ihrer Lieben. Gott sei Dank, die Zahl stimmt, die Revierkranken eingerechnet. Meldung beim deutschen, von der russischen Lagerleitung ernannten Lagerkommandanten. Der ehemalige Hauptmann stolziert in Stiefeln – wer sonst hat noch welche! – und einer Art Phantasieuniform mit der roten Kommandanten-Armbinde umher. Er ist lediglich ein Befehlsempfänger und -übermittler. In der Lagerselbstverwaltung spielen andere die erste Geige.

Kompanieführer (Hand an die Mütze!), Kommandant (Hand an die Mütze!). Alles klar. »Dolmetscher zum Tor!« Jetzt warten alle auf den »Deschurny«, den russischen Offizier vom Dienst. In der linken hinteren Ecke des hundertfünfzig mal achtzig Meter großen, umzäunten Lagerrechtecks, dessen lange Seite der Lagerbunker bildet, brennt unter einem Wachturm Licht in einem kleinen, steinernen Gebäude. Aus dem Kamin dampft es. Die Bäckerei arbeitet also – ein erfreulicher Anblick. Rechts hinten ragt dunkel der First des hausgroßen Kartoffelbunkers aus der Erde. Leider enthält er mehr Kapusta-Kohl als Kartoffeln.

Der »Deschurny« kommt. Es ist der kleine, ein wenig krummbeinige Unterleutnant. Er schreitet die Reihen in fünf Gliedern ab: »Ras, dwa, tri ...« Er muß ja nachzählen. Am Ende stimmt's wieder nicht. Nochmal dasselbe. »Karascho!« Endlich. Der Abend ist zum Teufel.

Nach der verspäteten Abendsuppe – wieder so dünn, so dünn! – und dem späten Brotgenuß streckt sich K. wie die meisten anderen gleich auf sein Bett, nachdem er mit wenig Erfolg versucht hat, die Sägespäne aufzulockern, die in dem Sack, der vor langer Zeit einmal fast weiß war, zusammengesintert sind. Die Pelzjacke liegt bereit, die zusammengelegte Uniformjacke – sie stammt wahrhaftig noch aus der Kleiderkammer des Luftflottenstabes in Oslo! – dient als Kopfkissen. Am Kopfende heben sich vom schmutzigen Grau des »Strohsacks« kleine dunkelbraune Flecken ab – Spuren zerdrückter Wanzen. Im bleiernen Schlaf spürt K. heute Nacht einmal keine Wanzenbisse.

Weihnachten rückt heran. Das Heimweh liegt wie schwerer Nebel über dem Lager. K. stehen keine isolierten Bilder vor dem inneren Auge, es sei denn das seiner Verlobten. Dieses Heimweh ist ein massives Syndrom aus allem: Luft, Erde, Menschen, Häusern, Gerüchen, Geräuschen. Es ist schlicht die Heimat, die da über tausend Meilen unwiderstehlich zu rufen scheint. Pfarrer Cromes Bibelstunden finden doppelt so viele Teilnehmer wie sonst. Sein katholischer Amtsbruder, der seine Andachten im Waschraum abhält, hat dagegen das ganze Jahr über gleich viele Gläubige zu betreuen. Parolen gehen um. Für das »Weihnachtsgebäck« sei in diesem Jahr kein Mehl da, heißt es. Vorige Weihnachten erhielt jeder einen Keks aus weißem Mehl – etwas größer als ein Fünfmarkstück, wenn die Erinnerung an diese Münze nicht trog. Doch das Aktiv wird es schon wieder schaffen, Mehl bei den Russen herauszuschinden. Und die Küche wird auch wieder verbotenerweise für eine dicke Suppe sparen.

K. braucht das alles diesmal nicht aufzuregen. Er gehört zu den hundertfünfzig Gefangenen, die über Weihnachten drei Tage lang hinausfahren werden, um irgendwo weit östlich von Minsk Eisenbahnwaggons mit Baumstämmen zu beladen. Die Stämme sind für das Sägewerk bestimmt, das zum Traktorenwerk gehört. Doch die hundertfünfzig haben einen anderen, ähnlichen Grund zur Aufregung. Ein Teil der Verpflegung für die drei Tage wurde von der Küche auf einen Schlag für ein »Abschiedsessen« verbraucht! Es gibt einen Liter Suppe aus Milchpulver (anstelle von Fett), in dem einige Brocken guten amerikanischen Büchsenfleisches schwimmen, das noch nie vorher gesehen wurde, und das auch später niemals wieder auftaucht. Fleisch in Milchsuppe! Fehlte nur noch, daß sie den Zukker – immerhin drei gestrichene Löffel – auch noch hineingeschüttet hätten.

Das Beladen von Eisenbahn-Plattformwaggons mit Baumstämmen ist keine ganz einfache Sache. Die langen Stämme liegen in unordentlichen Stapeln in scheinbar endloser Reihe neben dem Gleis im Schnee, etwa zwanzig Meter von den Schienen entfernt. Zuerst müssen also einige Stämme als Rollstege zum Gleis hin ausgelegt werden. Über je zwei weitere, vom Boden an den Waggon schräg angelegte Hölzer werden die Stämme dann hochgerollt. Bei den ersten Lagen geht das verhältnismäßig leicht. Der Anstellwinkel ist noch flach. Aber zuletzt, wenn auch auf der Vorderseite der Waggons Rungen eingesetzt sind, müssen die Stämme für die obersten Lagen über die nun steilstehenden Rollhölzer hochgewuchtet werden.

Ein anderes Holzkommando hat K. im Sommer fast Spaß gemacht. Zu fünft fuhren sie mit einem schweren amerikanischen Truck in den Wald. Der Auflieger war am frühen Nachmittag beladen. Danach räkelten sie sich im Gras. Abends bei der Rückfahrt saßen sie hinter dem Fahrerhaus auf vorstehenden Kopfenden der Stämme, den Rest der Ladung im Rücken. Oben hatten sie sich bei den schlechten Straßen und bei dem Tempo, das der russische Fahrer vorlegte, nicht halten können. Bei einer Vollbremsung hätte es allerdings zwischen den Stämmen und dem Fahrerhaus eng werden können. Alles ging glatt. In der Dunkelheit hielt der Fahrer am Rand von Minsk sanft zwischen alten einstöckigen Häusern. »Zwei Stämme abladen!« verlangte er. Er wohnte dort und wollte sein Dach reparieren.

Ende März quetscht sich K. beim Maschinentransport-Kommando aus Ungeschick ein Fingerglied ab. Als er im Hauptlazarett nach der Operation aus der Narkose erwacht, fühlt er sich, bevor der Schmerz einsetzt, so wohl wie schon viele Jahre nicht mehr. Er liegt in einem hellen, trockenen, sauberen und warmen Barackenraum mit etwa vierzig eisernen Doppelstockbetten auf einer weichen Unterlage, zwischen frischen, weißen Bettlaken. Gewiß, das Essen ist hier im Lazarett noch knapper als im Lager, aber auf der Suppe schwimmen immer ein paar Fettaugen, und das Brot ist weiß und aus richtigem, nicht aus flüssigem Teig gebacken, wenn es auch höchstens halb soviel davon gibt wie im Lager. Sonntags erhält jeder sogar einen fingerbreiten, zeigefingerlangen Streifen süßen Kuchen.

Die Kehrseite der Medaille besteht aus Stunden und Tagen, die nicht vergehen wollen. Nichts lenkt vom nagenden Hunger ab, abgesehen von der morgendlichen Visite des Ex-Oberstabsarztes, eines stets aufgekratzten Rheinländers, sowie von gelegentlichen Vorträgen, die Agitatoren der dem Hauptlager angeschlossenen Antifa-Schule halten. Ein angeblich echter Universitätsdozent fällt dabei durch seine eigenwillige, jedenfalls unmarxistische Geschichtsbetrachtung aus dem Rahmen. Alle Völker, so meint er, hatten einmal ihre Stunde, in der sie nach Vorherrschaft strebten – die Römer, die Spanier und Portugiesen, die Franzosen, die Schweden und natürlich die Engländer. Die Deutschen seien mit ihrem Versuch zu spät gekommen. Daß jetzt die Russen an der Reihe seien, sagt er nicht, aber alle verstanden es so.

Die eigentliche politische Agitation steht ganz im Zeichen der Vorgänge in Deutschland. Die drei westlichen Besatzungszonen sind auf dem Wege zur westdeutschen Republik. Die Sowjetunion aber, so wird versichert, sei gegen eine Spaltung und für einen gesamtdeutschen Staat.

Verblüffendes geschieht: Im Lazarett wird eine »freie, geheime Abstimmung« über die Frage: »Wollt Ihr ein Gesamtdeutschland?« veranstaltet. Eine improvisierte Stimmkabine wird eingerichtet. Ein hundertprozentiges Ja-Ergebnis ist vorauszusehen. Wer wird sich schon dem deutlich genug erklärten Wunsch des Antifa-Aktivs widersetzen? Da sticht K. der Hafer. Diese »Wahl«, die erste an der er teilnimmt, will er doch einmal auf die Probe stellen! Er kreuzt zwar nicht »nein« auf dem Zettel an – schließlich ist er im Prinzip auch gegen eine Spaltung – doch er wirft sein Blatt ohne Kreuz in den Karton.

Bei der Bekanntgabe des Ergebnisses wird tatsächlich »eine ungültige Stimme« nicht unterschlagen. Der Antifa-Kommentar dazu ist eine Mischung aus Spott und versteckter Drohung. Doch K. glaubt sich sicher. Er hat den technischen Vorgang der Abstimmung genau beobachtet und natürlich mit niemandem über sein abweichlerisches Verhalten gesprochen. Bald darauf aber hat er Anlaß zum Gruseln. Der erste Heimattransport wird aufgestellt. Diesmal ist es kein Gerücht, sondern eine offizielle Mitteilung. Drei Namen aus der Lazarettbelegschaft werden genannt. K. ist dabei. Der Termin steht fest. Kurz vorher erfährt K. dann, daß sein Name gestrichen ist. Hat man den leeren Stimmzettel richtig zugeordnet? Liegt es an einer schlechten Beurteilung aus dem Arbeitslager? Am Fragebogen?

Den hatten die Offiziere schon Ende 1945 ausfüllen müssen. Er umfaßte mehrere Seiten und dürfte sich von dem amerikanischen »Entnazifizierungs«-Fragebogen in der Heimat nicht wesentlich unterschieden haben. Bei der lückenlosen Aufzählung der Truppenzugehörigkeiten und Kriegseinsätze hielt es K. für angebracht, die Kriegsberichterei und die Bombenfliegerei gegen Murmansk umzudichten. Irgend jemandem, der ihn von früher her kannte, war er im Lager ja nicht begegnet. Als ein Jahr später die Vernehmungen begannen, schien das auch gutzugehen. K. sah, daß vor dem eleganten

MGB-Offizier, dem eine Dolmetscherin assistierte, der Fragebogen auf dem Tisch lag. Aber K. hatte sich seine Lügen gut gemerkt. Seine Antworten stimmten mit denen auf dem Fragebogen überein. Weil ein Plenny nie etwas über die Beweggründe unvorhergesehener und unvorhersehbarer Eingriffe in sein Schicksal erfährt, bleibt K. im Ungewissen über die Ursache seiner Zurückstellung vom ersten Heimattransport.

Nach dem Lazarett folgt für ihn ein Aufenthalt im sogenannten Erholungslager, einem kleinen abgeteilten Bereich des großen Hauptlagers bei Smolensk. Rekonvaleszenten aus dem Lazarett brauchen dort nicht zu arbeiten. K. meldet sich zu leichten Lagerarbeiten – nun ganz aus Berechnung. Bei abendlichen Spaziergängen führt er lange Gespräche über den historischen Materialismus mit einem deutschen Dozenten der Antifa-Schule. Vielleicht kann die bei der Aufstellung der nächsten Transportliste von Nutzen sein, denkt er. Und wenn nicht, dann schadet es nichts, etwas über marxistisches Denken zu wissen.

Plennys Ende

Als im Juli 1948 eine neue Transportliste aufgestellt wird, steht K.s Name darauf. Nun beginnt das Bangen, das erst Wochen später hinter Frankfurt an der Oder enden sollte; denn jederzeit konnte ein Name wieder von der Liste gestrichen, ja sogar ein Gefangener noch aus dem Transport herausgeholt werden. Alle zum Transport gehörenden Plennys des Hauptlagerbereichs, darunter nur wenige ehemalige Offiziere, werden zunächst noch zwei Wochen auf einer Kolchose mit Unkrautjäten beschäftigt und mit Milchsuppe aufgepäppelt. Letzteres scheint jedenfalls der Zweck dieser Übung zu sein. Zu spät haben die Russen aus dem negativen Eindruck, den die früheren »OK-Transporte« in Deutschland hervorgerufen hatten, die Lehre gezogen. Auch bei der Einkleidung tut man, was nur irgend möglich ist: Jeder Plenny erhält Lederschuhe, ladenneue Unterwäsche, eine Art dunkelblauen Drillichanzug, offenbar frisch aus der Konfektion, sowie eine ebenfalls neue, graublaue wattegefütterte Jacke, und das im Hochsommer!

Die Verabschiedung ist kurz. »Sagt zu Hause die Wahrheit!« mahnt ein russischer Politoffizier. Offenbar guten Glaubens, weiß er vermutlich viel über die Theorie, doch wenig über die Praxis vor Ort in den Arbeitslagern.

Brest-Litowsk, die Grenzstation zu Polen und zur mitteleuropäischen Eisenbahn-Spurweite ist die berüchtigte letzte Klippe, an der die Heimkehr immer noch scheitern kann. Hier findet die letzte Filzung statt. Sie sollte die gründlichste werden. In einer Baracke müssen sich die Gefangenen nackt ausziehen. Eine Ärztin sucht an den Oberarmen nach der Blutgruppentätowierung der Waffen-SS und fahndet nach verräterischen Narben, die von ihrer Entfernung stammen könnten. Unter den Gefangenen ist davon die Rede, daß dabei ein Muttermal, selbst Kriegsverwundungen zum Verhängnis werden können, ganz abgesehen davon, daß keineswegs jeder Soldat der Waffen-SS, die sich gegen Ende des Krieges längst nicht mehr nur aus Freiwilligen rekrutiert hatte, an Kriegsverbrechen beteiligt war. Aber eine solche Kollektivhaftung gibt es ja wohl auch im Westen.

Daneben gilt die Filzung jedem Stück beschriebenem Papier. Das kleinste Fetzchen wird weggenommen, bedeutet für seinen Besitzer ein Risiko, auch wenn darauf nur Heimatadressen noch in den Lagern wartender Kameraden notiert sind.

Schließlich wird auch diese Hürde überwunden. Der Zug rollt durch Polen. Die Plennys fühlen sich wie in einem Rausch. Nur noch ein paar Tage bis zur Heimat, zur Freiheit! Manch einen aber beginnt nun die Ungewißheit zu bedrücken: Was erwartet ihn zu Hause? Hatten die Seinen rechtzeitig fliehen können? Hatten sie die Flucht überlebt? Andere besaßen eine traurige Gewißheit: Noch bevor sie in Gefangenschaft geraten waren, hatten sie erfahren, daß nahe Angehörige bei Bombenangriffen umgekommen waren. Wieder andere, die einmal in Ost- und Westpreußen, Danzig und Schlesien, im Sudetenland zu Hause gewesen waren, hatten die Heimat überhaupt verloren. Von ihnen haben die meisten eine Adresse in Westdeutschland angegeben.

Der Zug hält oft. An kleinen Bahnhöfen kommen Kinder an die bei dem schönen Wetter offenen Waggontüren und betteln um Brot. Erwachsene, die sich sehen lassen, überraschen: keine Beschimpfungen, keine Verunglimpfungen der Deutschen, unter denen sie doch wahrlich gelitten hatten. Unfreundliche Worte sind dagegen den Russen gewidmet. In Frankfurt an der Oder beschleicht alle noch einmal Beklemmung, doch dann geht alles glatt und schnell.

Deutsche Schilder, deutsch sprechende Zivilisten – einen Augenblick lang wirken sie erschreckend fremd. Die Westler werden aussortiert und besteigen ihren Zug zur Weiterfahrt. Der Zug hat wahrhaftig alte deutsche D-Zug-Wagen. Verpflegung, einer redet. Es ist das gewohnte Politgequatsche. Wie im Traum gleitet alles vorbei, nichts bleibt haften.

Aufenthalt in Leipzig. K. kennt den größten deutschen Kopfbahnhof gut. Das Hallendach fehlt, die Bahnsteige sind, wie es scheint, zum größten Teil in Betrieb. Wie lange hält der Zug? Zwanzig Minuten? Das ist Zeit genug, irgendwo ein warmes Getränk zu besorgen. K. findet einen Raum, in dem Frauen Tee bereithalten. Statt »Bahnhofsmission« und »NS-Volkswohlfahrt« steht jetzt etwas Sozialistisches angeschrieben.

Als K. zum Bahnsteig zurückkehrt, werden ihm die Knie weich:

Der Zug ist weg! Doch seltsam, Panik will sich nicht einstellen. Er stellt fest, daß er in dreieinhalb Jahren ständiger Gängelung selbständiges Handeln nicht verlernt hat. Der Fahrdienstleiter öffnet ihm den Postwagen eines Güterzuges, der ebenfalls nach Plauen fährt, wenn auch erst in einer Stunde. Die Strecke ist eingleisig – wie alle. Überall ist das zweite Gleis demontiert. Das überrascht K. nicht. Im Minsker Traktorenwerk hatten sie genug deutsche Schienen abgeladen.

In Plauen erreicht K. seinen Transport wieder. Dort findet die endgültige Abfertigung statt. Die nächste Station ist Ulm. Hier werden die Ex-Plennys in den Westen aufgenommen. Locker geben sie sich, die Herren Vernehmer vom Geheimdienst der US-Army, werden aber unfreundlich, wenn ihnen der Ausgefragte nichts über Rußland erzählen kann oder gar will.

Ausgerüstet mit einem »Entlassungsschein«, wenn auch nur einem vorläufigen, denn für den endgültigen ist bei ihm die französische Besatzungsmacht zuständig, sitzt K. in einem fahrplanmäßigen Zug, der ihn mit jedem Schienenstoß der Heimat näher bringt. Er ist nun kein Plenny mehr und nach achteinhalb Jahren wieder Zivilist – sogar so zivil, wie er es vor den achteinhalb Jahren nicht gewesen war. In seinem blauen Monteuranzug, ein sauberes weißes Handtuch als Schal um den Hals gelegt, fühlt er sich keineswegs unsicher. Bei der Luftwaffe hatten sie gern und verbotenerweise gelbe Seidenschals getragen – diese Erinnerung blitzt denn doch für eine Sekunde auf.

Nun war also auch das lange Nachspiel überstanden. Nicht der Hunger, nicht die Härte der Arbeit, nicht die Entbehrungen waren das Schlimmste gewesen, so schien es in diesem Augenblick, sondern die Ungewißheit über die Dauer der Unfreiheit. Doch kannte er überhaupt die Freiheit? War er all die Jahre zuvor, sein ganzes bewußtes Leben lang, nicht unfrei gewesen – ohne es zu empfinden?

Auch jetzt war die Zukunft ungewiß, doch sie bot ihm zum ersten Mal die Chance der Freiheit, und die würde er nicht verspielen. Den Umgang mit ihr zu erlernen, würde ihm nicht schwerfallen. Da die Freiheit im Kopf beginnt, hatte er sich in ihrem Gebrauch während der letzten drei Jahre üben können – paradoxerweise im Zustand äußerer Unfreiheit. Seine Sicht hatte sich schon vor einer Weile zu klären begonnen. Um das Gesichtsfeld voll erfassen und Einzelheiten ergründen zu können, bedurfte es noch des fleißigen Umschauens. Dazu war er bereit. Zu einem aber war er bereits jetzt fähig, darin war er durch Schaden klug geworden: Nicht noch einmal würde er sich sein Denken von irgend einem »Ismus«, einer Doktrin, einem Dogma stehlen lassen. Davor schützte ihn die doppelte Lehre, durch die er gegangen war. Vor Lügen, Heuchelei und Scharlatanerie würde er auf der Hut sein, im Großen wie im Kleinen.

Wie vielen seiner Altersgenossen war diese Chance geblieben? Und wie viele der Jungen seines Fähnleins, 1938 zehn bis vierzehn Jahre alt, hatte der Krieg verschlungen, waren in ihm elend zugrunde gegangen? Er hatte überlebt. Empfand er Schuld? Sein Jahrgang war in das »Dritte Reich« hineingewachsen, synchron mit dieser deutschen Geistesverirrung. Die Pubertät war in der Jugendorganisation aufgefangen worden. 1940 bis '45 war K. jeweils nur kurze Zeit direkter »Feindeinwirkung« ausgesetzt gewesen. Von den Verbrechen, die in diesem Krieg – mehr als in jedem anderen – begangen wurden, war er weit entfernt geblieben. Die Frage, ob er einen verbrecherischen Befehl verweigert hätte, läßt sich theoretisch nicht beantworten. Fast immer bestand für einen Soldaten in einer derartigen Situation die Möglichkeit, sich an die Front zu melden. – Aber die »Beihilfe« vom Fähnleinführer bis zum Kriegsberichter – war sie durch die Gefangenschaft gesühnt?

Nachwort

Der Vereinigungsjubel von 1990, in dem manche einen nationalistischen Unterton zu vernehmen glaubten, verstummte bald, als sich vor dem »größeren Deutschland« riesige wirtschaftliche Schwierigkeiten auftürmten. Doch die Gefahr zeigte sich in einer neuen, erschreckenden Form. Dort wo der patentierte Internationalismus geherrscht hatte, in der ehemaligen DDR, offenbarte sich plötzlich militanter, rechtsextremistischer Fremdenhaß, dem westdeutsche Gesinnungsgenossen schleunigst mordbrennerisch nacheiferten. Viel wird seitdem nachgedacht über die soziologische und psychologische Befindlichkeit und Herkunft der »Neonazis« in den alten und neuen Bundesländern. Man darf wohl davon ausgehen, daß es sie nicht gäbe, wenn nicht Jugendliche von übriggebliebenen Unbelehrbaren der Eltern/Großelterngeneration »alte Werte« vermittelt bekommen hätten – persönlich, per Druckerzeugnissen, per Video, an Wirtshaus- und Rechtspartei-Stammtischen.

Die Frage: »Wie war es möglich, daß Ihr die Welt in diesen schrecklichen Krieg gestürzt und mit deutscher Gründlichkeit sechs Millionen Juden ermordet habt?« wurde – wenn Kinder und Enkel sie überhaupt stellten – von den Erwachsenen unaufrichtig oder gar nicht beantwortet. Hatten sie vergessen, daß es damals nicht mit Auschwitz begonnen hatte, sondern mit der »Belehrung« der Jugend, es gebe in Deutschland »undeutsche«, »artfremde« und angeblich dem Gemeinwohl schädliche Menschen, die irgendwie »ausgeschieden« werden müßten?

Gegen Brandstifter und Neonazis genügt es nicht, die in nationalistischer Überheblichkeit und Inhumanität gedeihende Kriminalität zu ahnden. Zumindest in der alten Bundesrepublik fand nach 1945 eine ehrliche Auseinandersetzung mit der Nazizeit zu selten statt; vor allem in den Familien, wo das Weltbild junger Menschen seine Grundlage erhält. Es sollte noch nicht zu spät sein, mit solcher Ehrlichkeit einer neuen nationalistischen Verführung vorzubeugen.

Erläuterungen

Abessinienkrieg 1936 bis '37. Angriff des faschistischen Italiens auf Äthiopien (Abessinien). Gegen den erbitterten Widerstand der Äthiopier gelang die Eroberung mit Hilfe von Fliegerbomben und Giftgas. Abessinien wurde 1941 von den Engländern zurückerobert, die den Negus (Kaiser) wieder einsetzten.

Adolf-Hitler-Schulen Internate für Jungen mit Oberschule in der Zuständigkeit der Hitler-Jugend. In den Adolf-Hitler-Schulen sollte eine Führer-Elite für den totalitären Staat erzogen werden. Aufnahmealter zehn Jahre. Daneben existierten die Napolas (Nationalsozialistische politische Erziehungsanstalten) der NSDAP mit höherem Eintrittsalter.

Angriff im Westen Nachdem Deutschland am 1. September 1939 Polen überfallen hatte, erklärten ihm England und Frankreich den Krieg. Frankreich griff jedoch nicht an und fühlte sich hinter seiner starken, aber veralteten Befestigung an seiner Ostgrenze, der Maginotlinie, sicher. Der deutsche Angriff erfolgte am 10. Mai 1940 nach einem Plan Hitlers durch Luxemburg, Belgien und Holland unter Verletzung der Neutralität dieser Staaten und führte durch neuartige Massierung der Panzerkräfte zu schnellem Erfolg. Danach fühlte sich Hitler in verhängnisvoller Weise als genialer Stratege und den Militärs überlegen.

Arbeitsfront, Deutsche (DAF) Nationalsozialistische Zwangsorganisation für Arbeiter und Angestellte; trat 1933 an die Stelle der aufgelösten und verbotenen Gewerkschaften.

Ardennenoffensive Von Hitler befohlene letzte deutsche Offensive im Westen (Dezember 1944); war, von schlechtem Wetter begünstigt, zunächst scheinbar erfolgreich; scheiterte durch amerikanische Luftüberlegenheit und Treibstoffmangel der deutschen Wehrmacht. Trotz katastrophaler Lage an der Ostfront wurden von dort Infanterie- und Panzerverbände für die West-Offensive abgezogen.

arisch (Arier) Bezeichnung der indogermanischen Sprachfamilie; wurde im 19. Jahrhundert auf verschiedene Völker (Inder, Meder, Perser, Griechen, Römer, Kelten, Germanen) angewendet; vom Nationalsozialismus bewußt für sein pseudowissenschaftliches Rassenbild benutzt.

Bauernkrieg Aufstand der Bauern und einiger Städte 1524/25 in Süd- und Mitteldeutschland. Die Ritter Florian Geyer und Götz von Berlichingen kämpften auf seiten der Bauern. Diese forderten von den Fürsten in »12 Artikeln« das alte Recht und Herkommen anstelle des neuen römischen Landrechts, Aufhebung der Leibeigenschaft, Einschränkung der Frondienste. Viele Burgen und Klöster wurden erstürmt. Ein Heer der Fürsten schlug den Aufstand blutig nieder.

Boche (franz.) Abwertende Bezeichnung von Franzosen für Deutscher.

»Brüder, zur Sonne, zur Freiheit« Sozialistisches Kampflied; seine Melodie wurde von der SA übernommen, die einen anderen Text unterlegte. (»Brüder aus Zechen und Gruben, Brüder, ihr hinter dem Pflug«).

Bücherverbrennung Der früher gelegentlich geübte Brauch, mißliebige Bücher zu verbrennen (zum Beispiel durch die Inquisition) oder aus revolutionärem Protest (Wartburgfest der Studenten 1817), wurde vom nationalsozialistischen Propagandaminister Joseph Goebbels wieder aufgenommen. Der NS-Studentenbund sammelte Bücher jüdischer und anderer unerwünschter Autoren und verbrannte sie öffentlich unter propagandistischem Aufwand am 10. Mai 1933.

Bündische Jugend Sammelbezeichnung für die politisch und konfessionell nicht festgelegten Bünde der freien Jugendbewegung; seit 1923.

Denunziation, denunzieren Jemanden (aus persönlichen, niedrigen Beweggründen) anzeigen. Ein Beispiel: Im Jahr 1944 wurde der kurz vorher an die Oberschule in Idar-Oberstein versetzte Religionslehrer Georg Maus, als er im Unterricht das Bibelwort »Liebet eure Feinde« zitierte und die provokante Frage eines Schülers: »Auch die Engländer?« bejahte, von diesem denunziert und von der Gestapo verhaftet. Maus starb auf dem Transport in ein Konzentrationslager.

Drittes Reich Abkürzende Bezeichnung für Deutschland unter dem Nationalsozialismus; wurde zunächst als politisches Schlagwort aufgenommen nach einem 1923 erschienenen Buch von Möller van den Bruck; gemeint war eine dritte deutsche Reichsmacht nach dem mittelalterlichen (1.) Reich der deutschen Kaiser und dem (2.) Deutschen Reich von 1871. Die Bezeichnung wurde kurz vor Beginn des Zweiten Weltkriegs offiziell verboten.

Düsenjäger Jagdflugzeug mit Strahlantrieb. Der erste Düsenjäger (Me

262) flog bereits 1942. Hitler untersagte die Serienproduktion bis 1944 und forderte dann, die Me 262 statt zum Schutz des Luftraums über dem Reichsgebiet als »Blitz- und Vergeltungsbomber« zu verwenden (→ *Me 109*).

Dwinger, Edwin Erich (1898-1981), Schriftsteller mit nationalistischer, vor allem antikommunistischer Tendenz (»Armee hinter Stacheldraht«, »Zwischen Weiß und Rot«).

Edelweißpiraten Eine Jugendopposition gegen die HJ; formierte sich 1934 in illegalen bündischen Gruppierungen (zum Beispiel d.j.1.11). Ab 1936 Cliquen in Großstädten und Industriegebieten. (Swing-Clique in Hamburg). Überfälle auf HJ-Streifendienst. Abzeichen war meist ein Edelweiß (»Edelweißpiraten« im Köln-Düsseldorfer Raum). In wenigen Fällen kam es zu gemeinsamen Aktivitäten mit Widerstandsgruppen. Die Gestapo unterhielt Jugend-KZs in Neuwied und Morungen.

Einjähriges Frühere Bezeichnung für die mittlere Reife an einer höheren Schule (Schulabgang nach Untersekunda beziehungsweise der 10. Klasse). Bis zum Ersten Weltkrieg brauchten Wehrpflichtige mit dem Einjährigen nur ein Jahr aktiven Wehrdienst zu leisten.

EK, Eisernes Kreuz I. und II. Klasse Kriegsorden, gestiftet 1813 von Friedrich Wilhelm III. von Preußen im Befreiungskrieg gegen Napoleon, erneuert 1870, 1914 und 1939 (mit Hakenkreuz); bei der Luftwaffe speziell verliehen für das Abschießen feindlicher Flugzeuge und für Schiffsversenkungen oder aufgrund der Anzahl der Flüge über feindlichem Gebiet, Angriffe auf Schiffe, Flugzeuge und so weiter (→ *Ritterkreuz*).

Feder, Gottfried Nationalsozialist seit 1920; war von Hitler in seinen Putschplänen von 1923 als Finanzminister vorgesehen; Finanztheoretiker mit radikalen Ansichten; spielte nach 1933 keine Rolle.

Fieseler Storch (Fi 156) Erstes Kurzstartflugzeug, konstruiert von Gerhard Fieseler. Einmotoriger Hochdecker für zwei bis vier Personen.

Flak (Abkürzung für Flugabwehrkanone) Die deutsche Flak 8,8 (cm) war das erste Geschütz, dessen Feuer in direkter Koppelung mit Entfernungsmeß- und Rechengeräten elektrisch geleitet wurde; wegen seiner Geschoßrasanz und Feuergeschwindigkeit im Laufe des Krieges immer häufiger auch im Erdkampf gegen Panzer verwendet.

Frontflugspange Kriegsauszeichnung (in drei Stufen) für Piloten und Flugzeug-Besatzungen der Luftwaffe.

Frundsberg, Georg von Kaiserlicher Feldhauptmann (1475-1528), Landsknechtsführer der Kaiser Maximilian I. und Karl V. gegen Frankreich; gilt als »Vater der Landsknechte«.

Führerprinzip Nationalsozialistischer Grundsatz für alle Lebensgebiete, meist nur dem Namen nach (»Betriebsführer« statt Werksleiter). Ein Führer sollte seiner Gefolgschaft befehlen (beziehungsweise die Befehle höherer Stellen vermitteln) und die alleinige Verantwortung für ihre Ausführung tragen. (Erweiterung für die Hitler-Jugend: »Jugend soll von Jugend geführt werden«) Das Führerprinzip wurde als »wesensgemäß arisch und germanisch« ausgegeben. Im politischen System des Dritten Reiches sollte es dazu führen, daß alle Entscheidungen vom Willen des obersten »Führers«, Adolf Hitler, abgeleitet wurden.

Gau, NSDAP Größte territoriale Einheit der Hitler-Partei. Dem Gauleiter unterstanden alle haupt- und ehrenamtlichen Parteifunktionäre, zum Beispiel Kreisleiter, Ortsgruppenleiter. Gauleiter hatten keine Befehlsbefugnis gegenüber der SS, SA, HJ, jedoch Einfluß auf alle zivilen Verwaltungsstellen. Im Laufe des Krieges erhielten sie – nicht zuletzt infolge der zunehmenden Luftangriffe – unmittelbare Befehlsgewalt über die gesamte ihnen unterstehende Bevölkerung.

Generalgouvernement Östlicher Teil des besetzten Polens. Die Einwohner waren völlig entrechtet. Männer und Frauen wurden zu Zehntausenden als »Fremdarbeiter« unter Zwang nach Deutschland gebracht, Angehörige intellektueller Berufe verfolgt und getötet. Unumschränkter Herrscher im Generalgouvernement war der »Generalgouverneur« Hans Frank, ein Jurist. Nach dem Krieg wurde er hingerichtet.

Gestapo (Geheime Staatspolizei) Von Hermann Göring zunächst in Preußen aus der bestehenden politischen Polizei gebildet. Die Gestapo wurde bald auf das ganze Deutsche Reich ausgedehnt und Heinrich Himmlers »Reichssicherheitshauptamt« unterstellt. Gestapo und Sicherheitsdienst der SS = SD (→) bildeten das eigentliche Macht- und Terrorinstrument des nationalsozialistischen Regimes. Beide hatten kein Zugriffsrecht auf Wehrmachtangehörige – bis zum 20. Juli 1944. Ermittlungen und Festnahmen bei der Wehrmacht erfolgten durch die militärischem Befehl unterstehende Feldgendarmerie (Militärpolizei) und die sogenannte Geheime Feldpolizei.

Goebbels, Paul Joseph, Dr. Geb. 1897 in Rheydt (Rheinland); schloß sich 1922 Hitler an; gab in Berlin die nationalsozialistische »Kampfzeitung« »Der Angriff« heraus; wurde 1926 Gauleiter von Berlin, 1933 Reichsminister für Volksaufklärung und Propaganda. Goebbels sorgte als absoluter Herrscher über die Medien (Presse, Funk, Film), als wirkungsvoller Redner und gewissenloser Demagoge für die jeweils vom Regime gerade gewünschte Stimmung und »Volksmeinung«, wobei er die NS-Ideologie nach Bedarf dosierte und der Tagespolitik anpaßte; war Initiator der »Reichskristallnacht« (→), propagierte und organisierte (als Gauleiter von Berlin) hinter den Kulissen die Judenverfolgung. Verkündete in seiner Berliner Sportpalast-Rede vom 18. April 1943 den »Totalen Krieg«; beging am 1. Mai 1945 im Berliner »Führer«-Bunker Selbstmord mit seiner Familie.

Göring, Hermann Geb. 1893 in Rosenheim; war im Ersten Weltkrieg erfolgreicher Jagdflieger; seit 1922 Mitglied der NSDAP; wurde 1933 Reichstagspräsident, Preußischer Ministerpräsident, Reichskommissar für die Luftfahrt, 1935 Oberbefehlshaber der Luftwaffe, 1936 Beauftragter für den Vierjahresplan, 1940 Reichsmarschall; schuf 1933 die Gestapo (→) und ließ die ersten Konzentrationslager (→) für Kommunisten und Sozialdemokraten errichten (»Ich decke jeden Waffengebrauch!«). Bei Organisation und Durchführung von Aufrüstung und Vierjahresplan stützte er sich auf bereitwillige Fachleute aus Wirtschaft und Industrie. Als Oberbefehlshaber der Luftwaffe versagte er und zog sich auf seinen Luxussitz »Karinhall« zurück, wo er wie ein indischer Nabob lebte. Außerhalb des wirtschaftlichen Sektors (Einziehung jüdischen Vermögens) hatte er nach der Etablierung von Himmlers Reichssicherheitshauptamt (1939) keinen direkten Einfluß mehr auf die Judenverfolgung; beging 1946 vor seiner Hinrichtung in Nürnberg Selbstmord.

Halbjude Die nationalsozialistischen Rassengesetze (»Nürnberger Gesetze« vom 15. September 1935) erkannten Juden die »Reichsbürgerschaft« ab und verboten Eheschließungen von Juden mit »Angehörigen deutschen und artverwandten Blutes«, erklärten bestehende für nichtig. Geschlechtsverkehr zwischen Juden und Nichtjuden stand als »Rassenschande« unter schweren Strafen. Menschen mit nur einem jüdischen Elternteil galten als Halbjuden und wurden beruflich und rechtlich diskriminiert.

Heimabend Aus der bündischen Jugendbewegung (→) stammende Bezeichnung für regelmäßige Zusammenkünfte einer Jugendgruppe zu Spiel, Gesang, Unterricht und so weiter; wurde von der Hitler-Jugend übernommen.

»Heute gehört uns Deutschland« Falsch zitierter Refrain eines nationalsozialistischen Liedes (Text: Hans Baumann). Die erste Strophe lautet: »Es zittern die morschen Knochen/ der Welt vor dem großen Krieg./ Wir haben den Schrecken gebrochen,/ für uns war's ein großer Sieg./ Wir werden weitermarschieren, wenn alles in Scherben fällt,/ denn heute hört uns Deutschland und morgen die ganze Welt.«

Himmler, Heinrich Geb. 1900 in München; seit 1925 Mitglied der NSDAP; wurde 1929 Reichsführer der SS (»Schutzstaffeln«, zunächst an Zahl unbedeutend); gründete den »Sicherheitsdienst« SD (→) als eine Spitzelorganisation (1931), wurde Chef der deutschen Polizei, der Waffen-SS (→), Innenminister, Oberbefehlshaber des Ersatzheeres; betrieb mit brutalsten Maßnahmen die »Germanisierung« der im Krieg eroberten Gebiete Ost- und Südosteuropas; organisierte mit seinen Helfern Heydrich, Eichmann und anderen die als »Endlösung der Judenfrage« ausgegebene Ermordung von zirka sechs Millionen Juden, Angehörigen anderer Volksgruppen (zum Beispiel Sinti und Roma) sowie sowjetischer Kriegsgefangener.

»Hitlerjunge Quex« Titel eines nationalsozialistischen Spielfilms von 1933 (Regie: Hans Steinhoff). Die Handlung kulminiert in der Ermordung eines Berliner Hitlerjungen durch Kommunisten 1932. Der Staatsschauspieler Heinrich George, der vor 1933 mit der äußersten Linken sympathisiert hatte und 1936 Intendant des Berliner Schillertheaters wurde, übernahm in dem Film die Rolle eines kommunistischen Arbeiters. George starb 1946 in russischer Internierung.

20. Juli 1944 Bald nach Kriegsbeginn bildeten Offiziere, die in Hitler einen Verbrecher erkannt hatten, Verschwörergruppen, die von den Generalobersten Beck und Halder unterstützt wurden. Zunächst war beabsichtigt, Hitler vor Gericht zu stellen. Später erschien seine Beseitigung durch ein Attentat unvermeidlich. Zwei Versuche mißlangen, obwohl sich die Attentäter zusammen mit Hitler in die Luft sprengen wollten: einmal zündete (im Flugzeug) die Bombe nicht, das andere Mal sagte Hitler die Vorführung neuer Uniformen, bei der eine Bombe in der Ausrüstung des vorführenden Offiziers explodieren sollte, im letzten Moment ab. Am 20. Juli 1944 gelang es dem 34jährigen, schwer kriegsversehrten Oberst Graf Stauffenberg (der als junger Offizier vom Nationalsozialismus begeistert gewesen war), im Führerhauptquartier »Wolfsschanze« in Rastenburg (Ostpreußen) bei einer Lagebesprechung eine Aktentasche mit einer Zeitzünderbombe unter dem Kartentisch zu deponieren und sich zu entfernen. Durch einen Zufall wurde Hitler lediglich leicht verletzt, das Attentat war gescheitert. Stauffenberg und einige andere an der Verschwörung Beteiligte wurden noch am gleichen Tag standrechtlich erschossen. Himmlers Reichssicherheitshauptamt, das über das Vorhaben informiert gewesen sein soll, hatte bis dahin nichts unternommen, woran sich später unbewiesene Spekulationen knüpften. Nach dem mißglückten Attentat griff die Gestapo (→) zu. Alle Verschwörer, die als Regierungsmitglieder vorgesehen waren, Zivilisten und Mitwisser wurden verhaftet, die meisten in unwürdigen Schauprozessen vor dem Volksgerichtshof unter Vorsitz von dessen Präsidenten Roland Freisler zum Tod durch den Strang verurteilt. Freisler kam am 3. Februar 1945 bei einem Luftangriff auf Berlin um.

Kampfzeit Nationalsozialistische Bezeichnung für die Zeit vor der »Machtergreifung« (→).

Kanaldurchbruch Die im französischen Kriegshafen Brest festliegenden Schlachtschiffe »Scharnhorst« und »Gneisenau« sowie der Kreuzer »Prinz Eugen« fuhren in der Nacht zum 12. Februar 1942 und am darauffolgenden Tag mit Begleiteinheiten und unter Jagdschutz der Luftwaffe ohne Verluste durch den Ärmelkanal in die Deutsche Bucht. Großangelegte elektronische Störmanöver legten die britische Radarüberwachung lahm (→ *Radar*). Bei den verschiedenen See- und Luftgefechten während dieser Kanaldurchbrüche verlor die Royal Air Force 60, die deutsche Luftwaffe 17 Flugzeuge.

Kollaboration (franz.) Zusammenarbeit mit der deutschen Besatzungsmacht 1940 bis '44. Männer und Frauen, die der Kollaboration verdächtigt waren, wurden nach der Befreiung zunächst von der Résistance (→) blutig verfolgt. Die Zahl der Hinrichtungen ohne Gerichtsurteil ist bis heute unbekannt. Später erfolgte die Aburteilung durch ordentliche Gerichte. Zu den Kollaborateuren zählten die im unbesetzten Frankreich (Vichy) residierende, von Deutschland abhängige Regierung des Marschalls Pétain (→) sowie mehrere tausend französische Freiwillige der Waffen-SS (→).

Konzentrationslager (KZ) Internierungslager unter grausamen Bedingungen im Burenkrieg (1901) wurden erstmals als Konzentrationslager bezeichnet. Im nationalsozialistischen Deutschland wurden rassisch Verfolgte, vor allem Juden, politische Gegner, Bibelforscher, Kriminelle, sogenannte Asoziale, Homosexuelle und Angehörige anderer diskriminierter sozialer und politischer Minderheiten in Konzentrationslager verschleppt, willkürlich, ohne die Möglichkeit rechtlicher Gegenschritte. Zwangsarbeit, Hunger, Seuchen, Folter, tödliche medizinische Versuche verursachten, durchaus beabsichtigt, eine hohe Sterblichkeit. Ab 1941 mußten KZ-Häftlinge unter unmenschlichen Bedingungen in der Rüstungsindustrie arbeiten. Die KZs unterstanden zunächst (1933/34) der SA, danach der SS. Bis 1939 bestanden die großen Lager Dachau, Buchenwald, Sachsenhausen (jeweils mit Nebenlagern) und 29 kleinere. Durch Schweigegebot wurde das Ausmaß der Greuel verschleiert. Die Zahl der KZs stieg nach Kriegsausbruch auf 85.

Den Höhepunkt des Terrors bildeten die seit 1941 im Zuge der »Endlösung der Judenfrage« vor allem im »Generalgouvernement« Polen eingerichteten Vernichtungs-KZs (unter anderen Auschwitz, Maidanek, Treblinka), in denen Millionen Juden und hunderttausende »Zigeuner« (Sinti und Roma) mit Giftgas ermordet wurden. 1945 bis '50 benutzte die sowjetische Militärverwaltung in der sowjetischen Besatzungszone (SBZ) ehemalige NS-KZs als Internierungslager für frühere NS-Täter und -Mitläufer, aber auch für politische Gegner des neuen Regimes.

Kriegsberichter Namhafte Kriegsberichter waren unter anderen der erste Intendant des ZDF, Karl Holzamer, der Gründer und ehemalige Chefredakteur der Illustrierten »Stern«, Henry Nannen (beide Luftwaffe) und der Rundfunk- und Fernsehjournalist Peter von Zahn (Heer).

Legion Condor Zunächst Tarnname, dann offizielle Bezeichnung der im Spanischen Bürgerkrieg 1936 bis '39 auf der Seite des aufständischen faschistischen Generals Franco kämpfenden deutschen Truppen (→ *Spanischer Bürgerkrieg*). Flugzeuge der Legion Condor bombardierten am 26. April 1937 die baskische Stadt Guernica (Guernica y Luno), die vollständig zerstört wurde.

Luftschlacht um England Versuch Deutschlands, im Zweiten Weltkrieg die Luftherrschaft über England zu erringen. Dabei verlor die Luftwaffe vom 10. Juni bis 30. September 1940 von 1 700 an Bombenangriffen und Luftkämpfen beteiligten Flugzeugen (800 Bomber, 700 Jäger, 200 Zerstörer) insgesamt 1 408. Die Royal Air Force büßte nach britischen Angaben im gleichen Zeitraum 934 Jagdflugzeuge ein. Der Verlust an Piloten verminderte sich dabei durch Fallschirmabsprünge über eigenem Gebiet. Die Niederlage in der Luft zwang Hitler, die Pläne zur Invasion Englands (»Unternehmen Seelöwe«) aufzugeben.

Luftschutz Bereits 1935 wurde mit der Wiedereinführung der Wehrpflicht im Zuge der anlaufenden Kriegsvorbereitungen ein Reichsluftschutzgesetz erlassen. Ab 1938 wurden private Luftschutz-Räume in

Wohnhauskellern eingerichtet, Dachböden entrümpelt. Im Krieg erfolgte der Bau großer Bunker sowie der Ausbau natürlicher Höhlen. »Luftschutz-Warte« (im Krieg häufig auch Frauen) wurden zur Bekämpfung von Brandbomben ausgebildet. Die Zwangsbeteiligung an Luftschutzmaßnahmen wurde durch Propaganda überdeckt.

Machtergreifung Nach der Staatskrise von 1933 wurde am 30. Januar 1933 Hitler vom Reichspräsidenten Hindenburg zum Reichskanzler ernannt. Mit dem »Ermächtigungsgesetz« vom 24. März 1933, dem im Reichstag nur die Sozialdemokraten nicht zustimmten (die Abgeordneten der KPD waren verhaftet oder geflohen), verschaffte sich Hitler diktatorische Vollmachten. (Bei der Wahl im März 1933 erhielt die NSDAP 44 Prozent der Stimmen.)

1. Mai Der 1. Mai, als traditioneller »Kampftag« der Gewerkschaften, wurde 1933 zum »Nationalen Feiertag des deutschen Volkes« erklärt. Von da an bis zum Zweiten Weltkrieg fanden offizielle Aufmärsche der »Arbeiter der Faust und der Stirn« unter Zwangsbeteiligung der Betriebsbelegschaften statt. Am 2. Mai 1933 wurden die Gewerkschaftshäuser von SA und SS gestürmt und geschlossen, anschließend die Gewerkschaften (in denen es Tendenzen zu freiwilliger Auflösung gab) verboten. Als Ersatz-Zwangsorganisation für Beschäftigte und Unternehmer fungierte fortan die Deutsche Arbeitsfront (DAF) (→).

Me 109 (Messerschmitt Bf 109) Bis 1941 schnellstes einmotoriges Jagdflugzeug; Konstrukteur Willy Messerschmitt; produziert wurden die Versionen E bis G. (Me 109 G: Daimler-Benz-Reihenmotor 1435 PS, Höchstgeschwindigkeit 684 km/h in 7400 Meter Höhe). Ab 1942 wurde es übertroffen von Focke-Wulf 190 (BMW-Sternmotor, 1800 PS, 715 km/h) und der englischen Spitfire, 1945: 717 km/h. Weitere Me-Typen: Me 110, zweimotorig, erwies sich als Jagdflugzeug (Zerstörer) als zu langsam. Die Me 163 Komet war 1944 das erste Jagdflugzeug mit Raketenantrieb (in zwei Minuten stieg es auf 9000 Meter, erreichte 965 km/h, zehn Minuten Flugzeit); Me 262 → *Düsenjäger*.

MGB (Abkürzung für Ministerium für Staatssicherheit) Politische Polizei in der Sowjetunion; gehörte zum NKWD (Volkskommissariat für innere Angelegenheiten). Das MGB verwaltete die deutschen Kriegsgefangenen; frühere Bezeichnungen: Tscheka, GPU, zuletzt KGB.

Naturfreunde (Touristenverein Die Naturfreunde) 1895 von sozialdemokratischen Arbeitern in Wien gegründete Vereinigung. Seit 1905 auch in

Deutschland; unterhält heute noch eigene Herbergen für Mitglieder und Wanderfreunde.

Norwegen-Besetzung Um die Zufuhr schwedischen Eisenerzes über den norwegischen Hafen Narvik zu sichern und seiner Besetzung durch England zuvorzukommen, befahl Hitler im April 1940 den Überfall auf Dänemark und Norwegen. Dänemark wurde kampflos besetzt, in Norwegen stieß die deutsche Wehrmacht auf Widerstand und lokale englische Gegenangriffe. Eine kritische Lage im Kampf um Narvik wurde von General Dietl gemeistert. Die Kriegsmarine erlitt bei der Besetzung Norwegens hohe Verluste, womit nicht gerechnet worden war.

Novemberverrat Im Oktober 1918 drängte die deutsche Heeresleitung auf Waffenstillstand. Nach Ausbruch der Revolution am 9. November unterschrieb die republikanische Regierung den Waffenstillstand. Die politische Rechte beschuldigte sie deshalb des Verrats.

November, 9. Nationalsozialistischer Gedenktag an den Putschversuch Hitlers mit General Ludendorff am 9. November 1923 in München. 16 Teilnehmer an einem Marsch durch die Stadt wurden an der Feldherrnhalle von der bayerischen Landespolizei erschossen.

NS Kurzform für nationalsozialistisch beziehungsweise Nationalsozialismus, meist im Zusammenhang, z. B. NS-Studentenbund, NS-Frauenschaft. (NSDAP: Nationalsozialistische Deutsche Arbeiterpartei)

NS-Führungsoffizier (NSFO) Auf Befehl Hitlers nach dem Attentat am 20. Juli 1944 (→) in allen Wehrmachteinheiten von den Kommandeuren zu bestimmender Offizier, der unter anderem mit Vorträgen für die nationalsozialistische Ausrichtung der Truppe sorgen und inoffiziell eine Kontrollfunktion ausüben sollte. Der Befehl zur Einführung des NSFO wurde weitgehend nur zum Schein befolgt. Franz Josef Strauß, der spätere Ministerpräsident von Bayern, war zum Beispiel ein solcher NSFO.

Österreich Am Ende des Ersten Weltkriegs brach Österreich-Ungarn (Habsburger Monarchie) zusammen. Am 12. November 1918 wurde in Wien die »Republik Deutsch-Österreich« ausgerufen, von der das Sudetenland und Südtirol ausgeschlossen blieben. Der Anschluß an das Deutsche Reich (Volksabstimmung in Tirol und Salzburg 1921 mit 90 Prozent »Ja«) wurde im Vertrag von den Siegermächten verboten. In der Folgezeit entstand allmählich ein eigenes Staatsbewußtsein. Einer schweren Notlage folgten 1934 die blutige Niederschlagung eines Arbeiteraufstands, eine autoritäre (klerikal-faschistische) Verfassung und ein nationalsozialistischer Putschversuch, bei dem der Bundeskanzler Dollfuß ermordet wurde. Nachdem Italien (Mussolini) seine Schutzhaltung gegenüber Österreich aufgegeben hatte, setzte Hitler im Februar 1938 die Regierung Schuschnigg unter Druck und ließ am 12. März 1938 deutsche Truppen in seine Heimat einmarschieren. Österreichische Nationalsozialisten begannen sofort mit brutaler Verfolgung von Juden und politischen Gegnern.

OKW (Oberkommando der Wehrmacht) 1938 gebildeter oberster Stab der deutschen Wehrmacht; stand unter Hitlers direktem Befehl. Die Oberkommandos des Heeres, der Luftwaffe und der Kriegsmarine waren nicht dem OKW, sondern dem »Führer« direkt unterstellt.

Ortskommandantur (Ortskommandant) Dienststelle der Wehrmacht in allen Städten und größeren Orten in den besetzten Gebieten; die Ortskommandantur war zuständig für Truppenunterkünfte und ähnliches sowie für bestimmte zivile Verwaltungsangelegenheiten (in den Ostgebieten gab es darüber hinaus zusätzlich eine nicht der Wehrmacht unterstehende deutsche Zivilverwaltung).

Pétain, Philippe Französischer Marschall (1856-1951). Im Ersten Weltkrieg Verteidiger von Verdun; 1934 Kriegsminister; wurde im Mai 1940 Ministerpräsident, schloß den Waffenstillstand mit der deutschen Regierung. Als Staatschef der Vichy-Regierung versuchte er, durch Zusammenarbeit mit den Nationalsozialisten günstige Bedingungen für Frankreich zu erreichen. Das gelang jedoch nicht. Er stellte sich im April 1940 freiwillig dem französischen Gerichtshof; wurde zum Tode verurteilt, begnadigt, verbannt.

Pimpf ›»Halbwüchsiger«. Ursprünglich Schimpfwort, eigentlich »Furz« (lautmalend für »kleiner Furz« im Gegensatz zu Pumpf, Pumps und ähnlichem). Ursprüngliche Bedeutung bezeugt seit dem 19. Jahrhundert, die übertragene wenig später. Um 1920 Ausgangsbedeutung nicht mehr bekannt, das Wort kann deshalb in der Jugendbewegung mit nur noch wenig verächtlichem Beigeschmack verwendet werden.‹ (F. Kluge, Ethymologisches Wörterbuch der deutschen Sprache, 1989)

PK (Abkürzung für Propagandakompanie): Sondereinheiten des Heeres und der Kriegsmarine. Ihre Aufgabe, aktive Propaganda zur Beeinflussung des Feindes (Flugblätter, Lautsprecher) zu betreiben, verlor im

Laufe des Krieges an Bedeutung. Rundfunksendungen für das Ausland oblagen nicht der PK. Zu ihrem Tätigkeitsbereich gehörten unter anderem: die Kriegsberichterstattung für Presse und (Reichs-)Rundfunk, Pressefotos, Filmaufnahmen für die Wochenschau. Bei der Luftwaffe: Kriegsberichterkompanien beziehungsweise -züge. (Kriegsberichte in Zeitungen wurden in der Regel durch die Buchstaben »PK« gekennzeichnet.) → *Kriegsberichter.*

Politischer Leiter (Amtswalter) Hauptamtliche und ehrenamtliche Funktionäre der NSDAP. Sie trugen eine gelb-braune Uniform mit Tellermütze.

Politkommissar (Politischer Kommissar, Politruk) Politischer Offizier der Roten Armee, von Stalin nach der großen Säuberung 1935 bis '38 eingeführt. Die Politkommissare hatten die Kommandeure zu kontrollieren und die Truppe zu agitieren. Sie dienten Hitler als Vorbild bei der Einführung des NSFO (→). Bei Kriegsbeginn befahl Hitler schriftlich, gefangengenommene Politkommissare sofort hinter der Front zu erschießen. Dieser »Kommissarbefehl« rief bei einigen Generälen Empörung hervor, wurde aber anfangs weitgehend ausgeführt. Später wurden kriegsgefangene sowjetische Offiziere und Politkommissare in KZs, unter anderem im KZ Sachsenhausen erschossen.

Polnischer Korridor Im Versailler Vertrag (→) durch Gebietsabtretungen (Westpreußen, Posen, Danzig) geschaffener Zugang Polens zur Ostsee.

Protektorat Nach der Annexion des von Deutschen mit tschechischer Nationalität bewohnten Randgebiets der Tschechoslowakei (Sudetenland, Egerland) ließ Hitler im März 1939 auch Böhmen und Mähren von deutschen Truppen besetzen. Dieses Gebiet wurde zum Reichsprotektorat (kurz Protektorat) erklärt; erster Reichsprotektor: SD-Chef Reinhard Heydrich. Die Slowakei mit halbfaschistischer Regierung erhielt formale Selbständigkeit, blieb jedoch vom Deutschen Reich abhängig.

Radar (engl.: Radio Detection and Ranging) Funkmeßtechnik. Zur Geschichte des Radars: 1904 Deutsches Reichspatent für ein »Verfahren, entfernte metallene Gegenstände mittels elektrischer Wellen zu melden«; der Ingenieur Christian Müller erhält am 30. April 1904 auf der Kölner Rheinbrücke aus sehr kurzer Entfernung ein Radio-Echo von Schiffen durch ein ausgelöstes Klingelzeichen; 1913 wurde die Senderöhre von A. Meissner erfunden; 1933/34 Funkmeßversuche mit Kurzwellen (Philips-Röhren) in der Kieler Bucht: Erfolg auf 12 Kilometer; Sichtbarmachung der Echosignale durch Braunsche Röhre (Karl F. Braun, 1897); 1935 erwägt Watson Watt (»Vater des Radar«) in England die »Ortung von Flugzeugen«; 1938 wurden an der englischen Kanalküste 18 Radarstationen gebaut, noch ohne Höhen- und Entfernungsmessung; im Dezember 1939 erfolgte die erste Radarabwehr eines Fliegerangriffs (»Freya«-Gerät bei Wilhelmshaven).

Reichsarbeitsdienst (RAD) Arbeitsdienst für männliche und weibliche Jugendliche vom 18. bis 25. Lebensjahr; halbjährige Dienstpflicht ab Juni 1939; war ursprünglich nach dem Ersten Weltkrieg eine Einrichtung zur freiwilligen Arbeitsleistung junger Männer für den Staat, auch in den Niederlanden, Polen und den USA.

Reichsbanner Schwarz-Rot-Gold 1924 von Sozialdemokraten gegründeter Wehrverband zum Schutz der Weimarer Republik.

Reichskristallnacht Organisierte Pogrome gegen Juden in der Nacht vom 9. zum 10. November 1938 auf Initiative von Goebbels nach einem Attentat auf einen deutschen Botschaftssekretär in Paris. SA- und SS-Männer in Zivil zündeten Synagogen an, zerschlugen Schaufenster, verwüsteten Wohnungen, mißhandelten und ermordeten Juden: 91 starben. Mehr als 30 000 Juden wurden anschließend in Konzentrationslagern inhaftiert. Als zusätzliche Repressalie wurde eine Sondersteuer für Juden beschlossen.

Reichsparteitag Jährliches Treffen von Abordnungen aller Gliederungen der NSDAP in Nürnberg (Stadt der Reichsparteitage) mit großen Aufmärschen auf dem von dem Architekten Albert Speer gestalteten Parteitagsgelände (später auch Vorführungen der Wehrmacht). Die Reichsparteitage dienten Hitler zur Darstellung der Staatsmacht nach innen und zunehmend auch dem Ausland gegenüber (das Diplomatische Corps mußte zuschauen).

Reichstagsbrand Am 27. Februar 1933 brannte das Reichstagsgebäude in Berlin. Die Nationalsozialisten beschuldigten sofort die Kommunisten der Brandstiftung. Hitlergegner waren überzeugt, daß der Brand auf Befehl Görings von SA-Männern gelegt worden war. Der im brennenden Gebäude festgenommene holländische Anarchist Marinus van der Lubbe wurde als Brandstifter zum Tode verurteilt und hingerichtet. Vier mitangeklagte kommunistische Funktionäre wurden freigesprochen. 1967 wurde das Todesurteil vom Berliner Landgericht in acht Jahre Zuchthaus umgewandelt. In einem Wiederaufnahmeverfahren erfolgte 1980 ein Freispruch, der jedoch 1982 vom Berliner Kammergericht aufgehoben wurde. Die Umstände des Reichstagsbrands sind nicht völlig geklärt, Täter- und Urheberschaft weiterhin umstritten.

Résistance (franz.: Widerstand) Nach dem deutschen Überfall auf die Sowjetunion am 22. Juni 1941 gewannen vorher nur schwache bürgerliche Widerstandsgruppen im besetzten Frankreich an Gewicht durch Zustrom von Kommunisten, die bis dahin wegen des Hitler-Stalin-Pakts untätig geblieben waren. Die Résistance verübte Sabotageakte und Anschläge auf Soldaten. Die Verschleppung ziviler französischer Zwangsarbeiter durch die Deutschen (»Nacht- und Nebelaktionen«, während zuvor »Freiwillige« angeworben wurden) verschaffte der Résistance einen verstärkten Zustrom, so daß sie auch paramilitärische Verbände in unwegsamen Gebieten aufstellen konnte. Die deutsche Besatzungsmacht begegnete ihren Aktionen mit Vergeltungsterror durch den SD (→) und normale Wehrmachteinheiten, vor allem mit nicht durch Kriegsrecht gedeckten Geiselerschießungen. (Aus Rache für die Tötung eines SS-Offiziers wurde 1944 der Ort Oradour sur Glane von einer Einheit der Waffen-SS eingeäschert und die Bevölkerung umgebracht.)

Ritterkreuz und Eichenlaub Das von 1939 bis '45 verliehene Ritterkreuz war eine von Hitler erfundene höhere Stufe des Eisernen Kreuzes (→ EK). Es sollte die Tradition des von Friedrich dem Großen gestifteten Ordens Pour le mérite fortsetzen, wurde jedoch im Zweiten Weltkrieg nicht mehr nur Offizieren verliehen; im Verlauf des Krieges durch das »Ritterkreuz mit Eichenlaub« sowie als weitere Stufe »mit Schwertern« ergänzt. Als höchste Kriegsordensstufe kreierte Hitler die nur in wenigen Exemplaren verliehenen »Brillanten zum Ritterkreuz mit Eichenlaub und Schwertern«.

Röhmaffäre Der ehemalige Hauptmann Ernst Röhm, Duzfreund Hitlers, war maßgeblich am Aufbau der paramilitärischen SA beteiligt; 1931 Stabschef der SA. Röhm strebte eine Volksmiliz anstelle der Reichswehr an. Hitler, der das Militär für seine Kriegspläne brauchte, ließ Röhm, die oberste SA-Führung und politisch mißliebige Persönlichkeiten unter dem unbewiesenen Vorwurf eines geplanten Putsches am 30. Juni 1934 verhaften und erschießen. Mehrere hundert Nazis und Nazigegner wurden in Berlin, München und an anderen Orten umgebracht, darunter zwei Reichswehrgeneräle. In der Presse wurde die Zerschlagung einer angeblich homosexuellen Cliquenbildung durch Röhm als Grund für die Mordaktion genannt.

SA (Abkürzung für Sturmabteilung) Aus Schlägertrupps (»Saalschutz«) hervorgegangene Kampftruppe der NSDAP; war unter ihrem Stabschef Röhm das stärkste Machtinstrument der NS-Bewegung; lieferte sich Straßenschlachten mit Kommunisten und deren Rotfrontkämpferbund; gegenseitige Überfälle und zahlreiche Tote auf beiden Seiten. Die SA erhielt 1933 vorübergehend den Status als Hilfspolizei; wurde nach der Röhmaffäre (→) 1934 zugunsten von Himmlers SS entmachtet.

»*Sachsenschlächter*« Tendenziöser Beiname Karls des Großen (768-814). Der fränkische Kaiser Karl der Große unterwarf die von Widukind angeführten Sachsen in langen blutigen Kämpfen (772 bis 804), um sie in sein Reich einzugliedern; er zwang sie, das Christentum anzunehmen. Bei Verden an der Aller wurden 782 angeblich 4500 aufständische Sachsen hingerichtet.

schächten Schlachten von Vieh nach jüdischer und islamischer religiöser Vorschrift: ohne Betäubung durch einen Messerschnitt quer durch Halsschlagader und Kehlkopf.

Schirach, Baldur von (1907-1974), Reichsjugendführer von 1931 bis 1940. 1940 bis '45 Gauleiter in Wien; wurde im Nürnberger Kriegsverbrecherprozeß zu 20 Jahren Gefängnis verurteilt. Im Prozeß bekannte er: »Es ist meine Schuld, daß ich die Jugend erzogen habe für einen Mann, der ein millionenfacher Mörder gewesen ist«. (Zitiert nach der Schirach-Biographie von J. v. Lang »Der Hitler-Junge«, 1982.)

Scholl, Hans Die Geschwister Hans (geb. 1918) und Sophie (geb. 1921) Scholl gehörten als Studenten zur Widerstandsgruppe um den Münchner Professor H. Huber. Bei Verteilung von Flugblättern in der Münchner Universität wurden sie im Februar 1943 verhaftet, kurz danach zum Tode verurteilt und hingerichtet. Hans Scholl hatte vor dem Krieg kurze Zeit als DJ-Fähnleinführer der HJ angehört.

SD (Sicherheitsdienst des Reichsführers SS-Himmler) Als politisches Überwachungsorgan der SS durchsetzte der SD den Partei- und Staatsapparat sowie alle Lebensbereiche mit Vertrauensmännern; führte organisatorisch die Judenverfolgung in den besetzten Ländern und die »Endlösung« durch (Eichmann). Zugriff auf die Wehrmacht erhielt der SD erst nach dem 20. Juli 1944 (Attentat auf Hitler).

Spanischer Bürgerkrieg 1936 bis '39 Von General Franco 1936 betriebener militärisch-faschistischer Aufstand gegen die spanische Republik. Auf seiten der republikanischen Kräfte kämpften zahlreiche Freiwillige, auch viele Kommunisten (Internationale Brigaden). Die Sowjetunion lieferte Waffen und Flugzeuge. Auf seiten Francos griffen das faschistische Italien und das nationalsozialistische Deutschland ein. Sie verhalfen Franco zum Sieg und zur Macht in Spanien (→ *Legion Condor*).

SS (Abkürzung für »Schutzstaffel«) Die SS ging 1925 aus der »Stabswache« zum Schutz Hitlers hervor (schwarze Uniform, Totenkopfabzeichen). Ab 1929 entwickelte sie sich unter der Führung Himmlers (→) zu einer Sonderformation mit eigener politischer Zielsetzung innerhalb der NSDAP (Elitebewußtsein, extreme Rassenideologie, Germanenkult). Die allgemeine SS hatte 1939 240 000 Mitglieder. Sie trat im Krieg in ihrer Bedeutung hinter der Waffen-SS und dem SD zurück.

Stahlhelm Bund der Frontsoldaten, Vereinigung von Teilnehmern des Ersten Weltkriegs; gehörte seit 1929 mit Nationalsozialisten und Deutschnationalen zur »Nationalen Opposition« (benutzte die Kriegsflagge der kaiserlichen Marine 1914 bis '18). Der Stahlhelm wurde 1933 in die SA eingegliedert.

»Stürmer, Der« Antisemitisches Hetzblatt, herausgegeben von dem Nürnberger Gauleiter Julius Streicher, einem ehemaligen Lehrer. 1946 wurde er im Nürnberger Prozeß verurteilt und hingerichtet.

Sudentenkrise Nach dem Anschluß Österreichs (→) an das Deutsche Reich übte Hitler zunehmend politischen Druck auf die Tschechoslowakei aus. Seine Drohungen verschärften die Krise zur Kriegsgefahr. Auf britische Vermittlung kam es zu einem Treffen der Großmächte (England, Frankreich, Italien) in München. Sie stimmten im Münchner Abkommen vom 29. September 1938 der Abtretung der von 3,1 Millionen Deutschen bewohnten Randgebiete Böhmens an das Deutsche Reich zu. Das Zugeständnis ermunterte Hitler, seine Expansionsabsichten weiter voranzutreiben.

Versailler Vertrag Nach dem Waffenstillstand vom November 1918 beendete der am 28. Juni 1919 in Versailles geschlossene Friedensvertrag zwischen Deutschland und den Entente-Mächten Frankreich und England den Ersten Weltkrieg. Er besiegelte Gebietsabtretungen (zum Beispiel Westpreußen, Oberschlesien, Saargebiet), die französische Besetzung des Rheinlandes und Reparationszahlungen (1924 wurden sie auf jährlich – bis 1959 – 2,4 Milliarden Goldmark festgesetzt, 1932 bis auf 3 Milliarden erlassen). Das sogenannte Schanddiktat wurde von der überwiegenden Mehrzahl der Deutschen als ungerecht empfunden, seine Revision gefordert. Die Agitation der Rechtskonservativen und der Nationalsozialisten gegen den Versailler Vertrag erschütterte jahrelang die Weimarer Republik und ebnete Hitler den Weg.

Vierjahresplan 1936 verkündete Wirtschaftsmaßnahmen zur Herstellung möglichst großer Unabhängigkeit von Einfuhren (Autarkie); diente der Aufrüstung. Verantwortlicher für den Vierjahresplan war Hermann Göring.

V-Waffen, V1, V2 Vergeltungswaffen, Propagandaname für unbemannten Flugkörper (V1) und Mittelstreckenrakete (V2). V1: Länge 2,90 Meter, Staustrahlantrieb, Startgewicht 2,1 t, davon 850 kg Sprengstoff, Reichweite 250 km, Geschwindigkeit 656 km/h. Beschuß Londons und Südenglands Juni bis September '44 (bis 6. Juli 1944 wurden 2 745 V1 hergestellt); Start von Rampen und Flugzeugen; hohe Abschußerfolge der englischen Abwehr (am 28. August 1944 wurden von 97 auf England abgefeuerten V1 von der Flak 65 und von Jagdflugzeugen 23 abgeschossen, zwei stürzten ab durch Sperrballons). V2: Länge 14 Meter, Raketenmotor mit Sauerstoff und Alkohol, Startgewicht 3,1 t, 975 kg Sprengstoff, Reichweite 400 km, Geschwindigkeit 5 470 km/h; von mobilen Rampen gegen London und Antwerpen abgefeuert. Die von Wernher von Braun konstruierte V2 wurde u. a. in Peenemünde und Nordhausen (Harz) in beschränkter Anzahl produziert, vor allem von KZ-Häftlingen.

Waffen-SS Selbständige militärische Organisation neben den drei Wehrmachtteilen Heer, Kriegsmarine und Luftwaffe; wurde 1939/40 aus der SS-Verfügungstruppe und Freiwilligen, auch ausländischen, gebildet. Ab 1943 wurden zunehmend auch Wehrpflichtige – insbesondere »Volksdeutsche« aus den besetzten Balkanländern – zur Waffen-SS einberufen. Die in Bewaffnung und Ausrüstung bevorzugten »Elitedivisionen« kämpften im Rahmen des Heeres (oft als »Feuerwehr« in schwierigen Lagen), waren jedoch ein Teil der SS. 1941 wurden die zu den »SS-Totenkopfverbänden« gehörenden KZ-Wächter in die Waffen-SS einbezogen. Im Hinterland der eroberten Ostgebiete ermordeten die unter anderem aus Angehörigen der Waffen-SS und Polizeieinheiten gebildeten »Einsatzgruppen« mindestens 1,4 Millionen Menschen – jüdische Männer, Frauen und Kinder sowie Mitglieder der kommunistischen Führungsschicht, Partisanen und »Zigeuner« (Sinti und Roma).

Wehrmachtsbericht Während des Krieges täglich im Rundfunk verlesenes Bulletin des Oberkommandos der Wehrmacht (OKW). (»Das Oberkommando der Wehrmacht gibt bekannt...«). Krisen und Niederlagen wurden mit – im Verlaufe des Krieges immer besser durchschaubaren – Formulierungen kaschiert.

Westwall Befestigungsgürtel an der deutschen Westgrenze; Baubeginn 1938 unter Dienstverpflichtung auch baufremder Arbeiter. Die Länge von Aachen bis zur Schweizer Grenze betrug 630 Kilometer. Die zweifelhafte Qualität des Westwalls wurde nicht auf die Probe gestellt.

Wiener Kongreß Versammlung der europäischen Fürsten und Staatsmänner 1814/15, die nach dem Sturz Napoleons I. die grundlegende Umgestaltung Europas entschied.

Winterhilfswerk (WHW) Vom nationalsozialistischen Regime eingeführte Geld- und Sachspendensammlung für Bedürftige (zum Beispiel Straßen- und Haussammlungen an »Eintopfsonntagen«, an denen ursprünglich laut Propaganda lediglich das durch eine einfache Mahlzeit eingesparte Geld gespendet werden sollte); nahm mit den Jahren den Charakter einer Sondersteuer an (Einnahmen 1940: 916 Millionen Reichsmark).

»Wörterbuch des Unmenschen, Aus dem« Titel eines von Dolf Sternberger, Gerhard Storz und W. E. Süßkind verfaßten, 1957 erschienenen Buches über die Instrumentalisierung der deutschen Sprache durch nationalsozialistische Schlagworte und das Fortwirken dieses Einflusses nach dem Krieg.

Zweifrontenkrieg Strategische Lage des Deutschen Reiches im Ersten Weltkrieg aufgrund des Bündnisses zwischen Frankreich, England und Rußland.

Anmerkungen und Erläuterungen zu diesem Buch konnten unter Verwendung nachfolgender Veröffentlichungen wesentlich ergänzt werden:

Bekker, Cajus: Augen durch Nacht und Nebel, Die Radar Story, Mittler 1980
Deighton, Len: Unternehmen Adler, Goldmann Taschenbuch
Der Neue Brockhaus, 7. Auflage 1984
Hirschfeld, Gerhard / Marsh, Patrick (Hrsg.): Kollaboration in Frankreich, S. Fischer 1991
Höhne, Heinz: Der Orden unter dem Totenkopf, C. Bertelsmann 1984
Lang, Jochen von: Der Hitler-Junge, Rasch und Röhring 1988
Piekalkiewicz, Janusz: Luftkrieg 1939-1945, Südwest Verlag 1982
Scholl, Inge: Die weiße Rose, Fischer Bibliothek 1986

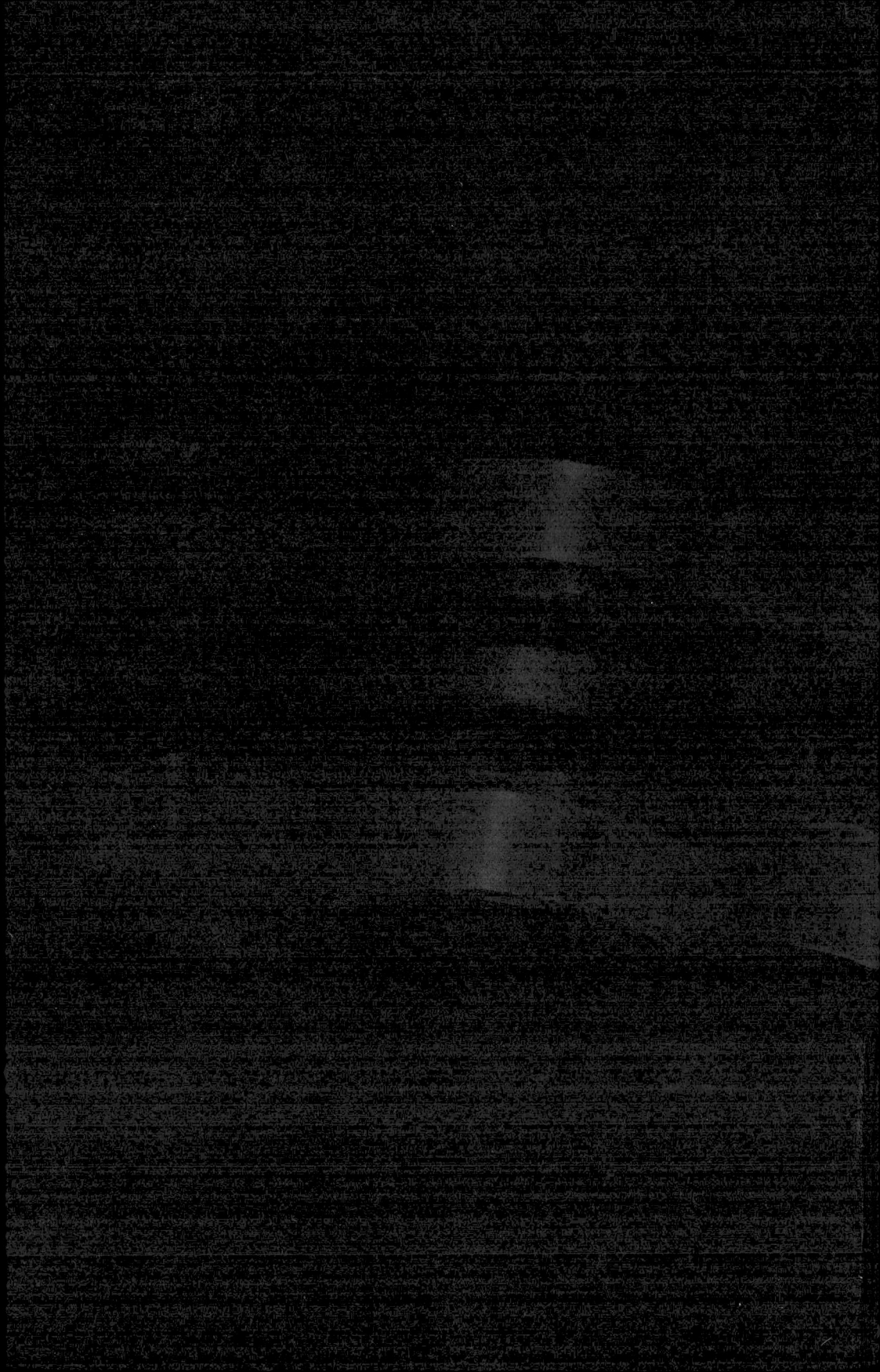